米・露・中国・北朝鮮の攻撃分析から学ぶ

サイバー攻撃の新常識

小林 偉昭

NTS

サイバー攻撃の新常識

～米国、ロシア、中国、北朝鮮のサイバー攻撃を分析～

本書を読む前に　セキュリティの基礎

　セキュリティ（Security）とは、幅広い概念で、犯罪や事故などから、守るべき対象（人、住居、地域社会、国家、組織、資産（コンピュータやシステムを含む））を、安全、防護、保障などすることを、一般的には意味しています。本書では、誰（攻撃者）から、何（情報や資産等の対象）の何（機密性、完全性、可用性）を守るかという行為をセキュリティと呼ぶことにします。攻撃者が必ずいることに注目してください。

　なお、情報の機密性、完全性、可用性を維持することを「情報セキュリティマネジメントの実践のための規範（ISO/IEC 27002）」では情報セキュリティと定義しています。機密性（Confidentiality）は、限られた人だけが情報に接触できるように制限をかけること、完全性（Integrity）は、不正な改ざんなどから保護すること、可用性（Availability）は、利用者が必要なときに安全にアクセス（利用）できる環境であることです。

　防護する対象（守るべきもの）により、「ネットワーク（を守る）セキュリティ」、「コンピュータ（を守る）セキュリティ」、「情報（や情報システムを守る）セキュリティ」、「制御（機器やシステムを守る）セキュリティ」、「サイバー（空間を守る）セキュリティ」、「物理/フィジカル（機器を守る）セキュリティ」など様々な分野があります。

　本書では、以下に示すようにそれぞれを使用することにしています。
　①セキュリティとは
　犯罪者や国家のような組織（攻撃者）によるサイバー空間を利用した攻撃（サイバー攻撃）から、システム（コンピュータやネットワークなどで構成される社会インフラや軍事インフラ）等を防護する行為を意味します。必ず敵（攻撃者）がいるということを忘れないようにしましょう。
　②サイバー空間とは
　コンピュータとネットワークから構築された物理環境で、情報の流通・処理・蓄積などをする仮想的な空間をサイバー空間（Cyber Space）と呼びます。軍事関係では、サイバー空間は、第5の戦場と呼ばれています。
　③サイバー攻撃とは
　サイバー空間を利用して情報窃取、機器の破壊、商取引等の妨害・邪魔、社会混乱、いたずらやいじめ等、を目的とした攻撃的行為を意味します。
　④サイバー戦争とは
　武力戦とは異なり、サイバー空間での国家間のサイバー攻撃による静かで目立たない

戦いをサイバー戦争と呼びます。テロ集団も米国では敵国とみなしています。
　⑤サイバーセキュリティとは
　サイバー空間の情報、資産や活動を、攻撃者から防護する行為を意味します。

はじめに

　本書は、米国、ロシア、中国、北朝鮮のサイバー攻撃を筆者の解釈で図を使用して、分かりやすく解説しています。その解説から、現在のサイバー攻撃の新常識を理解・把握できます。第5の戦場と化しているサイバー空間で、今、何が起きているか、どのような状況に置かれているか、正しい情報を得て、きちんと認識し、新しい常識でサイバー攻撃に取り組んでいくことが望まれています。

　サイバー戦争は既に始まっています。サイバー戦争の中、狙われる社会インフラをどう守るか。2020年夏の陣 オリンピック・パラリンピックに向け、サイバー攻撃に対して強靭・堅牢な社会インフラを構築していくことが急務です。

　本書の対象読者は、サイバーセキュリティを勉強し始める人から、企業や国でサイバーセキュリティ対策を推進している技術者・研究者、政策立案者を対象としています。特に、日本の電力、ガス、水道、石油、化学、通信、金融・証券、鉄道、航空、港湾、ビル、物流、医療、道路、政府・行政サービス（地方公共団体を含む）、学校、商業施設、・・・等の社会インフラ（重要インフラ）のサイバーセキュリティの強靭・堅牢化を目指す、セキュリティ研究者・技術者や政策立案者に、現在のサイバー攻撃の新常識を理解するために読んで欲しい書物を目指しています。

　さらに、企業や国の経営層や政策決定者には、米国、ロシア、中国、北朝鮮のサイバー攻撃の現状を読んでいただき、サイバー攻撃の新常識を理解して、投資や政策に反映していただければ幸いです。

　本書は次の4つの編から構成しています。
　第Ⅰ編　これだけは知っておきたい基礎
　第Ⅱ編　米国、ロシア、中国、北朝鮮のサイバー攻撃の現実　これが新常識だ！
　第Ⅲ編　サイバー攻撃に立ち向かうための考察
　第Ⅳ編　主要なサイバー攻撃へ対策の考察

　第Ⅰ編は、第Ⅱ編の米国、ロシア、中国、北朝鮮のサイバー攻撃の現実を理解していただくため、その理解を助けるために必要な基礎知識（社会インフラ、サイバー空間、脆弱性とインターネット）について、図を使い分かりやすく説明しています。

　第Ⅱ編は、本書の主要部分で、米国、ロシア、中国、北朝鮮のサイバー攻撃を筆者の解釈で、図を使い分かりやすく解説しています。その解釈・解説から、社会インフラ（重要インフラ）を巻き込むサイバー戦争の今を理解、認識し、サイバー攻撃に対する新しい常識を理解できます。この米国、ロシア、中国、北朝鮮からのサイバー攻撃が、自組織や我が国にどのような脅威となっているかを考えながら、読んでいただくと良いと思います。

なお、サイバー攻撃の事実はなかなか明確にはならないので、サイバー攻撃の説明には、多分、諸説あると思います。そこで、筆者の解釈に基づく説明であることを明確にするため、本書では、「多分、こうだっただろうコバ劇場」という形でまとめています。
　「火のないところに煙は立たない」のことわざから、新聞やインターネットメディア等での煙的な現象・事象を基に、大本の火を想定し、筆者の解釈に基づいて、断定的に表現する説明形態をとっています。いろいろと反論もあるかと思いますが、大きな流れの中で、今、何が起きている、何が起きようとしているか、を一緒に考えていただければ幸いです。
　第Ⅲ編では、今後、セキュリティ技術者・研究者および国の政策立案者が、自助・共助・公助の発想で、サイバー攻撃に対する社会インフラ（重要インフラ）のセキュリティの強靭・堅牢化とレベル向上にどう対応したらよいか、を考察しています。
　第Ⅳ編では、第Ⅱ編で紹介した米国、ロシア、中国、北朝鮮のサイバー攻撃の事例で使用されている主要なサイバー攻撃に対する対策について考察をしています。サイバー攻撃に使用される攻撃手法は、それほど多くありません。まず、ほとんどのサイバー攻撃に使用されている標的型攻撃についてきちんと理解してください。

　また、コラムでは、補足的な説明を加えています。
　本書の読者層で、サイバーセキュリティ対策を推進している技術・運用者や研究者、さらに日本のサイバーセキュリティ政策立案実務者は、第Ⅱ編の各サイバー攻撃を自組織や我が国で受ける可能性や、受けた時にどう対応できているかの視点で読んでいただき、サイバー攻撃の新常識を身に着けていただければと思います。さらに第Ⅲ編のサイバー攻撃に立ち向かうための考察や第Ⅳ編の主要なサイバー攻撃へ対策の考察を、技術的にさらに深く理解されて、自組織や日本の社会インフラの堅牢化を推進していただければと思います。
　経営者や組織管理者、及び政策決定者は、第Ⅰ編で、本書を読むうえで必要になる基礎知識を理解し（スキップしてもサイバー攻撃の新常識の概要を理解するためには問題ないと思います）、第Ⅱ編で、米国、ロシア、中国、北朝鮮のサイバー攻撃の現実を理解し、現在のサイバー攻撃の新常識を身に着けてください。サイバー戦争の中で、経営者・政策決定者の視点から自組織や国家にどのような脅威が存在しているかを理解していただき、第Ⅲ編の各考察を組織の経営層や政策決定者として、サイバー戦争下の現在、どう適用できるか、適用するように指示をするかのヒントにして、率先して行動に移していただければ、筆者としても最高の喜びです。

　なお、表紙の写真（筆者が撮影）は、ポーランドのクラクフ空港ビルの鏡の壁に映る実社会を写している仮想な社会です。サイバー空間は、実社会（実空間）と深く連携して、実社会と同じ経験や行為を行える空間となってきています。実社会の犯罪や戦争な

どが、同じようにサイバー空間でも行われています。この実態がサイバー攻撃の新常識となっています。（右上の三角形内でカメラを操作しているのが筆者です。）

2019年秋　　　　　　　　　　　　　　　　　　　　　　　　　　　小林 偉昭

目　次

本書を読む前に　セキュリティの基礎……………………………………… i
はじめに……………………………………………………………………… iii

第Ⅰ編　これだけは知っておきたい基礎……………………………… 1
1. 知っておきたい社会インフラ（重要インフラ）の基礎………… 3
　（1）インフラとインフラサービスとは ……………………………… 3
1.1 インフラはシステムで構築されている…………………………… 5
　（1）情報システムと制御システムとは ……………………………… 5
　（2）軍事システムとは ………………………………………………… 11
　（3）システムはコンピュータとネットワークで構築されている … 12
1.2 インフラ分野間の相互依存性……………………………………… 13
　（1）社会インフラ分野間での相互依存性 …………………………… 13
　（2）軍事インフラ分野は社会インフラの特定重要分野に依存……… 14
2. 知っておきたいサイバー空間の基礎……………………………… 15
　（1）基本的な4つの構成要素 ………………………………………… 16
　（2）インフラサービスはサイバー空間に依存している …………… 17
　（3）サイバー空間は企業などの所有物 ……………………………… 17
　（4）企業のサイバー空間はどんなサイバー空間 …………………… 18
　（5）サイバー空間には属性がある …………………………………… 20
　（6）サイバー空間は悪用や攻撃にも利用される …………………… 20
　（7）軍事ではサイバー空間は第5の戦場へ ………………………… 21
3. 知っておきたい脆弱性（ぜいじゃくせい）の基礎……………… 23
　（1）ハードウエア、ソフトウエア、プログラム …………………… 23
　（2）脆弱性（ぜいじゃくせい）とは ………………………………… 25
　（3）脆弱性の公表及び脆弱性の更新プログラムとゼロデイ攻撃 … 26
3.1 ソフトウエアの脆弱性を狙った攻撃手法を理解しましょう…… 28
　（1）バッファオーバーフローの脆弱性を狙う攻撃例 ……………… 28
　（2）文書ソフトの脆弱性を狙う標的型メール攻撃例 ……………… 30

4.	知っておきたいインターネットの基礎・・・・・・・・・・・・・・・・・・・・・・	37
（1）	インターネット通信の基礎・・・・・・・・・・・・・・・・・・・・・・・・・・・	37
（2）	世界に広がるインターネット・・・・・・・・・・・・・・・・・・・・・・・・	40
4.1	インターネットの脆弱性を狙った攻撃手法を理解しましょう・・・・	41
（1）	境界点での盗聴・改ざん、検索・規制と閉鎖・規制・・・・・・・	41
コラム１	身近なところでのサイバー攻撃はあるのか？・・・・・・・・・・・・・	44
（1）	自動車・・	44
（2）	医療機器・・・	45
（3）	スマート家電・・・・・・・・・・・・・・・・・・・・・・・・・・・・・・・・・・・・・	46
（4）	信号機・・	46

第Ⅱ編　米国、ロシア、中国、北朝鮮のサイバー攻撃の現実　これが新常識だ！・・・　47

<総論編> ・・		50
1.	社会インフラはサイバー攻撃（戦争）のターゲットになっている・・・・	50
<米国編> ・・		53
1.	米国の政府と軍のサイバー攻撃への取り組み・・・・・・・・・・・・・・・・	53
（1）	セキュリティ脅威の増大・・・・・・・・・・・・・・・・・・・・・・・・・・・	53
1.1	米国国土安全保障省DHS・・・・・・・・・・・・・・・・・・・・・・・・・・・・・・	54
（1）	政府の重要インフラに対する無償セキュリティ評価サービス・・・・	56
1.2	米国国防総省DoD・・・・・・・・・・・・・・・・・・・・・・・・・・・・・・・・・・・・	58
（1）	米国国家安全保障局 NSA・・・・・・・・・・・・・・・・・・・・・・・・・・・・	58
（2）	米国サイバー司令部 USCYBERCOM ・・・・・・・・・・・・・・・・・	58
2.	多分、こうだっただろうコバ劇場　米国編・・・・・・・・・・・・・・・・・・・	60
2.1	米国軍によるイランへのサイバー攻撃・・・・・・・・・・・・・・・・・・・	61
（1）	米国軍によるイラン核施設へのサイバー攻撃・・・・・・・・・・・・	61
（2）	2019年イラン軍へのサイバー攻撃・・・・・・・・・・・・・・・・・・・・	64
2.2	米国軍による北朝鮮の人民武力省偵察総局へのサイバー攻撃・・・・	65
2.3	国家安全保障局NSAによる情報収集活動及びサイバー攻撃・・・・・・・	67
（1）	スノーデン内部告発までの経緯と米国内の関連動向・・・・・・・・・	67
（2）	情報収集：ベライゾン社通信履歴収集・・・・・・・・・・・・・・・・・	67
（3）	情報収集：プリズム・・・・・・・・・・・・・・・・・・・・・・・・・・・・・・・・	70

- (4) 情報収集：アップストリーム監視 …………………………… 72
- (5) 情報収集：脆奪 ……………………………………………… 74
- (6) 情報収集：裏口（バックドア）……………………………… 77
3. 米国の中国サイバー攻撃への報復 ………………………………… 79
- (1) 中国人民解放軍の5人の将校を訴追 ………………………… 79
- (2) 天津国家安全局の2人の中国人ハッカーを訴追 …………… 79
4. 米国の政府と軍のセキュリティ堅牢化への取り組み ………………… 80
- (1) 米軍によるバグバウンティプログラム ……………………… 81
- (2) 米軍によるサプライチェーンのセキュリティ向上 ………… 82
- (3) サイバー演習の実施 …………………………………………… 82

コラム2　心理戦争とは ……………………………………………… 84
コラム3　国家による民間の情報窃取は、犯罪か、インテリジェンスか、戦争か？
……………………………………………………………………… 88
コラム4　米国・ロシア間での電力網などへのサイバー攻撃 …… 90
- (1) 米国からロシアの電力網などへのサイバー攻撃 …………… 90
- (2) ロシアから米国の電力網などへのサイバー攻撃 …………… 90

＜ロシア編＞ ……………………………………………………………… 92
1. ロシアの政府と軍のサイバー攻撃への取り組み ………………… 92
- (1) ロシア連邦保安庁（略称：FSB）…………………………… 92
- (2) ロシア連邦軍参謀本部情報総局（略称：GRU）…………… 95
2. 多分、こうだっただろうコバ劇場　ロシア編 …………………… 95
2.1 ロシア軍による米国大統領選へのサイバー攻撃 ……………… 95
2.2 ロシア軍によるバルト3国やCIS諸国へのサイバー攻撃 …… 97
- (1) エストニアへのサイバー攻撃 ………………………………… 99
- (2) ジョージア（旧グルジア）へのサイバー攻撃 ……………… 99
2.3 ロシア軍によるウクライナへのサイバー攻撃　破壊型ランサムウエア攻撃 ……………………………………………………………… 101
2.4 ロシア軍によるウクライナへのサイバー攻撃　サプライチェーン攻撃 102
2.5 ロシア軍による韓国平昌冬季オリンピックへのサイバー攻撃 …… 105
2.6 ロシアが関与したとみられるサイバー攻撃 …………………… 107
コラム5　サイバー戦争に関係するプーチン大統領 ………………… 108

＜中国編＞ ………………………………………………………………… 110

1. 中国の政府と軍のサイバー攻撃への取り組み ･････････････････････ 110
 (1) 国家安全部と国家安全局 ････････････････････････････････････ 110
 (2) 人民解放軍連合参謀部 ･･････････････････････････････････････ 111
2. 多分、こうだっただろうコバ劇場　中国編 ･････････････････････ 114
2.1 中国軍による米国先進技術情報窃取　軍事・防衛企業への標的型メール攻撃 ･･ 114
2.2 中国軍・政府による米国先進技術情報窃取　脆弱な企業へのサプライチェーン攻撃 ･･ 117
2.3 中国政府による米国先進技術情報窃取　標的型メール攻撃によるMSPへの攻撃 ･･ 118
2.4 中国による東京オリンピック・パラリンピックへのサイバー攻撃の兆候 ･･ 121
2.5 中国の政府と軍による日本へのサイバー攻撃 ･････････････････ 123
2.6 中国の愛国ハッカーによる日本へのサイバー攻撃 ･････････････ 124
コラム6　中国サイバー攻撃チームのキャンペーン活動 ･･････････････ 126
＜北朝鮮編＞ ･･ 128
1. 北朝鮮の政府と軍のサイバー攻撃への取り組み ･････････････････ 128
 (1) 人民武力省偵察総局　サイバー戦指導部 ･････････････････････ 128
2. 多分、こうだっただろうコバ劇場　北朝鮮編 ･･･････････････････ 131
2.1 外貨獲得目的のバングラデシュ銀行へのサイバー攻撃 ･････････ 131
2.2 外貨獲得目的の金銭要求型サイバー攻撃 ･････････････････････ 133
2.3 外貨獲得目的のビジネスメール詐欺サイバー攻撃 ･････････････ 135
2.4 北朝鮮からの各国へのサイバー攻撃 ･････････････････････････ 137
＜日本編＞ ･･ 139
1. 日本の政府と防衛省のサイバー攻撃防護への取り組み ･･･････････ 139
 (1) 内閣サイバーセキュリティセンター NISC ････････････････････ 139
 (2) 防衛省のサイバーセキュリティに関連する組織 ･･･････････････ 144
2. 中国と北朝鮮による日本へのサイバー攻撃 ･････････････････････ 147

第Ⅲ編　サイバー攻撃に立ち向かうための考察 ････････････････ 149
1. セキュリティ脅威の理解 ･･････････････････････････････････････ 152
2. リスク分析の実施 ･･ 154

- (1) リスク分析手法 ･･････････････････････････････････ 154
- (2) 事業継続計画BCPとPDCAサイクル ･･･････････････ 156
- (3) 脅威への意思決定手法OODAサイクル ････････････ 156
- 3. 個社レベルからサプライチェーン、さらに業界、地域や国家レベルへ ･･･ 158
- 3.1 セキュリティ自助活動 ････････････････････････････ 159
- 3.2 セキュリティ共助活動 ････････････････････････････ 160
  - (1) 地域でのセキュリティ共助活動 ････････････････････ 160
  - (2) 英国WARPのセキュリティ共助活動 ･･･････････････ 161
  - (3) 米国と日本でのサイバー脅威情報共有のセキュリティ共助活動 ････ 161
- 3.3 セキュリティ公助活動 ････････････････････････････ 164
  - (1) IPA（経済産業省）による実運用システムのリスク分析 ･････････ 164
  - (2) NICT（総務省）によるインターネット上のIoT機器の脆弱性調査 ･･ 165
  - (3) 地域のセキュリティ向上施策 ･･････････････････････ 166
  - (4) IPAのサイバーレスキュー隊J-CRAT（ジェイ・クラート） ･･･････ 166
  - (5) サイバーセキュリティ協議会 ･･････････････････････ 167
- 3.4 国家レベルの取り組みの必要性 ････････････････････ 168
  - (1) セキュリティ人材育成の課題 ･･････････････････････ 168
  - (2) 公的セキュリティ評価・対策体制の整備と継続運用による人材育成 ･･ 169
- 4. セキュリティ標準・認証とセキュリティガイドライン ･････････ 172
- 4.1 国際標準ISO/IEC 27001とIEC62443 ････････････････ 172
- 4.2 国と業界主導のセキュリティフレームワークやセキュリティガイドライン ･･･ 173
  - (1) 米国のNISTのサイバーセキュリティフレームワーク ･･････････ 173
  - (2) 電力業界とビル業界のセキュリティガイドライン ･･･････････ 173
  - (3) 金融業界の安全基準 ･･････････････････････････ 174
- 5. 社会インフラのセキュリティ対策のポイント ･････････････ 174
- コラム7 破壊型ランサムウエア被害企業の対策公開：A.P. モラー・マースク社 ･･･ 179
- コラム8 金銭要求型ランサムウエア被害企業の対策公開：㈱日立製作所 ･･･ 181
- コラム9 制御システムのセキュリティ標準・認証の現状と概要 ････････ 185

第Ⅳ編　主要なサイバー攻撃へ対策の考察 ·················· 189
　1.　標的型攻撃への対策 ·················· 192
　2.　サービス妨害攻撃（DoS・DDoS攻撃）への対策 ·················· 193
　3.　サプライチェーン攻撃への対策 ·················· 195
　　（1）　製品のバックドア利用型サプライチェーン攻撃 ·················· 195
　　（2）　ソフトウエア更新時のバックドア利用型サプライチェーン攻撃 ···· 196
　　（3）　脆弱な企業利用型サプライチェーン攻撃 ·················· 197
　4.　ランサムウエア攻撃への対策 ·················· 198
　5.　ビジネスメール詐欺攻撃への対策 ·················· 198
　6.　2020年東京オリンピックを標的としたサイバー攻撃への対策の考察
　　 ·················· 199
　　（1）　ロシアからのサイバー攻撃の想定と対策 ·················· 199
　　（2）　中国からのサイバー攻撃の想定と対策 ·················· 201
あとがき ·················· 203
最後に　セキュリティとセキュリティ仲間と筆者 ·················· 205
参考資料 ·················· 217
索引 ·················· 218

第Ⅰ編

これだけは知っておきたい基礎

第Ⅱ編の「米国、ロシア、中国、北朝鮮のサイバー攻撃の現実　これが新常識だ！」を理解するときに、必要な社会インフラ（重要インフラ）、サイバー空間、脆弱性とインターネットの基礎的なことについて、本編では説明します。

技術面の詳細は、各組織のセキュリティ担当の専門家・研究者や政策立案者が、独立行政法人情報処理推進機構 IPA（Information-technology Promotion Agency, Japan）他の情報を調査し、さらに理解していただくのが良いと思います。

1　知っておきたい社会インフラ（重要インフラ）の基礎

（1）　インフラとインフラサービスとは

我々の社会生活や経済活動に必須である社会インフラ（ライフラインとも呼ぶ）についてまず考えていきます。電力、ガス、水道、通信、金融、ビル、道路、航空、鉄道、自動車、バス、学校、放送、商業施設などのような、我々の社会生活や経済活動の存続に必要なサービス基盤となる多様な分野の設備・施設や仕組みを含めて、「社会インフラ」と呼ぶことにします。インフラは、インフラストラクチャ（Infrastructure）の省略で、日本語では「基盤」と訳されます。

なお、米国と日本の政府では、多様な社会インフラの中から特に重要なインフラを、重要インフラ CI（Critical Infrastructure）と特定して、政策的にも重点的なサイバーセキュリティ対策を進めています。

米国では、現在（2019年5月現在）、次に示す16の重要インフラ分野があります。①化学、②商業施設、③通信、④重要製造業、⑤ダム、⑥防衛産業基盤、⑦緊急サービス、⑧エネルギー、⑨金融サービス、⑩食品・農業、⑪政府機関、⑫ヘルスケアと公衆衛生、⑬情報技術、⑭核施設、⑮運輸、⑯上下水道の16分野です。

わが国では、内閣サイバーセキュリティセンター NISC（National center of Incident readiness and Strategy for Cybersecurity）は、「他に代替することが著しく困難なサービスを提供する事業が形成する国民生活及び社会経済活動の基盤であり、その機能が停止、低下又は利用不可能な状態に陥った場合に、わが国の国民生活又は社会経済活動に多大なる影響を及ぼすおそれが生じるもの」（引用）を、重要インフラと呼んでいます。2017年決定、2018年改定の第4次行動計画では、重要インフラ分野として、14分野を特定しています。①情報通信、②金融、③航空、④空港、⑤鉄道、⑥電力、⑦ガス、⑧政府・行政サービス（地

第Ⅰ編　これだけは知っておきたい基礎

方公共団体を含む）、⑨医療、⑩水道、⑪物流、⑫化学、⑬クレジット、⑭石油の14分野です。

　本書では、軍事活動に必要なサービスのインフラを、社会インフラと分けて軍事インフラと呼ぶことにします。すなわち、軍事インフラは、一つのインフラ分野です。

　次に、インフラサービスについて説明します。本書では、経済、社会や軍事などの各種活動は、インフラによるサービスを人間が受け、持続していくものと考えることにします。図1（1）に示すような関係です。鉄道・航空・船舶・バスの輸送サービスにより、人間はスピーディに目的地まで移動できます。戦場においても、戦士は地上アンテナや衛星通信の通信サービスを利用し、敵に対して優位な位置を確保し、攻撃ができるようになります。このようにインフラによるサービスを人間が受けて、社会活動や経済活動、さらに軍事活動をしているという関係で整理していきます。

　本書では、多様な社会インフラ分野により提供されるサービスをまとめて、社会インフラサービスと呼びます。軍事インフラ分野により提供されるサービスを、軍事インフラサービスと呼ぶことにします。

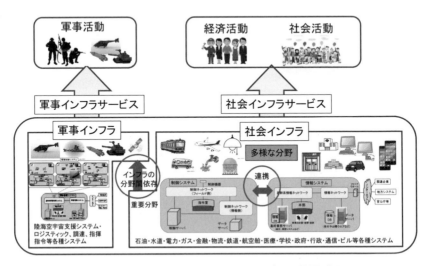

図1（1）　インフラとインフラサービスの位置づけ

1 知っておきたい社会インフラ（重要インフラ）の基礎

1.1 インフラはシステムで構築されている

　インフラは、情報システムと制御システムが組み合わされて構築されています。

(1) 情報システムと制御システムとは

　情報システムについては、聞いたことがある、知っているという人が多いと思います。金融・証券システム、クレジットカード決済システム、国民年金システム、受発注システム、鉄道・航空予約システム、政府・行政システム等のように、データの受付・計算・加工・記録・配信・検索など、情報の処理を主目的とするシステムを、情報システムと呼びます。このように情報システムは、社会生活や経済活動に必須の社会インフラを構成するシステムとなっていて、少しの時間でも停止して使用できないと困ってしまうものとなっています。このような情報システムで利用されている技術を、情報技術IT（Information Technology）と呼びます。なお、通信技術を加え情報通信技術ICT（Information and Communication Technology）と呼ぶこともあります。

　それでは、銀行、旅行会社、鉄道・航空会社の情報処理が、どのような処理の流れで実施されているかを、利用者の視点から見てみましょう。情報システムの構成と処理の流れを、図1.1 (1) を使って説明します。

①利用者は自宅内のネットワーク（例えば無線LAN（Local Area Network））につながっているパソコン、タブレットやスマートフォン（以降スマホと略して使用します）のブラウザ画面から、サービス利用ソフト（検索ソフトとか検索エンジンと呼ばれるソフト）に、銀行、旅行会社、鉄道・航空会社などの企業名やキーワードを入れるだけで、契約加入しているインターネットサービスプロバイダISP（Internet Service Provider）を経由して、目的の情報システムに接続できます。細かなことを気にしないで簡単にできるようにしているのが、情報技術ITの力です。

②企業側は、インターネットから誰でもが勝手に、企業内の情報システムの情報ネットワークに入り込めないように、不正な接続方法を拒否するネットワーク接続装置（ファイウォールなど）を設置しています。

③このネットワーク接続装置に受け入れられると、受付・公開サーバ（受付や業務等多様な処理を行うコンピュータシステムをサーバと呼びます）は、次に利用者が登録利用者かどうかを入力されたID（Identification：人物の特定に用いられる一意の識別番号など）とパスワード等でチェックします。このチェックを受けた後、企業の基幹系情報システムにより、いろいろな処理が実行され

第Ⅰ編　これだけは知っておきたい基礎

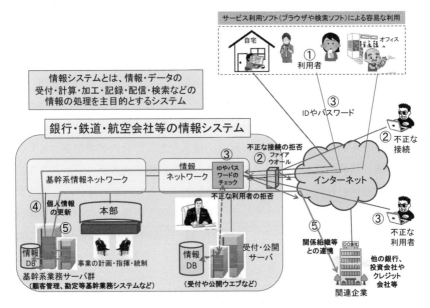

図1.1（1）　情報システムの構成と処理の流れ

ます。
＜銀行の場合＞
④-1 例えば、銀行利用者であれば自分の明細を確認し、振り込み手続き、投資手続きなどをすることができます。この実行は、銀行内の基幹系情報ネットワークに接続されている基幹業務処理を実施する業務サーバ間で実施されます。
⑤-1 必要に応じて、外部の信頼できる（信頼できるようにしている）ネットワークを利用して、他の銀行や投資会社との間で振り込みや株式の売買などを実行します。国際的な取引も実施されます。処理の結果は、利用者の顧客管理データベースに反映されます。
＜航空会社の場合＞
④-2 例えば、登録ユーザであればチケット購入メニューによるチケット購入の手続きが始まります。利用者の希望が、カード決済かマイレージ決済かにより手続きが変わります。
⑤-2 カード決済であれば、クレジット会社に接続する外部ネットワークを介して利用者のカード情報を送り、正常処理通知を受けて発券処理を実施し、その結果をデータベースの利用者データ（顧客管理データベース）に反映します。

1 知っておきたい社会インフラ（重要インフラ）の基礎

外部のクレジット会社での処理以外は、航空会社内の業務サーバ間で実行されます。マイレージでの決済であれば、利用者のデータベースのマイレージを減算して、チケットの発券処理をします。必要に応じて座席指定やeチケットの発行処理などをします。

ここから説明する制御システムは、関係者以外はあまり聞いたこともなく、ほとんど知られていない縁の下で頑張っているシステムです。まず、制御システムを歴史から紐解いていきましょう。石油やガス等の流量制御について、産業技術史資料情報センター プロセス制御システムの技術系統化調査に基づき、歴史を見てみます。なお、計測・監視・制御・操作・運転などをまとめて、制御と呼ぶことにします。

①第1世代：工場現場での人手による制御

工場のパイプの一部に、開け閉めをするバルブと圧力と流量を表示する装置があるとします。1930年代は、作業員は必要時にその場所に行き、圧力と流量をメータの数値を見て判断し、バルブを手動で開け閉めします。定期的に現場に出向き、必要なバルブの操作を行います。それも一年中実施します。

②第2世代：空気式計器と信号伝送を利用した遠隔地からの制御

1940年から1950年代には、空気式計器等が実用化され、遠隔地に設置された空気式計器等を、計器室などに配置されたパネルやスイッチを人手で操作して空気圧信号の伝送により、制御が可能になりました。空気式計器の大型から小型化・システム化が進み、工場・プラントの運転は中央計器室に集約され、監視・操作盤による運転が中心となりました。

③第3世代：電子式計装と操作コンソール（画面）を使った制御

1960年から1980年代には、空気式から電子式計器のコンピュータ化により、人手でなく直接バルブが駆動されるようになりました。アナログコンピュータからデジタルコンピュータへ、マイクロプロセッサ、通信技術の進歩、機器の低価格化により、工場の現場ごとの分散化した制御システムの制御が、操作端末のコンソール（画面）での操作で可能になってきて、見やすさ・使い方の改善が進んできました。

④第4世代：高度化・自動化された制御

1990年以降、汎用コンピュータ（パソコンと同じコンピュータ）／汎用ソフトウエア（パソコン用マイクロソフトのWindowsなど）とオープンなネット

第Ⅰ編　これだけは知っておきたい基礎

ワーク仕様 TCP/IP（Transmission Control Protocol/Internet Protocol）の普及、センサやアクチュエータ（モータ等のような駆動装置）の小型・高性能化、の変化に対応しながら、操作・運転の信頼性確保、安定運転や自動化が進んでいます。監視や操作は中央監視室だけでなく、パソコン・スマホや操作端末の画面からも、セキュリティを確保して、インターネットから実行することも可能になっています。

　それでは、我々の日常生活の中での制御システムについて見てみましょう。
　石油や天然ガスを積み込んだ輸送船が港湾基地に着いた後、輸送船から基地のタンクに石油や天然ガスを移し替えます。この際、制御室の制御パネルから、流量や圧力などの計測機器を監視しながら、石油や天然ガスの流量の制御をしています。
　鉄道システムでは、衝突を防止するため、線路脇に設置したセンサで、ある区間に列車がいるかどうかを計測し、その情報を制御室に伝送します。制御室では、それぞれの区間からの情報を収集し、停止するか、徐行するか、定常運転をするかを信号機に送って信号機の操作（赤や青などの表示切替）をしたり、運転席の画面に表示したり、自動停止装置を起動したりします。
　自動車は、多数（高級車では100台を超えると言われる）の制御用のコンピュータである車載電子制御装置ECU（Electronic Control Unit）を装備しています。例えば、監視用カメラのECUでは、カメラからの情報を瞬時に解析し、センターラインを越えた時にはブザーの警報音で警告します。障害物を検出したときには、自動車内のネットワークCAN（Car Area Networkと呼ばれる）を介してブレーキ制御用のコンピュータECUに信号を送って、急ブレーキをかけるといった制御をします。電気自動車では、搭載している個々のバッテリーの充電・放電状態を計測し、残りの利用可能時間・距離を計算し、パネルに表示します。
　家庭では、スマホから、お風呂やクーラーの始動・停止や、室内の監視カメラで年寄りやペットの状態監視をすることができます。
　上述したように、水道、電力、石油・化学、航空、船舶、鉄道、自動車、ビルや医療などでの制御システムは、情報システムが情報の処理を主体に実行するのとは異なり、工場やプラントの機器・装置等への制御を、正確に、タイムリーな時間内で、停止することなく実行するためのシステムです。社会インフラサービ

1 知っておきたい社会インフラ（重要インフラ）の基礎

スを提供しているので、停止して使用できないと、社会が混乱することになります。今後は、無線ネットワークの高速化・広域化（5G（ファイブジー）化）、監視カメラやセンサのようなネットワークにつながるIoT（Internet of Things）機器の普及、ビッグデータや人工知能の進展により、より細やかな制御を実施できるようになり、快適、安全な、持続する社会インフラサービスの提供が期待されます。このような制御・運用技術を、OT（Operational Technology）と呼びます。制御システムは、OTを利用するとともに、ITを積極的に活用しています。すなわち、制御システムは、IT/OTの上に構築されていると言えます。

次に、もう少し工場やプラントでの制御システムの構成と処理の流れを、運用者の視点から見てみましょう。処理の流れを、**図1.1（2）**を使って説明します。
① 運用者は、センサやアクチュエータ（モータ等のような駆動装置）等の装置を、工場、プラント、空港・港湾基地、列車、自動車、ビルや家等のフィールド（現場）にある監視・制御の対象機器に、設置します。
② センサは、必要なデータ（オン・オフ情報、カメラ画像情報など）をタイム

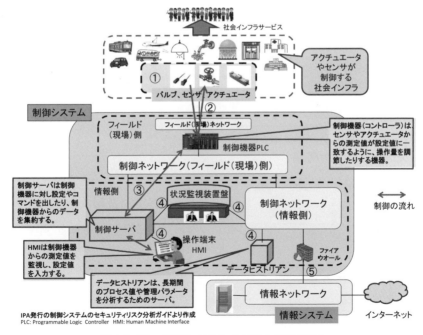

図1.1（2） 制御システムの構成と処理の流れ

リーに入手し、規定時間内に制御機器 PLC（Programmable Logic Controller と呼ばれる）に送ります。制御機器 PLC は、フィードバック制御（機器やシステムの出力結果を目標値である出力値と比較して、その結果を入力値へ反映させること）を実施し、各種のアクチュエータを利用して流量、圧力、温度などを、規定範囲の状態に制御します。

③制御機器 PLC は、同じフィールド（現場）側の制御ネットワークに接続されている制御サーバから、制御に必要なパラメータ等の情報を与えられます。計測データや PLC 機器の状態情報などは、制御サーバに送信され、蓄積されます。

④同じネットワークに接続されている操作端末 HMI（Human Machine Interface）は、制御サーバを介して、適宜、制御コマンドを使って制御を実施します。長期間のプロセス値や管理パラメータが、データヒストリアンに蓄積され、制御状況を分析するために使用されます。このような制御サーバ、データヒストリアン、制御機器 PLC、操作端末の状態は、状況・監視装置に表示されます。

⑤最近では、情報システムとの連携が進展し、制御システムの生産量などの制御関連情報が、情報システムに送信されています。情報システムよりも、厳しいタイミング、高信頼で常時稼働を実現するため、情報システムから制御システム側へのデータ転送やデータアクセスは、負荷となることもあるので実施しな

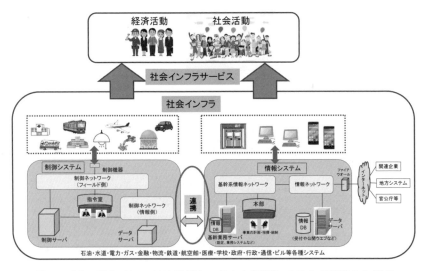

図 1.1（3） 社会インフラは情報システムと制御システムの連携から構成

1 知っておきたい社会インフラ（重要インフラ）の基礎

いようにしています。

　最後に、社会インフラは、情報システムと制御システムの連携から構成されていることを知っておいてください。金融、証券や政府自治体などのシステムは、情報処理を主体とするものです。一方、通信、電力、水道、鉄道などの多くの社会インフラは、制御を主体で稼働しています。ところが、21世紀になると、受発注や配送など情報システムとの連携、サプライチェーン化によるパートナー企業との協業、インターネットを介しての顧客サービス向上などで、制御システムは、情報システムと密接に連携するようになりました。図1.1（3）を参照して下さい。

(2) 軍事システムとは

　ここで軍事システムについても、考えてみましょう。情報システムと制御システムの観点で、情報・インテリジェンスと作戦・戦略を軍事情報システム、戦術と武器制御を軍事制御システムと対応づけて整理することにします。

　図1.1（4）に示すように、軍事システムは、軍事情報システムと陸海空の軍事制御システムを、階層的に組み合わせたシステムと捉えることができると思い

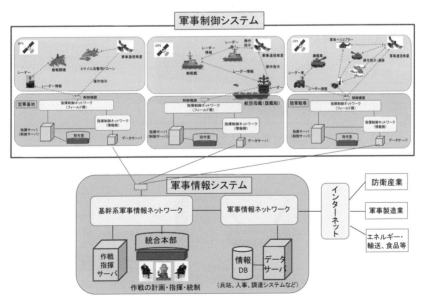

図1.1（4）　軍事システムの全体イメージ

ます。軍事活動では、情報・インテリジェンスを活用して指揮官の意思決定を支援し、作戦・戦略を計画・指揮・統制するための情報を提供し、さらにこれらの情報により決定された命令を、隷下の部隊にタイムリー、正確に伝達し、最終的には戦術、武器制御をタイムリー、正確に実行することが必要になります。

(3) システムはコンピュータとネットワークで**構築されている**

　情報システムと制御システムは、コンピュータとネットワークから構成されているのを見てきました。コンピュータ内では、オペレーティングシステム OS（Operating System）や業務アプリケーションなどのソフトウエア（Software）が稼働しています。ネットワークは、データの送受を実行するルータやスイッチと呼ばれるネットワーク機器等で構成され、ネットワーク機器内では、ネットワークオペレーティングシステムやネットワークアプリケーションなどのソフトウエアが稼働しています。オペレーティングシステムとは、コンピュータの操作・運用・通信を司る基本的なソフトウエアです。図 1.1 (5) に、システムを構築する基本的なハードウエア（Hardware）とソフトウエアの位置づけを示します。「コンピュータ（ハードウエア）、ソフトウエアがなければただの箱」とソ

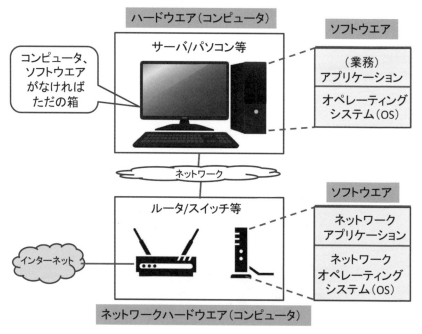

図 1.1 (5)　ハードウエアとソフトウエアの位置づけ

フトウエアの重要性を表す言葉がありますように、情報システムと制御システムから構成される社会インフラは、極論ですが、ソフトウエアに依存して、稼働しているということです。

1.2 インフラ分野間の相互依存性

　生活や経済で利用する社会インフラは、多様な分野から構成されています。互いに独立した関係だけでなく、特定のインフラ分野に依存しているインフラ分野もあります。ここでは、インフラ分野間での相互依存性、さらに、軍事インフラ分野の社会インフラの重要分野への依存性について見てみましょう。

(1) 社会インフラ分野間での相互依存性

　2006年度から2007年度に、内閣官房情報セキュリティセンター（NISCの当時の組織名）が、社会（重要）インフラ分野間の相互依存性についての調査をまとめています。IT障害の発生が、サービスの停止に結び付き、その重要インフラ分野のサービス停止が他の重要インフラ分野にどのような影響を与えるかを調査したものでした。各重要インフラ分野の主要事業者へのヒアリングに基づく調査結果は、通信分野は他の7分野、電力分野は他の10分野、水道分野は他の8分野と相互依存性があることが、図1.2（1）に示すように分かりました。インフラ分野間の相互依存関係を明確にしておくことで、災害等が発生したときに困らないように、あらかじめの対策を検討、準備することができます。なお、この頃は、政府の重要インフラは、電力、金融、航空、鉄道、ガス、政府・行政サービス、医療、水道、物流、情報通信分野（通信、放送）の10分野でした。

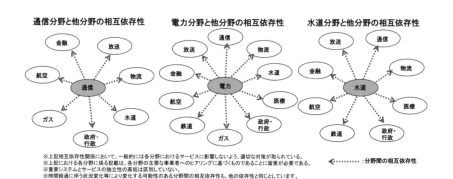

図1.2（1）　日本の重要インフラ分野間の相互依存性調査のまとめ

— 13 —

第Ⅰ編　これだけは知っておきたい基礎

　まとめますと、社会インフラは、インフラ分野の相互間での依存性があります。他のインフラ分野に依存されるインフラ分野については、特に信頼性やセキュリティの高度化が要求されます。依存されるインフラ分野の弱点を狙われると、依存しているインフラ分野へも大きな影響を与えることになります。停止が停止を生むという拡散をし、大規模な社会インフラの停止に結び付くことになることが想定されます。

(2) 軍事インフラ分野は社会インフラの特定重要分野に依存

　軍事インフラは、民間の社会インフラのサービスを受けています。どのような依存関係があるか見てみます。

　例えば、陸海空軍の基地の平常時の日々の運営では、通信、電力、ガス、上下水道、ビル（各軍関係施設）、食品・農業、ヘルスケアと公衆衛生、情報技術等の社会インフラのサービスを受けています。装備品の調達においては、サプライチェーンの安全確保に加え、重要製造業企業や防衛産業基盤企業からの機密情報の漏洩や窃取が発生しないように、協力してサイバー攻撃から防護しなければなりません。不正な部品（バックドア）が挿入された装備品が調達されたのでは、交戦時に不具合を起こしたり、軍の機密情報が窃取されたりして、自軍の不利な状況を引き起こしてしまうことになります。また、装備品の保守なども適宜必要になることから、これらの企業とのネットワーク接続や作業員との交流においても、サイバー攻撃が引き起こされないように、セキュリティ対策強化を継続して進めていかなければなりません。先ほどの社会インフラ分野間の相互依存性から考えると、重要製造業や防衛産業基盤企業が、電力の停止で装備品の継続した提供ができなくなるのも問題になります。

　このように軍事インフラは、社会インフラの特定重要分野に大きく依存しています。米国では重要インフラの70から80％が民間の資産であり、軍事インフラは民間インフラに依存せざるを得ない状況です。米国国防総省DoDだけでなく、国土安全保障省DHSなどを含む政府が一体となって、サイバー攻撃による民間の社会インフラの被害を低減する活動を、重要視し、継続して進めています。図1.2 (2) を参照してください。日本の社会インフラは、90％以上が民間の資本に依存していると言われています。日本政府は社会インフラ事業者と連携して、サイバー攻撃防護対策を推進していくことが期待されます。

2 知っておきたいサイバー空間の基礎

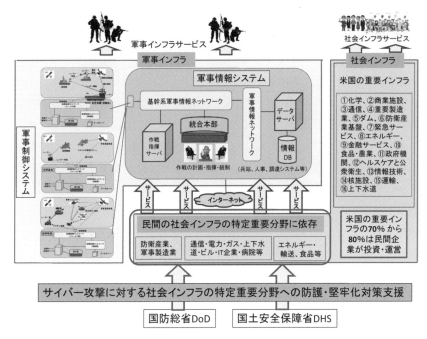

図1.2（2） 軍事インフラは民間の社会インフラの特定重要分野に依存

2 知っておきたいサイバー空間の基礎

　本章では、今話題のサイバー空間について考えてみます。一般的には、コンピュータとネットワークから構築された物理環境で、情報の流通・処理・蓄積などをする仮想的な空間が、サイバー空間（Cyber Space）とか仮想空間（Virtual Space）と呼ばれています。

　二つの事例を見てみましょう。一つ目は、インターネット講座です。ビデオや講座資料は、学校のサーバに保管されていて、利用者（受講者）は、パソコンの画面からインターネット経由で授業を受けます。ビデオの中の教師は、電子的教材を使用して講座を実施します。このようにサイバー空間の中の仮想学校で、パソコン画面を介して教育を受けることができます。二つ目は、サイバー空間の中の仮想銀行（インターネットバンク）では、パソコンからIDやパスワードを利用して、振り込みをすることができます。町中の銀行に行く必要がありません。このように、身近なところでサイバー空間を使用しています。

　このサイバー空間についてのイメージを、いろいろな視点で考察してみましょ

第Ⅰ編　これだけは知っておきたい基礎

う。
(1) 基本的な4つの構成要素

物理空間を抽象化してみましょう。一般的なコンピュータとネットワークの構成と処理の流れを考えてみます。なお、ノードとは、コンピュータやネットワークを構成する個々の要素で、サーバ、パソコン、スマホ、操作端末、制御機器などのコンピュータ機器及びスイッチやルータなどの通信機器を指しています。リンクとは、これらのノードをつなげる、電線（ケーブル）、光ファイバや無線などを指しています。図2（1）で4つの構成要素および地球規模のサイバー空間のイメージを説明します。

①アクセスノード：画面から銀行へアクセス（接続）したり、制御機器に操作指示をしたりする、パソコン、スマホや操作端末などのノードです。センサや監視カメラのように、計測データや画像を送る装置も含みます。

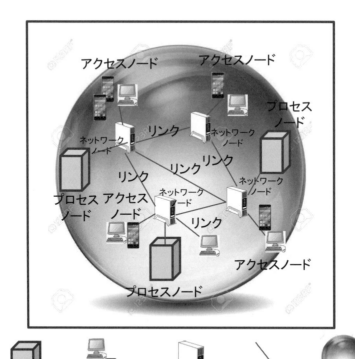

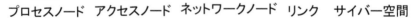
プロセスノード　アクセスノード　ネットワークノード　リンク　サイバー空間
図2（1）　4つの機器群で構成される物理空間の中のサイバー空間

②リンク：各種ノードをつなげる光ファイバ、LANや無線などの物理的なリンク（連結媒体）です。
③ネットワークノード：リンクを伝わって転送される情報を、ネットワーク中継や交換するルータやスイッチなどのノードです。
④プロセスノード：アクセスノードから利用、操作や計測・画像のデータを受け取り、銀行振り込み処理やバルブ操作指示を実施するコンピュータやデータベース等からなるノードです。

　この物理空間の中を電子情報が、アクセスノードからリンクを伝わり、ネットワークノードで中継され、プロセスノードに届きます。プロセスノードでは業務・制御アプリケーション処理を実施し、その結果をアクセスノードの画面に送り返します。これらの4つの機器群が、グローバルな地球環境に配置されて、物理空間が構成されます。すなわち、地球規模の物理空間の中に、電子情報が流れる地球規模のサイバー空間が構築されます。

(2)　インフラサービスはサイバー空間に依存している

　パソコンやスマホ及び操作端末の画面等から、実空間（Real Space）の対象（金融・証券の取引、工場・プラントでの製造、列車・船舶等の運行及び軍艦・戦闘機・戦車等の軍事装備品）を、このサイバー空間を介して、利用や操作をすることができます。すなわち、インフラサービスは、サイバー空間に依存していることになります。図2（2）を参照して下さい。

(3)　サイバー空間は企業などの所有物

　多様なインフラサービスを提供するために活用されている情報システムや制御システムは、企業、ネットワークサービス企業、政府および関連組織等の多種多様な組織が所有するコンピュータやネットワークから構築されています。

　もう少し具体的な説明を続けましょう。物理的な機器群は自然物でなく、産業製品であり、企業や国などにより投資・設置された資産で、この製品に投資している企業や国などの所有物となります。

　例えば、インターネットサービスプロバイダISP（Internet Service Provider）は、アクセスノード、プロセスノードやネットワークノードをつなげるリンクとして、NTTやKDDI等のような通信事業者から、光ケーブルや無線インフラを有償で借用しています。さらに、ルータやスイッチなどのネットワークノードを購入し、リンクに接続して、ある地域にネットワークを設置します。メールなどの処理をするプロセスノードも購入・構築します。当然、これらの運用費も必要

第 I 編　これだけは知っておきたい基礎

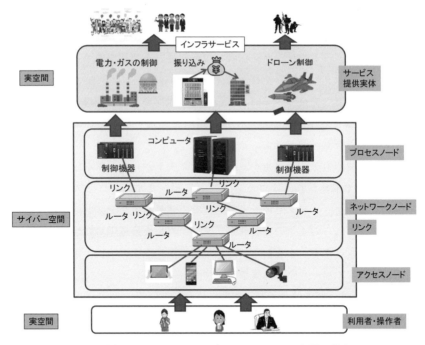

図 2（2）　インフラのサービスは、サイバー空間に依存

です。このようにして、ISP は自分の投資した地域内（例えば、東京地域、サンフランシスコ地域、ある国一帯など）の多くの利用者を、自分の管理・運用するインターネットに接続します。これらへの ISP の投資は、利用者からのインターネットのサービス利用料として回収されます。

　また、企業では、NTT や KDDI のような通信事業者から借りた広域の通信回線（専用回線と呼びます）とオフィスや工場内に構築した LAN を利用することにより、企業内のネットワークを構築します。

(4)　企業のサイバー空間はどんなサイバー空間

　企業では、NTT や KDDI のような通信事業者から借りた通信回線（専用回線と呼ぶ）と、オフィスや工場内に購入し構築した LAN を利用することにより、信頼性やセキュリティを確保した企業のネットワークを構築しています。この企業のネットワークを、プライベートネットワークと呼びます。広域の専用回線は高額であるため、割安のインターネットを採用します。例えば、グローバルな企業で、各国で構築したプライベートネットワークを各国の地域 ISP に接続する

2 知っておきたいサイバー空間の基礎

ことにより、本社、各国のオフィスや工場間での業務の連携を実現しています。ただし、ISPで提供されるインターネットの基本機能だけでは、セキュリティ上の問題があります。そこでセキュリティ上の問題を暗号技術で解決する、仮想プライベートネットワークVPN（Virtual Private Network）機能を利用することにより、インターネット上でのセキュアな企業ネットワークを構築しています。図2（3）を参照して下さい。

銀行ではどのようなサイバー空間を構築するでしょうか。二つのサイバー空間への投資が考えられるでしょう。図2（4）を参照して下さい。一つは、信頼性やセキュリティを考慮しなければいけない銀行の基幹業務である勘定系処理は、プライベートなクローズド（閉鎖的）なサイバー空間を構築します。もう一つは、インターネット経由で個人や企業が、振り込みや預金状況把握などができるように、行内にオープンなサイバー空間を、閉鎖的なサイバー空間とは別に構築します。セキュリティを考慮したうえで、この行内のオープンのサイバー空間を、行内のクローズドなサイバー空間に接続できるようにします。

このように、企業のサイバー空間は、プライベートでクローズドなサイバー空間とインターネットを活用しているオープンなサイバー空間が、相互につながった空間から構成されています。

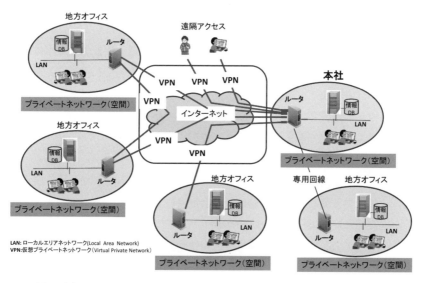

図2（3）　専用線やLANに加え、VPNで企業ネットワークを構築する

第Ⅰ編　これだけは知っておきたい基礎

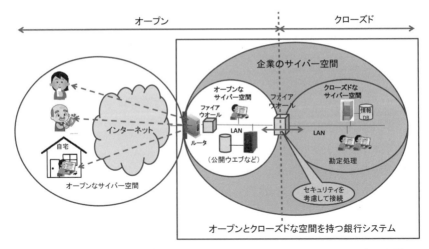

図2（4）　企業のサイバー空間は、オープンとクローズドなサイバー空間を持つ

(5)　サイバー空間には属性がある

　企業内で利用されるクローズド（閉鎖的、プライベート）なサイバー空間とインターネットのようなオープンなサイバー空間があります。ところが、インターネットに代表されるオープンといわれるサイバー空間といえども、国によるアクセスの規制があるもの（ロシア、中国など）や規制がないと思われている（米国や日本など）があります。また、社会インフラや軍事インフラのように、サイバー空間に特段のセキュリティや信頼性を要求するものもあります。このようにサイバー空間は、いくつかの属性を持っていることが分かります。

　図2（5）に示しますように、これらの多種多様な属性（オープン・クローズド、規制・自由、独立・連携、セキュリティや信頼性の強・弱）を持つサイバー空間が、相互に接続し、より大きなグローバルなサイバー空間（インターネット空間とも呼ぶことができます）を構成しています。

(6)　サイバー空間は悪用や攻撃にも利用される

　このサイバー空間は、実空間と同じように悪い使い方もできてしまいます。悪い人は、実世界と同じで、お金儲けや社会混乱に利用することを考えます。例えば、金融機関と同じようなインターネットバンキングの画面を作り、口座番号やパスワードを入力させ、お金を盗もうとします。取引の画面に対して、大量の問い合わせなどを繰り返し、他の人のアクセスを妨害して、商取引の邪魔をします。また、不当に情報ファイルを暗号化し、利用できなくし、解除するためにはお金

2 知っておきたいサイバー空間の基礎

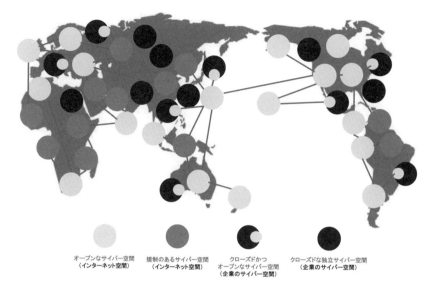

図 2（5） 異なる属性を持つサイバー空間が相互に接続している

をよこせと脅迫します。いたずらやいじめ等もあります。地震などの災害が発生したときに、うその情報を流し混乱を起こし、楽しんでいるようなことも起きています。個人攻撃などのメールを、繰り返し送り付けることなども起きています。選挙妨害のため、社会を混乱させる情報発信なども実際に行われています。

サイバー空間を利用したこれらの攻撃を、本書ではサイバー攻撃と呼ぶことにします。

（7） 軍事ではサイバー空間は第5の戦場へ

コンピュータとネットワークで構築されたサイバー空間は、前述したように軍事の世界にも進展し、軍事活動がこのサイバー空間に依存しています。陸・海・空・宇宙空間が、それぞれ第1～第4の戦場と言われています。第1～第4の戦場での戦闘を、サイバー空間を活用して有利にすることが、各国の軍での関心ごとになっています。

各国ともサイバー空間を戦略的に利用するための試行や実験をしている状況です。米国国防総省 DoD は、2011 年7月にサイバー戦争に対する新たな国際戦略「サイバー戦略」を発表しました。その中で、サイバー空間は、陸・海・空・宇宙空間に次ぐ、第5の戦場であるとの見解を明確にしています。

「第5の戦場」サイバー空間は、他の4つの陸・海・空・宇宙空間での活動に

第Ⅰ編　これだけは知っておきたい基礎

も密接に関係していて、どちらかというと他の4つの空間から依存されている状況で、ますますサイバー空間の重要性が増えています。図2（6）にサイバー空間が、陸・海・空・宇宙のそれぞれの空間から依存されている状況を示しました。

　例えば、空では、戦闘機やドローンなどが、赤外線レーダーや衛星通信ネットワークなどで敵の位置を把握し、機銃やミサイルの操作をコンピュータ操作画面から実施することができます。特に、ドローンでは、衛星通信ネットワークやGPS（Global Positioning System）と連携した攻撃を、ゲーム感覚で遠隔地の装置から実施できるようです。

　このグローバルに拡大しているサイバー空間を利用して、敵対国に対するサイバー攻撃が増加しているのが、現在の状況です。自軍の依存するサイバー空間を敵のサイバー攻撃から防護し、敵軍のサイバー空間の能力を無力化するためにサイバー攻撃をするなど、サイバー空間は、相互の国家間での攻撃・防護対象の戦場と化しています。武力戦とは異なり、サイバー空間での国家主体のサイバー攻撃による静かで目立たない戦争を、本書ではサイバー戦争と呼んでいます。具体的な、米国、ロシア、中国、北朝鮮のサイバー攻撃については、第Ⅱ編を参照して下さい。

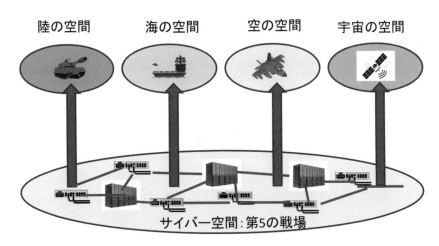

図2（6）　「第5の戦場」サイバー空間に依存する陸海空宇宙の4空間

3 知っておきたい脆弱性（ぜいじゃくせい）の基礎

　前述したように、情報システムと制御システムから構成される社会インフラや軍事インフラは、ソフトウエアに依存して、稼働しています。ここでサイバーセキュリティを考えるうえで大切なのは、ソフトウエアには「脆弱性（ぜいじゃくせい）」という攻撃に対する弱点があるということです。サイバー攻撃者は、この脆弱性を狙ってサイバー攻撃を仕掛けてきます。しっかりと理解してください。なお、脆弱性（Vulnerability）とバグ（Bug）とは、違いがありますので、この辺も理解しておくことが大切です。基本的な項目について必要な範囲で説明します。

(1) ハードウエア、ソフトウエア、プログラム

　本書では、ハードウエア（Hardware）とは、コンピュータシステムの物理的な構成要素を指し、コンピュータ機器（計算機）や記憶装置などです。ソフトウエア（Software）とは、ハードウエア（物理的な機械）と対比される用語で、何らかの処理を行うプログラム、データや文書などを指します。略して、ハードとソフトと呼びます。なお、ソフトウエアの階層関係では、ハードウエアに近いものがオペレーティングシステム OS で、利用者に近いのが（業務）アプリケーションです。図3（1）を参照して下さい。

　コンピュータに対して、データの加減乗除、移動、保管、変更等の基本機能の実行を命令するものを、命令語と呼びます。命令語をある目的（会計処理やスケジュール管理など）を実行するために記述した一連の命令語群を、プログラムと呼びます。始めの意味をつけてソースプログラムとも呼びます。例えば、数字5をこの番地（入れ物の場所）A に蓄えなさい（命令語 STORE）、数字4を番地 B に蓄えなさい（命令語 STORE）、番地 A と番地 B の数字を足しなさい（命令語 ADD）、結果を画面 D に表示しなさい（命令語 DISPLAY）の一連の命令語を、コンピュータが実施すると、合計の9が画面に表示されます。このような STORE, STORE, ADD, DISPLAY の一連の命令語の流れを、プログラムと言います。別の例で説明をしますと、例えば、音楽で音符のそれぞれが命令語に対応し、ある曲にするため一連の音符群を並べた楽譜が、プログラムに対応します。音楽や料理では、楽譜やレシピに従って、人間がピアノの鍵盤をたたいたり、肉・魚・野菜を切ったり、揚げたり、調味料を加えたりしていきます。図3（1）を参照して下さい。

第Ⅰ編　これだけは知っておきたい基礎

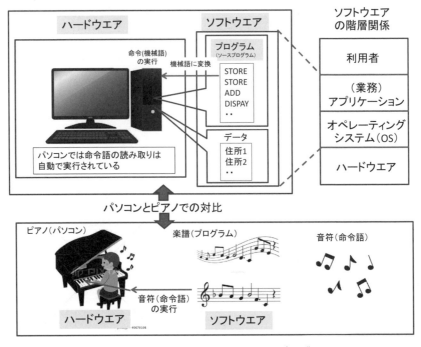

図3（1）　ハードウエア、ソフトウエア、プログラムとは

　なお、STORE, STORE, ADD, DISPLAYのような命令語は、人間が理解できる言語のようなものですが、コンピュータには、理解できません。コンピュータに理解できる命令語を、機械語と呼びます。「01110100...」の2進法で記述されます。人間が理解できる言語の命令語から、コンピュータが理解できる機械語に変換する作業が必要です。逆に、機械語は人間には理解しにくいものです。この機械語の流れを、人間が理解できる命令語のプログラムの表現に逆変換することを、リバースエンジニアリングと呼びます。最近話題となっている、中国製のネットワーク機器に、バックドアと呼ばれる攻撃コードが組み込まれていないかを検査するためには、機械語をリバースエンジニアリングして、人間が理解できるよう逆変換する必要があります。著作権で保護されていることで、法律に違反するとの指摘もあります。攻撃ソフトを解析するという公的な安全確保の目的では、リバースエンジニアリングが許されるような法の整備も必要と思います。
　なお、バグとは、ソフトウエアの不具合（エラー）のことを指しますが、現在ではエラーだけでなく、プログラムが開発者の意図した動きと違う動作をする原

— 24 —

因を総称して「バグ」と言います。なお、英語のバグ（Bug）は「悪さをする虫」を意味します。

(2) 脆弱性（ぜいじゃくせい）とは

　前述したように、コンピュータとネットワークは、ソフトウエアで稼働しています。意図した要求仕様どおりの動作をする（バグのない）ソフトウエアであっても、第三者（特に攻撃者・悪意のある人）による攻撃に対して弱ければ、つまり「弱点」があれば脆弱性があるということです。攻撃者に、このソフトウエアの脆弱性が狙われると、コンピュータやネットワークに侵入されたり、乗っ取られたり、不正な行為が行われてしまいます。

　脆弱性の概念は、ソフトウエアだけでなく、人、ハードウエアやシステムなどにも、適用されます。例えば、悪意のある者が、パスワードを管理者から聞き出してしまうような攻撃といった、原因がソフトウエアだけに収まらない、人的な脆弱性に対しても用いられます。また、ハードウエアおよびそれを含めたシステム全般の欠陥や弱点についても、脆弱性という言葉が使用されます。特に、最近は、ICチップのようなハードウエアの論理に脆弱性があったり、バックドアが埋め込まれたりする事例が起きています。

　また、セキュリティホール（安全性欠陥）という用語も使用されることがあります。反対語は、レジリエンス（Resilience）であると言われ、日本語訳として、強靭化や堅牢化が用いられています。

　ソフトウエアの脆弱性が残された状態で、コンピュータやネットワークを利用していると、攻撃ソフト（ウイルスやマルウエアなど攻撃に利用される悪意のあるソフトウエアを強調するため、本書では攻撃ソフトと呼ぶことにします）に感染し、最悪の場合はコンピュータの破壊や接続機器の故障・破壊にも結び付く、危険性があります。

　ソフトウエアの脆弱性に対する攻撃手法は、専門的ですがxxxx攻撃のように多数あります。攻撃の詳細は、セキュリティの専門書を参照して下さい。例えば、代表的なものとしては、

① 必要サイズのメモリ領域（バッファと呼ぶ）を超過させてデータを読み込ませてしまうバッファオーバーフロー攻撃、

② 入力データに対してデータベース検索の処理に悪影響を与えないようにする処理が抜けていたため、想定しないデータベース検索のSQL文を実行させて、データベースから不正にデータを取得してしまう等のSQLインジェクション

攻撃（SQL（エスキューエル）とは、リレーショナルデータベースに蓄積したデータを、操作・定義するためのプログラム言語です）、
③他のウエブサイトにスクリプトコード（変換なしにそのままで実行できるコード（符号化されたデータ））を読み込ませて、不正な動作を行わせるクロスサイトスクリプティング攻撃

など、多くの攻撃手法があります。

なお、英語の脆弱性（Vulnerability）は、①もろくて弱い性質または性格、②コンピュータやネットワークにおける安全上の弱点・欠陥を意味しています。

最近、監視カメラや家庭のルータ・情報家電が、インターネットに接続される場面が増加しています。このようなIoT機器は、セキュリティ対策が不十分（脆弱性が存在）のものが多いと言われています。一方、IoT機器の通信能力も向上しているので、攻撃者がIoT機器をボットやゾンビとして利用することが多いです。攻撃者により自由に操作されるという意味で、ロボットのボットとか、映画での死体のまま蘇った人間で意思なく繰られるのでゾンビ、と呼んだりします。数万台のボットを利用して、一か所の特定サーバに集中的にデータを送り込むと、サーバの能力が追い付かなくなり、サーバが期待した処理をできなくなるということが起きます。例えば、通勤時の満員列車に、多くの人が制約も聞かずに無理やり（悪意を持って）複数車両に乗車しようとすると、列車は、扉を閉めることができないので発車ができず、後続列車も含めて、遅延が発生します。朝のラッシュ時であれば、全線に影響を与え、社会混乱を引き起こすことになります。一人でなく、多数の人で引き起こすことができる攻撃です。サイバーセキュリティでは、分散型サービス妨害攻撃と呼ばれます。

多くのIoT機器にもパスワードの設定ができるようになっていますが、一般の人はこのパスワードの変更が面倒くさいため、初期値（デフォルト値：購入したときの値）のままで使用しているので、攻撃者が容易に推測することができ、脆弱性として攻撃に利用されてしまいます。このパスワードの脆弱性には、初期値を変更しないだけでなく、簡単なパスワード、例えば1234567890や自分の氏名やadminなどを設定しているケースもあります。英数字や特殊文字（@＃＆＜等）を混ぜるといった工夫が必要です。

（3）脆弱性の公表及び脆弱性の更新プログラムとゼロデイ攻撃

米国立標準技術研究所NIST（National Institute of Standards and Technology）の米国脆弱性情報データベースNVD（National Vulnerability Database）

や独立行政法人情報処理推進機構 IPA (Information-technology Promotion Agency, Japan) と一般社団法人 JPCERT コーディネーションセンター JPCERT/CC の共同運用の脆弱性対策情報ポータルサイト JVN (Japan Vulnerability Notes) 等の公式サイトで、発見されたソフトウエアの脆弱性とその対策情報を公表しています。これらのデータベースから自社で使用しているソフトウエアの脆弱性情報を入手することができます。しかし、ソフトウエアの脆弱性を公表することは、「ここが弱点です」と攻撃者に教えている側面もあります。

　ソフトウエアの脆弱性が発見されると、多くの場合、ソフトウエアを開発した会社が更新プログラム（修正プログラム、アップデートプログラム、パッチ (Patch) とかの呼ばれ方がありますが、本書では、更新プログラムを使うことにします）を作成して提供しています。たとえば、マイクロソフト社のWindows の場合には、サービスパックや Windows Update と呼ばれている更新プログラムを利用して、更新することによって、発見された脆弱性を狙った攻撃から、対策することができます。ただし、一度、脆弱性を対策しても、また新たな別の脆弱性が発見されるため、常にソフトウエアの更新情報を収集して、できる限り迅速に更新を行わなければなりません。

　インターネットに公開しているサーバの場合には、脆弱性を利用したサイバー攻撃によって、ホームページが改ざんされたり、他のコンピュータを攻撃するための踏み台に利用されたり、攻撃ソフトの発信源になってしまったりするなど、攻撃者に悪用されてしまいます。そのため、脆弱性は更新プログラムを利用して、必ず対策しておかなければなりません。

　なお、踏み台とは、図3 (2) に示すように攻撃者が、攻撃者の攻撃している位置（使用しているサーバの位置）を発見しにくくするため、直接自身のサーバでなく、他のサーバを踏み台のようにして利用することです。セキュリティ専門家からの追及を困難にするために、多段に踏み台を利用する場合が多くあります。

　ソフトウエアの脆弱性を発見して、更新プログラムを提供するまでの間に、その脆弱性を利用する攻撃を、ゼロデイ攻撃 (Zero-day Attack) と呼びます。更新プログラムは、すぐに配布されないこともあり、例えば発見から10日後に修正情報が配布された場合、その10日の間に脆弱性を攻撃されるゼロデイ攻撃のリスクがあります。図3 (3) を参照して下さい。

第Ⅰ編　これだけは知っておきたい基礎

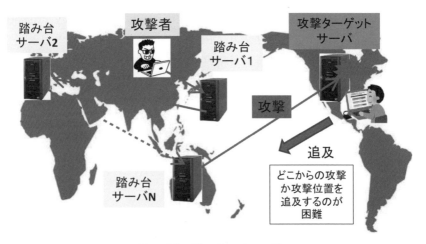

図3（2）　踏み台のイメージ

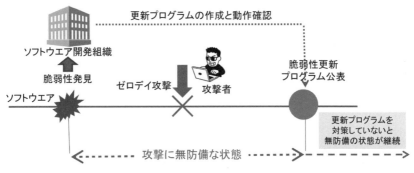

図3（3）　攻撃に無防備な状態を狙うゼロデイ攻撃

3.1　ソフトウエアの脆弱性を狙った攻撃手法を理解しましょう

　ソフトウエアの脆弱性の概要を説明しましたが、次に具体的なソフトウエアの脆弱性を狙った攻撃について、2例説明します。なお、説明不十分のため、理解しにくいかもしれませんが、大枠で攻撃者に脆弱性が狙われ、サイバー攻撃を受けている現状を認識してください。特に、標的型メール攻撃は、第Ⅱ編の多様なサイバー攻撃で頻繁に利用されている攻撃手法ですので、概略の理解をするようお願いします。

（1）　バッファオーバーフローの脆弱性を狙う攻撃例

　バッファオーバーフロー攻撃の概要を説明します。入力データの厳格なチェックがないというプログラム（ソフトウエア）の脆弱性を、攻撃者に狙われた場合

3 知っておきたい脆弱性（ぜいじゃくせい）の基礎

について、図3.1（1）を使用して説明します。

このプログラムは、100文字の文字入力領域（バッファ）を確保し、そこに顧客の要望を入力してもらい、データベースに蓄積して行くような処理をしています。ある言語の命令語を使用して文字入力領域（100文字分）を確保すると、その文字入力領域の一定の先の番地に、入力終了時に次の処理をするプログラムへの戻り番地が入るようになります。

正しい処理の流れは、次のようになります。

①顧客は、「令和を新元号にしてください。」と入力して、入力完了します。
②「令和を新元号にしてください。」は、事前に確保された入力領域に読み込まれます。
③入力が完了したので、そのタイミングで戻り番地に移動します。
④次の処理プログラムは、正常に処理をします。これが正しい処理の流れです。

しかし、このプログラムには、入力領域に読み込む情報の入力データのチェックに甘さ（抜け）がありました。これが脆弱性になりました。悪意のある攻撃者による攻撃の流れを説明します。

①攻撃者は、攻撃ソフトと戻り番地を入力領域の先頭に戻る番地に設定した、入

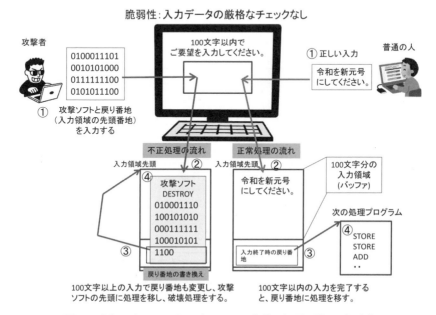

図3.1（1） バッファオーバーフロー攻撃の処理の流れ（一例）

力領域をオーバーするデータ（攻撃するためのソフト）を、要望の入力として読み込ませます。

② このプログラムは、100文字よりも長い要望データが入力された時には、エラーとするような入力サイズのチェックや、文字情報でない情報入力のチェックが抜けているという脆弱性により、入力領域よりも長いデータ（攻撃するためのソフト）を読み込んでしまいます。

③ 入力領域よりも長いデータによって、戻り番地が入った領域が上書きされます。このデータは、戻り番地が入っていた領域に、ちょうど入力領域の先頭を示す番地が上書きされるよう、工夫されています。すると、次の処理として、入力領域の先頭から実行されます。

④ 入力領域の先頭からは攻撃ソフトDESTROYが書かれていますので、この攻撃処理が動作して、情報窃取や破壊活動等を実施してしまいます。

このようにして、攻撃者はバッファオーバーフローという攻撃手法を使用して、攻撃者の望みの処理を実行することができます。

(2) 文書ソフトの脆弱性を狙う標的型メール攻撃例

特定の組織や個人を標的として攻撃する標的型攻撃には、標的型のメール悪用、悪意のあるウエブサイトへの誘導、及びUSBメモリ感染などの攻撃があります。本章では、良く利用されている標的型メール攻撃について説明します。

一般的に、標的型攻撃は、図3.1（2）に示すような事前調査、初期潜入、攻

項番	段階	内容
1	事前調査	ソーシャルエンジニアリング ・攻撃先のメールアドレス等収集
2	初期潜入	興味のある文書をメールで添付 ・メール開封で攻撃ソフトに感染
3	攻撃基盤構築	バックドアを作成 ・外部指令サーバと通信 ・追加の攻撃ソフト入手
4	システム調査	システム内部の探索、分身攻撃ソフトの拡散 ・攻撃対象の存在場所を調査
5	攻撃最終目的の遂行	攻撃対象に対する攻撃実施 ・情報窃取、破壊活動 外部指令サーバから次の指示を待つ

図3.1（2） 標的型攻撃シナリオ （メールを使用した攻撃のケース）

3 知っておきたい脆弱性（ぜいじゃくせい）の基礎

撃基盤構築、システム調査と攻撃最終目的遂行の数段階に分けて攻撃を仕掛けてきます。

上述の5攻撃最終目的の遂行の説明に追加しますと、例えば、ランサムウエア攻撃やビジネスメール攻撃などが、最終の攻撃目的となります。

図3.1（2）の各段階に対応してサイバー攻撃の流れを、図3.1（3）に示します。
①事前調査段階
　標的とする社会インフラ事業者や国・軍関係組織を攻撃するための情報を収集します。本説明では標的組織の人のメールアドレスなどを収集する場合で説明をします。ソーシャルエンジニアリング（Social Engineering）と呼ばれる人間の心理的な隙や、行動のミスにつけ込んで個人が持つ秘密情報を入手する方法がよく使われます。例えば、業界の集まりに参加して標的とする組織の人たちと挨拶し、名刺交換をすることで標的組織のメールアドレスを入手します。懇親会では名刺を出されて、挨拶させてくださいと言われると、自分の名刺を出すのが一般的だと思います。また、業界のウエブサイトなどで論文発表などをした場合、そ

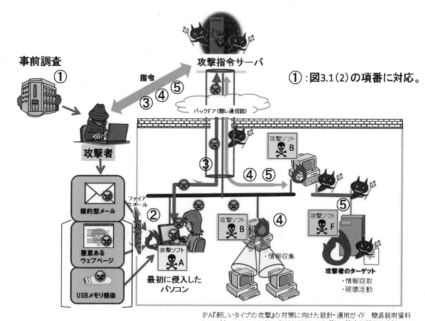

図3.1（3）　標的型攻撃の一般的な攻撃の流れ

— 31 —

の論文に筆者のメールアドレスを記載している場合もあります。このようにして、標的の組織のメールアドレスを収集していきます。さらに、標的組織のウエブサイトには、その組織の体制図なども載っているので、それも参考になります。

②初期潜入段階

　最近は、多くの企業や国・軍関係組織の内部ネットワーク（閉じたサイバー空間）は、インターネット（開いたサイバー空間）との境界には、通過させてはいけない通信を阻止するファイアウオール（防火壁に例えられる）等が設置されていますので、攻撃者が内部に直接侵入する攻撃は難しく、行われにくくなっています。そこで例えば、攻撃者は①で入手した標的組織のメールアドレスを利用して、メールによる侵入を図ります。攻撃者は、添付した文書を開いて欲しいために、メールを受信する人の関心や興味のあるメールの内容（テキスト文）や文書名で送ってきます。メールアドレスが正しければ、メールの内容（テキスト文）や添付されている文書を含めて、メールの宛先に届きます。攻撃者は、メールに添付した文書に細工をして攻撃ソフト（マルウエアとかウイルスなどと呼ばれますが、本書では攻撃だということを明確にするため攻撃ソフトと呼ぶことにしています）を潜ませ、メール受信者に文書を開かせようとします。受信者が受信メールに不信感を抱かないようにするため、例えば業界の集まりの議事録（らしきものや他の人から搾取したものを利用）を送付するような場合もあります。この文書（議事録）には攻撃ソフトが仕掛けられているので、受信者が文書を開くと文書ソフト（Wordやpdfなど）の脆弱性が利用されて、攻撃ソフトが活動を開始します。

　なお、メールソフトを開いてはいけないのかと思われる人もいると思いますが、攻撃者がメールソフトの脆弱性を直接攻撃しても、組織内部には入れないということが、攻撃者がメールソフトの脆弱性を狙う場合が、ほとんどない理由となります。もちろん、マイクロソフト社WindowsのOutlookやGoogle社のGmailのようなメールソフトは、それぞれの企業の製品ですので、企業はサイバー攻撃で利用されるような脆弱性の対策をしっかり実施していますので、攻撃者もメールソフトの脆弱性を狙った攻撃は困難となっています。したがって、メールソフトを開くだけでは、攻撃ソフトに襲われることはありません。脆弱性対策を確実にすることにより防ぐことができます。なお、未知の脆弱性が存在し、それが狙われると、攻撃ソフトに感染することがあります。

　また、本例の標的型メール攻撃以外の初期潜入の手法としては、USBメモリ

での感染や悪意のあるウエブサイト（ページ）の閲覧をすることなどでの感染をさせる標的型攻撃があります。

③攻撃基盤構築段階

　侵入したパソコン内でバックドア（裏口と呼ばれ、外部との通信等を秘密裏に実行する通信路）を作成し、外部の攻撃指令サーバと通信を行い、新たな追加の攻撃ソフトを攻撃指令サーバから入手（ダウンロード）します。こうして攻撃者は、最初に潜入したパソコン内部に今後の攻撃を進めるための基盤を構築していきます。ここで構築された攻撃ソフトを攻撃ソフト A と呼ぶことにします。

④システム調査段階

　上記の攻撃ソフト A が次に行うのは、内部ネットワークに接続している他のパソコンやサーバを見つける動作を始めます。すなわち、攻撃ソフトの拡散を始めます。見つけたパソコンやサーバに分身の攻撃ソフト B を侵入させます。この攻撃ソフト B は、それぞれのパソコンやサーバ内の情報を調査し、その情報を攻撃ソフト A に転送します。多くのパソコンやサーバから転送された情報を攻撃ソフト A は、攻撃指令サーバに隠密裏に送信します。攻撃指令サーバに集められた情報はさらに、攻撃者により分析され、窃取する目的の情報の存在個所を特定します。または破壊攻撃をするためには破壊のターゲットが接続されているパソコンやサーバの存在個所を特定します。情報が不十分であれば、追加の調査を指示するための情報を標的組織内の攻撃ソフト A に指示をします。

⑤攻撃最終目的の遂行段階

　攻撃指令サーバは、攻撃ソフト A に対して窃取する目的の情報の存在個所を指示し、最終攻撃の攻撃ソフト Final を送り込みます。攻撃ソフト Final が直接攻撃するか、または、攻撃ソフト A が攻撃ソフト Final を使って、目的の情報を窃取し、攻撃指令サーバに送付します。このようにして情報窃取を実行します。また、破壊を目的とする場合は、対象のシステムの OS やファイルを破壊したり、接続機器への異常動作を指示したりします。これで終了するのではなく、継続して執拗に繰り返し、目的の情報を探し、攻撃し続けることが多いです。

　それでは、小林を騙って TM さんに標的型メール攻撃を仕掛ける具体的な例でもう少し詳しく説明します。標的型メール攻撃に添付された文書をクリックして開くと、その後、どのような攻撃の流れが起こっているか、図 3.1 (4) を使用して攻撃段階ごとに説明します。図 3.1 (3) で概略理解していただければ、

第Ⅰ編 これだけは知っておきたい基礎

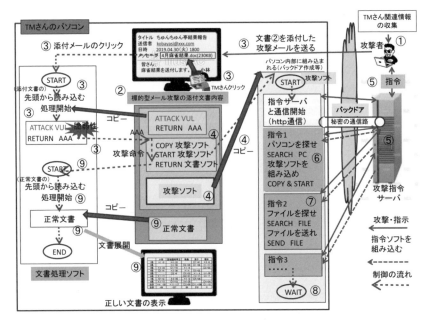

図3.1（4） 文書処理ソフトの脆弱性を狙う標的型メール攻撃の流れ概要

本説明はスキップされても良いでしょう。
(a) 事前調査：攻撃者の攻撃の前準備（ソーシャルエンジニアリング）
①攻撃者は、どうしても情報を窃取したい人（TM さん）が、小林の麻雀仲間の中にいることを、フェイスブックやブログ等で把握します。小林からのメールであれば安心して受け取り、添付されている文書も開くことを、攻撃者は期待します。だましのテクニックとしては、送信者名の kobayashi の部分を kobayasi と誤解しやすくし、ちょっと見では、正しい小林からのメールだと思わせます。さらに、添付文書を開いてもらうために、TM さんが関心のある文書名「4月麻雀結果」として送りつけます。このように人をだますために、いろいろと関連する情報を収集する活動を「ソーシャルエンジニアリング」と呼んでいます。
②攻撃者は、攻撃ソフトを入れ込んだ文書を作成します。その文書には、いくつかの攻撃の仕掛けがされています。図中中央の標的型メール攻撃の添付文書内容を参照して下さい。そこには、一例ですが、先頭部分には、文書ソフトの脆弱性を狙う命令語（ATTACK VUL）と脆弱性を攻撃した結果として、更なる攻撃の命令語を実行するためのアドレス AAA に制御を渡す命令語（RE-

— 34 —

TURN AAA）を入れ込みます。なお、制御とは、コンピュータの処理を次の動作を実施する命令語に、処理の流れを引き継がせる一連の流れのことです。次に、攻撃ソフトをパソコン内に組み込む命令（COPY　攻撃ソフト）とその攻撃ソフトを起動する命令（START　攻撃ソフト）と、起動したら、元の文書ソフトに正常文書の先頭のアドレスに書き換えて制御を渡す命令（RETURN　文書ソフト）を記載しています。続いてコピーされる攻撃ソフトを記載します。攻撃ソフトの後には、TM さんが文書を開いときに、期待している正しい文書らしき文書を入れ込みます。攻撃者は、この文書を添付した攻撃メールを送ります。この添付文書を TM さんは開いて、内容を確認します。

(b) 初期潜入：攻撃者の攻撃開始

③ TM さんが受信メールの添付文書を開こうとしてクリックすると、文書ソフトに制御が渡ります。文書ソフトは、添付文書の先頭部から読み込み、文書処理を開始します。しかし、読み込んだ文書の先頭には、この文書ソフトの脆弱性（星印）を狙う命令語が記載されています。この ATTACK VUL 命令を実行すると、文書ソフトの脆弱性（星印）が誤作動をして、期待していない不正な動作をします。この例の場合には、制御の流れを添付文書内の攻撃命令部が入っているアドレス AAA に制御を渡します。攻撃命令部は、文書ソフトから制御を引き継ぎ、攻撃命令の処理を実施していきます。

④ 文書ソフトの脆弱性を攻撃して制御をもらったアドレス AAA に記載されている命令語は、まず攻撃ソフトを、このパソコンに組み込みます（COPY　攻撃ソフト）。そして、この組み込んだ攻撃ソフトに制御を渡します（START　攻撃ソフト）。攻撃者は、このように自分の攻撃ソフトに制御を渡すことを狙っています。攻撃ソフトに制御が渡されれば、そこに記述している命令語を実施することができるからです。また、文書ソフトにも制御を渡します（RETURN　文書ソフト）。

(c) 攻撃基盤構築：攻撃者との連絡開始（疑われないプロトコルによる秘密通信開始）

⑤ パソコン内に組み込まれた攻撃ソフトは、まずインターネット上に置かれている攻撃者の攻撃指令サーバとの通信路（バックドアと呼びます）を作ります。あらかじめ設定されているウエブサイト（攻撃指令サーバ）に、パソコン内に攻撃ソフトの組み込み成功を伝えます。このとき、攻撃者は、外部との通信に疑問を持たれないように、ウエブサイトとの通信規則 http(s)（Hypertext

Transfer Protocol（Secure））を使用します。この連絡を受けた指令サーバは、攻撃者にTMさんのパソコンとの秘密の通信路ができたことを知らせます。続いて、攻撃者からの次の指令を、攻撃指令サーバ経由TMさんのパソコン内の攻撃ソフトに伝えます。

(d) システム調査：攻撃者からの執拗な指示が継続

⑥次に、攻撃の基盤を拡大するために、指令1として、他のパソコンにも攻撃ソフトを組み込み始めます。まず、他のパソコンを探せ命令（SEARCH PC）を実行させ、そのパソコンに攻撃ソフトを組み込ませ、起動します（COPY & START）。このようにして、企業内に攻撃対象パソコンを拡大していきます。

(e) 攻撃最終目的の遂行：攻撃対象に対する攻撃実施

⑦例えば、指令2として、そのパソコンの内部にあるファイルを探せ（SEARCH FILE）と命じ、見つかれば、ファイルを送れ（SEND FILE）と指示します。目的の情報を窃取します。

⑧指令サーバからの指令の実行を終えると、次の指令を待つために攻撃ソフトは、休止状態になります（WAIT）。

(f) 文書処理ソフトの正常処理実行

⑨制御を戻された文書処理ソフトは、正常文書を読み込み、文書展開処理を実施し、画面に正常な麻雀の結果を表示します。TMさんは、添付されていた文書を開いた結果、期待していた麻雀結果が表示されたので、何の疑問もなくこのメールの処理を終了します。しかし、攻撃ソフトはTMさんのパソコンの内部に組み込まれ、指令サーバの指示に従って、見つからない限り継続して、TMさんのパソコンから情報を窃取します。さらに、同じオフィス内の他のパソコンに、攻撃ソフトの組み込みを拡大していきます。他のパソコン内に拡大された攻撃ソフトにより、さらに多くのパソコンから情報が窃取されることになります。それもしつこく、いつまでも攻撃者から攻撃指令を受けてしまう状態になっています。

　残念ですが、このように攻撃者の好き勝手に情報が窃取されている状態のままで、パソコンを使用している場合が多いと思われます。このような攻撃を気付かずに受けている可能性があるという実態をきちんと理解して、企業の機密情報や研究情報が、攻撃者（国や悪意ある集団等）に窃取されないようにしていきたいものです。

4 知っておきたいインターネットの基礎

　1960年後半に軍事システムの国防用コンピュータ・ネットワークとして、インターネットの前身であるアーパネット ARPANET（Advanced Research Projects Agency NETwork）が研究され、構築されました。これまでは、電話網のような中央集権型の通信網で、中央が破壊されてしまうと、全体が機能不全に陥っていました。そこで、各コンピュータで通信を維持できる分散型のネットワークが構築されました。これが大学・研究所から民間への展開、さらにはグローバルへの展開により、現在のインターネット（The Internet）になっています。

(1) インターネット通信の基礎

　まず通信の基礎を理解しましょう。電話は一般的な通信方法です。電話で仲間のTMさんとの連絡を考えましょう。図4(1)を参照して下さい。

　電話番号を回す。→もしもし。小林ですけど、TMさんをお願いします。→はい。TMです。何でしょうか。→明日天気が良ければゴルフをしませんか。→いいですね。ゴルフをやりましょう。→良かった。それでは明日迎えに行きます。→ありがとう。それでは明日よろしく。→それでは明日。バーイ。→バーイ。→電話を切る。

図4(1)　通信のプロトコル（通信規則）とは

第Ⅰ編　これだけは知っておきたい基礎

　国際電話では、それぞれの国の間で国の番号を決めていて、電話事業者が番号（米国なら01の国番号）を見て、米国の電話会社に相手先までの回線を接続するように依頼します。つながれば国内での通話と同じように相互で会話をすることができます。音声が伝わっていく回線をつなげていくことから、回線交換方式の通信と呼びます。

　このような一連の電話でのやり取りの手順を、通信ではプロトコル（通信規則）と呼んでいます。

　それでは、インターネットでのパソコン間通信は、どのように実現されているのでしょうか。TCP/IP（Transmission Control Protocol/Internet Protocol）という通信プロトコル（通信規則）が利用されています。図4（2）で説明します。電話番号に該当するものがパソコンの住所（IPアドレス（TCP/IPのIPです）と呼びます）です。電話での音声の代わりに、パソコンが理解できるデジタル情

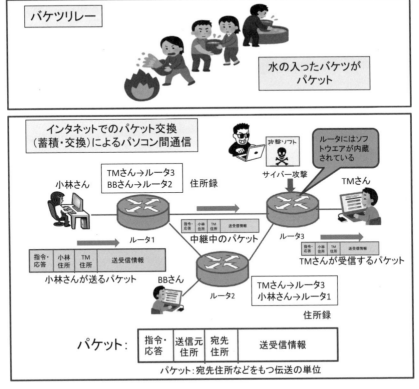

図4（2）　インターネットではパケット交換で情報を運ぶ

4 知っておきたいインターネットの基礎

報（01011…などの0と1の信号の組み合わせ）を利用します。先ほどの電話での通信プロトコルと同じように、パソコン間での通信プロトコルを決めます。すなわち、接続、情報伝達、切断などの指令や応答について決めることです。情報伝送では、宛先に伝える情報を送信します。このような通信を実現するために、伝送する電文（メッセージと呼ぶ）の形式を決めます。インターネットでは、伝送の単位をパケット（小包）と呼んでいます。パケットのメッセージ形式を簡単な例で説明します。図4（2）に示しますように、概略では相手の宛先住所（宛先IPアドレス）、送信元の住所（送信元IPアドレス）、指令・応答と送受信情報で構成されます。（実際には、同期用信号部と誤り制御部などもあります。）

インターネットで使用されているパケット交換方式について説明します。なお、パケット交換方式は、蓄積・交換方式とも呼ばれています。バケツリレーを思い出してください。バケツリレーでは、水の入ったバケツを次の人に渡しながら、火元までリレーして運んでいきます。バケツを受け取った人は、次に並んでいる人を認識し、その人にバケツを渡します。複数個所に火元があれば、どの火元行きかの情報に従って渡す人を選びます。

パケット交換方式では、蓄積・交換する役割をするのは、ルータ（Router）と呼ばれる中継機器です。ルータは、受信（蓄積）したパケットの住所情報を見て、次のルータにパケットを転送・交換していきます。ルータは、多くの住所情報とそこに行くための次のルータの住所情報を記録している住所録（経路情報テーブル）を持っていて、伝送されてきたパケットに入っている宛先の住所情報を読み取り、宛先の住所に行く経路情報を見て、次に転送するルータを選び、そのルータに受信・蓄積したパケットを送り出します。ルータが次々と蓄積と交換をして、最終目的の住所にあるパソコンに、パケットを送りつけます。

図4（2）での蓄積と交換の流れを見ると、ルータは、受信パケットをルータのメモリに読み込み（蓄積し）、その情報を見て次の処理を決めています。それはルータに内蔵されたソフトウエアが実行しています。図4（3）を参照して下さい。もし、悪い人が、このルータのソフトウエアを攻撃して、盗聴（権限のない人が通信や会話などを盗み取ること）や改ざん（権限のない人が通信や会話などの内容を変更すること）ができたら、どのようなことが起きるでしょうか。機密情報を窃取されたり、改ざんされた情報を信じて、誤った判断をしたりしてしまうでしょう。研究者が、研究している最新情報を盗まれ、特許を先行取得されてしまうかも知れません。政府高官が、メールでやり取りした機微な情報を盗聴

され、政策判断に利用されてしまうかもしれません。操作指令が誤った情報に変更されたら、例えば、信号機の赤が青に変更されてしまうと、列車は進行し続けて、衝突を起こし、大事故になるでしょう。

(2) 世界に広がるインターネット

TCP/IP の通信規則が全世界に普及したことにより、全世界のコンピュータと通信できるようになりました。グローバルに拡大したネットワークのイメージを説明します。

同じ通信規則 TCP/IP を持つ A 社のネットワークと B 社のネットワークが、簡単に接続できるようになりました。各地域（東京とか京都とか、さらに日本とか米国とか）にある A 社、B 社に、さらに他社のネットワークがつながり、地域全域で接続できるようになります。このようにして、地域的な多数のネットワークが接続され、図 4（4）に示すように、グローバルに拡大し、世界中のどこの誰とも TCP/IP の通信規則を使用して、相互に通信できるインターネット（The Internet）に発展しています。このように自分の投資した地域内の利用者を、自分の運用する地域のネットワークに接続する事業者は、インターネットサービスプロバイダ ISP（Internet Service Provider）と呼ばれます。

海外との接続を実現している国際間インターネット接続企業があります。各国

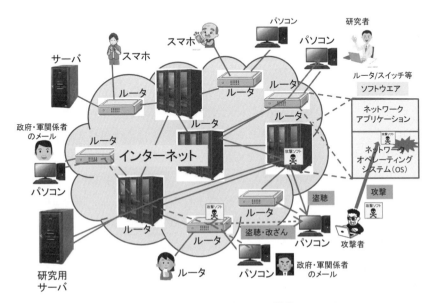

図 4（3）　ルータはソフトウエアで稼働している

4 知っておきたいインターネットの基礎

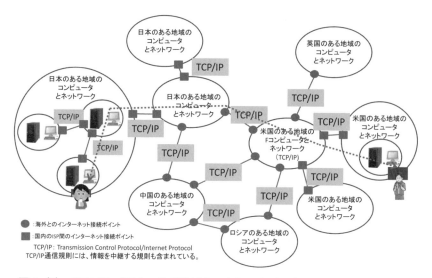

図4（4） TCP/IPプロトコルで地域ネットワークがつながりインターネットへ

には、海底ケーブルや衛星回線を利用して、他の国とのインターネット接続を実現する企業があります。このように、他の国との海外接続ポイント（拠点）があります。

なお、インターネットを流れるデータの8割以上が、米国を中継しているということです。日本から米国経由で、アジアや欧州に流れている場合も多いと思われます。

4.1 インターネットの脆弱性を狙った攻撃手法を理解しましょう
（1） 境界点での盗聴・改ざん、検索・規制と閉鎖・規制

インターネットを構成する中核の通信機器は、ルータと呼ばれるパケットを蓄積・交換する装置です。図4（2）を使って、ルータの基本機能を説明しましたように、インターネットを構成するルータは、ソフトウエアで稼働していて、可読性（盗聴）・可変性（改ざん）の脆弱性があります。また、インターネットは各国、各地域のインターネットサービスプロバイダISPが相互に接続しているので、その接続のポイントが境界として存在することになります。この境界が、どのようにインターネットの通信に影響を与えるのでしょうか。そこには、どのような脆弱性があるのかを考察します。

まず、境界点での盗聴・改ざんについて見てみましょう。

図4（2）での蓄積と交換の流れを見ると、ルータは、受信パケットをルータのメモリにまず読み込み、そのパケット内の情報を見て、次の処理（どこのルータに転送するか）を決めています。それは、ルータに内蔵されたソフトウエアが実行しています。図4（3）を参照して下さい。もし、悪い人がこのルータのソフトウエアを改ざんできたら、どのようなことが起きるでしょうか。受信パケットのコピーを取り、このコピーをどこにでも送ることができます。また、パケットの中の情報を変更して、受信者が誤解するような内容にすることもできます。このようにインターネットには、可読性（盗聴）・可変性（改ざん）という脆弱性があります。対策としては、盗聴されても解読されないように情報の暗号化を実施することなどがあります。

図4（4）を見ると分かるように、国内外の各ISP（地域インターネット）は、境界点で、他のISPと境界点を経由してつながっています。この境界点に、光ファイバ上の転送情報の監視装置などを接続すると、その境界点上を流れているすべての情報を、盗聴することができます。また、ルータが境界点にあれば、蓄積・交換の仕掛けを利用して、情報の盗聴や改ざんをすることができます。国内に流れ込んでくる情報に対しても、国外に流れ出していく情報に対しても、同様のことができてしまいます。ルータの製造時やサプライチェーンの流れの中で、このような悪意のある処理をするバックドア（裏口）と呼ばれる攻撃ソフトが、組み入れられる恐れがあります。最近のニュースで何度も報道されているように、中国の通信機器企業であるファーウエイ社が、米国から安全保障上問題があると指摘されていて、米中の貿易戦争の論争点の一つになっています。

次に、境界点での検索と規制について見てみましょう。

ある国が外部に流れるとまずい情報や、国内に流れ込んではまずい情報の中からキーワード検索をして、そのキーワードを含む情報に対する規制（外に出さない、外から中に入れない等）を実施することができます。規制をする中国やロシアなどの国にとっては、国の方針であると主張すると思います。が、他の国の利用者にとっては、通信に制約が出ていること、盗聴されている、という不信感を持つことになるでしょう。また、中国では、中国内の複数拠点で、検索と規制を実施していると言われています。

自由なインターネットを期待している人々にとっては、このような境界点での

4 知っておきたいインターネットの基礎

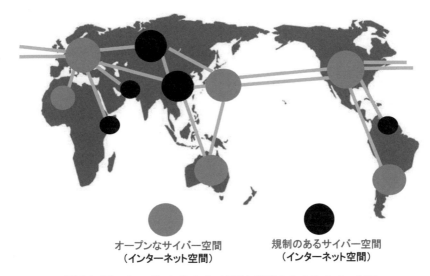

オープンなサイバー空間　　　規制のあるサイバー空間
（インターネット空間）　　　（インターネット空間）

図4.1（1）オープンなサイバー空間と規制のあるサイバー空間

検索と規制は、自由な通信に対する脆弱性ともいえるのではないかと思います。

　最後に、境界点の閉鎖と規制について説明します。
　2019年2月に、ロシアがインターネットの閉鎖、他国との接続を閉鎖する実験を、実施するというニュースがありました。ロシア政府は、海外のサイバー攻撃からロシアの社会インフラを守ること、ロシア国民への期待しないフェイク（偽）ニュース（偽情報または虚偽情報）のようなものが流され、ロシア国内の混乱が起きることを防ぐための正当な手段であると主張すると思います。日経新聞の2019年6月5日の記事によると、2019年11月発効の「インターネット主権法」と2019年3月発効の「フェイクニュース法」が、上記に該当します。
　自由な通信がインターネットの本来あるべき姿だという主張からは、このような閉鎖（シャットダウン）ができてしまうことも、脆弱性の一つとなるでしょう。
　このようにして、境界点での規制の有無で、各国のサイバー空間には、政治の色がついてしまうことになります。**図4.1（1）**を参照して下さい。

コラム1　身近なところでのサイバー攻撃はあるのか？

　ここでは我々の身近でのサイバー攻撃の脅威について説明します。自動車、医療機器、スマート家電、信号機などへのサイバー攻撃の事例や研究報告等を紹介します。ソフトウエアで稼働し、ネットワークにつながっているこれらの機器は、サイバー攻撃を受ける脅威があります。攻撃を受けるかは、攻撃者の動機によるところが大きいです。

（1）　自動車

　自動車は、多数（高級車では100台を超える）の車載電子制御装置 ECU（Electronic Control Unit）を装備しています。この ECU が、自動車の走る、曲がる、止まるの3つの要素を制御しています。それぞれの ECU や制御の対象のエンジンやタイヤ等は、自動車内のネットワーク CAN（Car Area Network と呼ばれる）を介して信号をやり取りしています。

　a）ワシントン大学 Kohno 氏の2010年論文、さらに2011年論文で CAN を利用した処理の不備・不足を報告しました。

　① CAN 通信は同一バス（データを交換するための共通の経路を指します）上に同報する方式で、盗聴、解析が容易です。発信元（ソースアドレス）がなく、なりすましが容易となります。

　② 走行中には無視しなければならないはずの CAN バス全体の通信停止メッセージが、実際には有効となります。

　③ 走行中の ECU の書換えは禁止されているはずですが、実際には書換えモードに入ることが可能となります。

　b）2013年米紙 Forbes とラスベガス DEFCON で自動車ハッキングを披露しました。

　① 7月24日米紙 Forbes が、ECU のハッキング実験のルポとビデオを掲載し、急ブレーキ、急加速などの制御が操作可能となってしまいました。

　② 8月2日ラスベガスの DEFCON にて、1,000名以上の立ち見聴講者に脆弱性攻撃の紹介をしました。8月5日には、ツールとデータを白書とともに公開しました。

　c）2015年7月24日、米 FCAUS（旧クライスラー）は、米国内でハッキング対策のため140万台をリコール（回収・無償修理）すると発表しました。

セキュリティによる最初のリコールとなりました。リコールによってECUのソフトウエアを更新して、ハッカーが無線を通じて車の操縦を乗っ取るような事態を防ぐ対策をしました。しかし、対策には長期間かかりました。

　d) 2015年8月、テスラ「モデルS」の脆弱性により、攻撃者は車内にPCを持ちこみ、車載イーサネットワークに直接つなぎ、PCからソフトウェアコマンドを送り、エンジンをかけることが可能になります。これで車を盗むことができます。ところがテスラ社の車は、ネットワークに接続でき、脆弱性の更新プログラム（対策のパッチ）を遠隔地から一斉に多くの自動車に送り込むことができるため、対策は短期間で実施することができました。

　今後、一般人が使用している自動車などの機器の脆弱性対策を、ネットワークを介してできるような仕掛け（更新プログラムの配布）を装備する必要があります。

(2) 医療機器

　医療機器も多くはソフトウエアで稼働し、最近はネットワーク（Wi-Fiなど）とも接続されるようになってきています。

　a) 医療機器の脆弱性について、2011年と2013年のBlack Hatにてセキュリティの研究者が発表しています。

・糖尿病患者のインスリンポンプ制御システムに侵入して、脆弱性を攻撃し致死的な攻撃を仕掛けることができます。

・インスリンを送り込むポンプにおける無線機能に脆弱性が存在し、ポンプ自身の停止、投与するインスリン量を外部から操作可能となります。

・他に埋め込み型機器（心臓ペースメーカーなど）の脆弱性も発表しました。

　なお、チェイニー元米副大統領は、在任中の2007年、テロリストからの攻撃ターゲットになることを懸念して、植え込み型除細動器の無線機能を無効化していたと言われています。

　b) 2017年9月、米食品医薬品局FDA（Food and Drug Administration）はペースメーカーをリコールすると発表しました。脆弱性が悪用されると、ペースメーカーのバッテリー寿命を消耗させて、攻撃者に対し、設定の変更や機器の心拍数および心拍リズムの変更を許してしまう恐れがあると言われています。ペースメーカーは利用者の胸に埋め込まれているため、患者は病院に赴いて更新プログラム（対策のパッチ）を適用してもらう必要がありま

す。FDA は、米国全体で 46 万 5000 台のペースメーカーが影響を受けると推計していました。米国外で使われている機器の台数は不明のようです。医療機器のセキュリティによるリコールは、これが初めてだと言われています。

　人命に大きく影響するので、医療機器の脆弱性対策は慎重に進めていく必要があります。

(3) スマート家電

　テレビやコーヒーメーカーさらにトイレなどがインターネットに接続されて、利用されるようになってきています。

　a) スマートトイレ

2013 年の Black Hat にて研究者が、日本メーカの家庭用のスマートトイレットに対して Android スマホ専用アプリケーション経由（Bluetooth）でリモコン操作が可能となる脆弱性を利用して、各種操作が可能になると報告しました。

　b) コーヒーメーカーキット

2012 年 9 月、サービス妨害（物理的損害）状態となる脆弱性が、脆弱性対策情報データベース JVN に登録されました。コーヒーの設定等を変更される脆弱性が存在し、例えば、エスプレッソを飲もうとしたら、カプチーノになって出てきたということになるそうです。

(4) 信号機

　2009 年 1 月、米国の複数の州における信号機（交通メッセージ表示）が「ゾンビ注意（ZOMBIES AHEAD）」に変更されました。この例はいたずらですが、原因はシステムにおけるパスワードをデフォルトのままにしていたり、本来ロックしておかなければならない機能をロックしていなかったりする脆弱な状態にあったため、いたずらに利用されたと言われています。

第Ⅱ編

米国、ロシア、中国、北朝鮮のサイバー攻撃の現実　これが新常識だ！

第Ⅱ編では、国内外のメディアニュースを参照して、米国、ロシア、中国、北朝鮮の国や軍が関係したサイバー攻撃やサイバー戦争の状況を整理・分析しています。そして、我が国の現状理解のため、日本についても整理・分析しています。

　本書の目的は、これらの国家間のサイバー攻撃（戦争）が、社会インフラ（重要インフラ）に対して、どのような影響や脅威を与えているか理解することです。社会インフラが、国家間のサイバー攻撃（戦争）に巻き込まれている、今ある脅威について理解することです。この新しい常識に従って、企業の経営層・実務者そして国の政策決定者・立案者が、国家レベルの攻撃者に対処するためのセキュリティ対策に注目し、リスク分析や投資を検討していただきたいということです。そのため、国家が率先してやるべきことや、官民連携でやったほうが良いことを、理解していただきたいと言うことです。例えば、政府が先頭になってサイバー攻撃（戦争）に対抗できるサイバーセキュリティ対策を実行する公的セキュリティ対策チームの体制を確立し、かつ予算も確保し、官民連携で日本の社会インフラのセキュリティ対策を堅実に実現していくと言うようなことです。

　なお、本書では、サイバー攻撃の説明を、筆者の理解と解釈に基づいて分析した内容で、図を使用して解説しています。事実はなかなか明確にはならないので、サイバー攻撃の説明には、多分、諸説あると思います。そこで、筆者の解釈に基づく説明であることを明確にするため、「多分、こうだっただろうコバ劇場」という形でまとめています。

　「火のないところに煙は立たない」のことわざから、新聞等での煙的な現象・事象を基に、大本の火を想定し、筆者の解釈に基づいて、断定的に表現する説明形態をとっています。いろいろと反論もあるかと思いますが、大きな流れの中で、今何が起きている、何が起きようとしているか、を一緒に考えていただければ幸いです。

　また、本編で記載しているサイバー攻撃やサイバー攻撃一覧は、筆者が本書の目的と作成期間でメディア等から入手した範囲のものです。

<総論編>

1 社会インフラはサイバー攻撃（戦争）のターゲットになっている

　サイバー攻撃には、攻撃者を特定することが非常に困難であるという特徴があります。そして、最近のサイバー攻撃は、原子力発電関連の機器などの破壊に結び付く攻撃にもなっていることなど、より狂暴化してきています。サイバー攻撃によって人命が奪われることが、今までなかったと言われていますが、病院等の医療機関や製薬企業及び医療機器がサイバー攻撃の対象になってきていることから、人命に対しての新しい脅威にもなってきています。しかし、実際に、人命が脅かされ、物理的破壊が起きない限り、サイバー攻撃の脅威を認識することは非常に難しいです。

　北朝鮮の核実験やミサイル実験は、物理的観測などからどこの国のどこの場所での実験であるかを、正確に把握することができます。北朝鮮も実験をしていることを否定することもできません。しかし、サイバー攻撃をある企業や国家が受けたときの実際の対応においては、被害者は、このような攻撃や被害を受けたという事実を公表することはできますが、攻撃者がどこのだれかとなると、なかなか断定できませんし、断定することが困難です。公表できるとしても、分析結果から、この国のこのグループが関係しているかも知れない、というくらいです。非難される国やグループは、濡れ衣だ、他の国が自国を陥れようとしていると、公然と反論するケースがほとんどです。狂暴化しているサイバー攻撃の実態については、以降の各国編で説明します。

　軍の活動傾向を考えると、従来からのスパイ活動に加えて、サイバー空間におけるスパイ活動であるサイバー諜報（サイバーエスピオナージ）が、当たり前のように実施されています。さらに最近では、武器を使用する軍事行動の前哨戦として、攻撃対象国の電力や金融などの社会インフラを、サイバー攻撃によって停止や営業妨害し、対象国内の混乱を引き起こし、軍事行動を速やかに実行しようとする動きも出ています。交流サイトSNS（Social Networking Service）を使用して、偽情報（フェイク（偽）ニュース）を流して、敵対国内の混乱を引き起こすような心理戦争的な活動が、米国や欧州で表面化しています。これに対抗して、相手国も敵対国に対して、同じような心理戦争的なサイバー攻撃を仕掛けて

1 社会インフラはサイバー攻撃（戦争）のターゲットになっている

います。

　サイバー攻撃は、武力戦の前哨戦と化して、サイバー戦争になる様子を**図1(1)** は説明しています。例えば、上図での米国とイラク間で武力戦を実施しているとき、爆撃により一部の社会インフラが攻撃されたとしても、社会インフラの全破壊や停止を目的としない限りは、社会インフラの被害は、国民全体や軍事活動には大きな影響を与えることにはならないでしょう。しかし、**図1(1)** でロシアが、ウクライナとの武力戦争の開始をする前に、サイバー攻撃によりウクライナの社会インフラである電力や銀行等の稼働を停止するようなケースでは、ウクライナ国民の社会や経済活動に大きな影響を与えるとともに、ウクライナ軍にも大きな影響を与えることになります。武力戦の前哨戦として、社会混乱を引き起こす心理戦や、サイバー攻撃による社会インフラの破壊やサービス停止によって、武力戦を有利にするようなことが行われ始めました。当然、ウクライナが、ロシアへのサイバー攻撃の報復を実施し、結果として、両国間でのサイバー戦争になるでしょう。

　最近は、費用がかかる武力戦を実行したくない、また、できないので、敵国に対しての執拗なサイバー攻撃を仕掛け、社会混乱を引き起こすような傾向にある

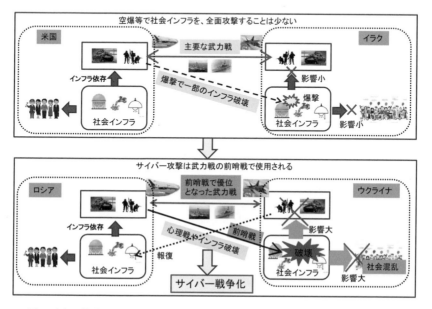

図1(1)　社会インフラはサイバー攻撃（戦争）のターゲットになっている

ようです。特に、武力戦では弱国である国が、執拗に大国の社会混乱を引き起こすことを目的としたサイバー攻撃を仕掛けている可能性があります。

このような国家間のサイバー攻撃のやり取りによる静かで目立たない戦争を、サイバー戦争と呼ぶことにします。静かな戦争、沈黙する戦争、サイバー冷戦などとも呼ばれています。

以降、米国、ロシア、中国、北朝鮮の順に、各国がサイバー攻撃を、どこの国に、どのような動機で、どのようなサイバー攻撃を仕掛けたか、敵対国のサイバー攻撃に対して、どのような対応をしているかなどを、筆者の理解と解釈に基づき紹介していきます。事実は、なかなかはっきりとはしていません。それぞれのサイバー攻撃に対する対策については、第Ⅳ編 主要なサイバー攻撃への対策の考察、でまとめて説明しています。

日本については、サイバー攻撃に対応（防護）するための、政府および関係機関の活動について紹介します。

<米国編>

1 米国の政府と軍のサイバー攻撃への取り組み

　米国の政府と軍のサイバー攻撃への取り込みについて紹介します。
(1) セキュリティ脅威の増大
　米国がどのようなサイバー攻撃を受けてきたかを見てみましょう。1998年から2006年の間での具体的なサイバー攻撃を、図1（1）に示します。
　このような米国へのサイバー攻撃が社会的にも大きな関心がもたれ、米国映画のダイ・ハード4.0が、2007年に公開されました。不正にネットワークにアクセスするハッカー達を利用して、政府機関・公益企業・金融機関への侵入コードを入手したテロリストが、電力、金融や交通などの社会インフラを、サイバー攻撃により掌握します。サイバーテロによる激震が全米を揺るがす中、トラブルには必ず巻き込まれる主人公が四度目の登場、今回の相棒であるコンピュータのオタク青年とともに、見えない敵に立ち向かいます。内容的にも、しっかりとサイバー攻撃の実態を把握・理解していないと、映像にできない内容だと思いました。この頃には、サイバー攻撃をテーマにした小説もいくつか刊行されています。アメリカを標的としたサイバー攻撃の話題が、メディアでも増加することにより、一般の人々が、社会インフラへのサイバー攻撃の脅威を、認識する機会が増えました。
　さらに、欧州や日本・韓国などアメリカ国外でも、目に見える形でのサイバー攻撃が顕在化してきて、2008年頃から伝統的な安全保障では捉え切れない新たな攻撃の出現として、脅威を高めることになってきました。セキュリティ脅威は、

項番	攻撃の時期	サイバー攻撃名	サイバー攻撃の概要
1	1998年2月	ソーラー・サンライズ（Solar Sunrise）	大量破壊兵器をめぐって米国とイラクの緊張が高まった際に、米軍のコンピュータがサイバー攻撃された
2	1998年3月	ムーンライト・メイズ（Moonlight Maze）	国防総省DoD、航空宇宙局NASA、エネルギー省のコンピュータへの不正侵入とデータの窃取が行われた
3	2003年	タイタン・レイン（Titan Rain）	ロッキード・マーチン社、サンディア国立研究所やNASAへのサイバー攻撃と、さらに国防総省DoDから膨大なデータが盗まれた
4	2005年から2006年	「APT（Advanced Persistent Threat）」と呼ばれる攻撃者グループによるサイバー攻撃	米空軍が標的型攻撃と呼ばれる高度なサイバー攻撃で情報が窃取された

図1（1）　1998年から2006年の間での具体的なサイバー攻撃

項番	代	大統領名	所属政党	期間
1	42	ビル・クリントン	民主党	1993年1月20日 – 1997年1月20日、1997年1月20日 – 2001年1月20日
2	43	ジョージ・W・ブッシュ	共和党	2001年1月20日 – 2005年1月20日、2005年1月20日 – 2009年1月20日
3	44	バラク・オバマ	民主党	2009年1月20日 – 2013年1月20日、2013年1月20日 – 2017年1月20日
4	45	ドナルド・トランプ	共和党	2017年1月20日 – 現職

図1（2） サイバー戦争に関係する米国大統領

21世紀のもっとも深刻な社会、経済、安全保障への挑戦とみなされ、政府や軍及び一般企業・市民に意識の変化を引き起こしました。

ブッシュ政権末期の2008年頃から米国政府の安全保障政策において、サイバーセキュリティは優先課題となりました。2009年1月のオバマ政権成立後の2009年6月、オバマ政権はブッシュ政権を引き継いで、サイバー司令部（USCYBERCOM）の設立指示に、ゲイツ国防長官が署名しました。サイバー司令部については、1.2 米国国防総省DoDを参照して下さい。

そして、大きなインパクトを与えたのが、2009年7月の米韓に対する北朝鮮による大規模サイバー攻撃でした。このように2009年後半以降、米国にとってサイバー攻撃への脅威が、ますます増大していきました。

さらに、2018年以降、中国およびイランのハッカーによる米国の政府機関および企業に対するサイバー攻撃が、増加しているということです。背後には、トランプ政権による、中国との貿易摩擦およびイランとの核合意からの離脱による関係悪化があると見られています。名前が挙がっているところでは、Boeing社、General Electric Aviation社、T-Mobile社等が攻撃を受けており、知的財産や軍事機密の窃取が狙われているということです。

サイバー戦争と関係がある時期の大統領を、図1（2）に参考として示します。

1.1 米国国土安全保障省DHS

2001年9月11日（火曜）午前8時45分（日本時間12日午後9時45分）の同時多発テロを受け、テロリストの攻撃や自然災害等、あらゆる脅威から国土の安全を守る米国国土安全保障省DHS（United States Department of Homeland Security）が、ジョージ・W・ブッシュ第43代米国大統領の署名により、2002年11月25日に設立されました。総勢18万人（現在は20万人以上）の職員を有する巨大組織が設立されました。その使命は、テロリズムの防止、国境の警備・管理、出入国管理と税関業務、サイバーセキュリティ、防災・災害対策です。

なお、DHSでは、「米国社会を支え、国家の経済、安全保障、健康の基盤とな

1 米国の政府と軍のサイバー攻撃への取り組み

る不可欠なサービスを提供するインフラストラクチャ」を「重要インフラストラクチャ（Critical Infrastructure）」と呼んでいます。すなわち、その機能停止や破壊が、国家の経済、安全保障、健康の基盤を弱体化し、致命的となるものです。①化学、②商業施設、③通信、④重要製造業、⑤ダム、⑥防衛産業基盤、⑦緊急サービス、⑧エネルギー、⑨金融サービス、⑩食品・農業、⑪政府機関、⑫ヘルスケアと公衆衛生、⑬情報技術、⑭核施設、⑮運輸、⑯上下水道の 16 分野が、重要インフラです。

　DHS の組織構成を、図 1.1（1）に示し、サイバーセキュリティに関係する組織を明確にします。2018 年 11 月の組織変更により、サイバーセキュリティ及びインフラストラクチャーセキュリティ局 CISA（Cybersecurity and Infrastructure Security Agency）、サイバーセキュリティ部、インフラストラクチャ部、国家リスク管理センター及び緊急通信部に再編成されています。トランプ大統領の署名による組織改編です。サイバーセキュリティ部配下の NCCIC（National Cybersecurity and Communication Integration Center）が、米国のサイバーセ

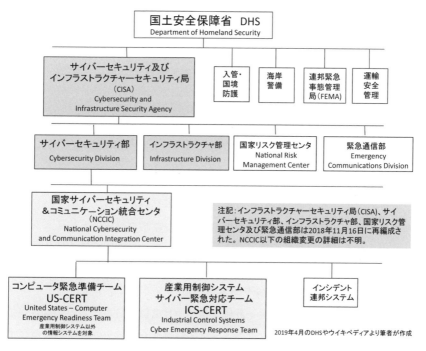

図 1.1（1）　国土安全保障省 DHS のセキュリティ関連組織

— 55 —

第Ⅱ編 米国、ロシア、中国、北朝鮮のサイバー攻撃の現実 これが新常識だ！

キュリティを統括的に推進しています。その下に情報システムを主に対象とするコンピュータ緊急準備チーム US-CERT（United States - Computer Emergency Readiness Team）と制御システムを対象とする産業用制御システムサイバー緊急対応チーム ICS-CERT（Industrial Control Systems Cyber Emergency Response Team）が主体となって、それぞれ政府・民間の情報システム、制御システムのサイバーセキュリティを推進しています。重要インフラのサイバーセキュリティを推進しているのは、ICS-CERT が主体のように見えますので、後ほど説明します。

今回の再編成で、筆者が良い方向だと考えるのは、サイバーセキュリティとインフラセキュリティを同じ組織内で連携して進められるようになっていることに加え、国家のセキュリティをリスク管理の面から推進する国家リスク管理センターが、一緒になったということです。

なお、2019 年 4 月に、CISA は国家の安全保障、経済、公衆衛生・安全の確保に必要不可欠な 55 の機能（Function）の一覧「National Critical Functions」を発表しました。重要インフラを従来の「業界」でなく、果たす役割である「機能」で特定する方向にシフトしているようです。55 の機能を「Connect」「Distribute」「Manage」「Supply」の 4 つの区分に分類し、例えば「無線ネットワークサービスの提供」等の機能は Connect、「配電」「送電」や「船舶による輸送」等は Distribute、「下水の管理」「医療の提供」等は Manage、「水道水の提供」「発電」等は Supply となっています。

(1) 政府の重要インフラに対する無償セキュリティ評価サービス

産業用制御システムサイバー緊急対応チーム ICS-CERT は、重要インフラ事業者に対して、インシデント発生時の対応に加えて、各種セキュリティ対策を推進しています。官民連携の情報共有などのワーキンググループ WG 活動、サイバー攻撃のアラート（警告）や注意喚起のタイムリーな発信、米国との友好関係国のセキュリティ技術者を含む実戦型のサイバー攻撃の攻防のトレーニングのセキュリティ向上施策、及び政府主導での無償のセキュリティ評価支援サービスを、提供しています。ICS-CERT の活動内容を図 1.1 (2) にまとめました。

米国政府による、重要インフラ事業者の制御システムを主体にしたセキュリティ向上施策と無償セキュリティ評価支援サービスは、日本においても有効ではないかと思います。このようなセキュリティ評価サービスを経験することにより、民間の重要インフラ事業者内に、制御システムのセキュリティ技術を持った技術

1　米国の政府と軍のサイバー攻撃への取り組み

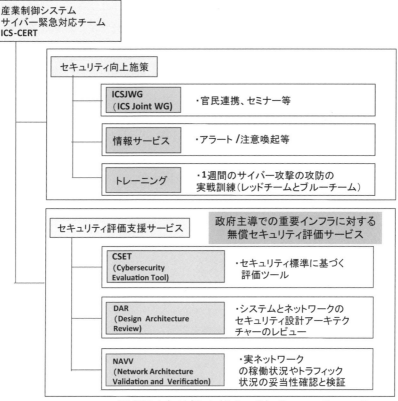

ICS-CERT : Industrial Control Systems Cyber Emergency Response Team

図 1.1（2）　産業用制御システムサイバー緊急対応チーム ICS-CERT の活動内容

者を育成することが可能になるからです。

　ICS-CERT のセキュリティ技術者による、重要インフラ事業者向けの 3 つの無償セキュリティ評価サービスについて、概要を紹介します。

　なお、評価支援サービスの詳細は、IPA の「ICS-CERT 制御システムセキュリティ評価サマリーレポート（FY2015）概要」を、参照してください。

① CSET（Cyber Security Evaluation Tool）

　セキュリティの政府基準や業界標準等に照らして、組織のセキュリティ対策状況をステップ・バイ・ステップで確認するツール CSET を使用した汎用的なサービスです。

② DAR（Design Architecture Review）

組織の制御システムとネットワークの設計や構成、相互依存性、利用しているアプリケーションなどの考え方や現状を、顧客ごとに評価するサービスです。

③ NAVV（Network Architecture Validation and Verification）
ネットワークを流れるパケットの解析により、機器間の通信の洗い出しと確認を行うサービスです。

これらの重要インフラ事業者に対するサービスは、2009年度から実施されていて2015年度までに累計で、CSETは388件、DARは93件、NAVVは54件実施されています。2015年度には、合計112件のセキュリティ評価が実施され、638件のセキュリティ上の問題点を発見しています。

1.2 米国国防総省 DoD

米国国防総省DoD（United States Department of Defense）は、米国の国防省です。陸海空軍の各省の統括組織であるため、日本では「国防総省」と訳されることが多いようです。1947年7月26日に設置され、1947年9月18日から本格的に活動開始し、軍人144万人 文官66万人の組織です。バージニア州アーリントン郡に所在するペンタゴンを本拠としています。図1.2 (1) を参照して下さい。

以下、サイバーセキュリティ活動に大きく関連している2つの組織を、歴史の古い米国国家安全保障局NSA（National Security Agency）、米国サイバー司令部USCYBERCOM（United States Cyber Command）の順に説明します。

(1) 米国国家安全保障局 NSA

1952年11月4日に結成され、核戦争に備えるため海外情報通信の収集と分析が主任務だとしていました。しかし、組織の存在自体が長年秘匿された経緯などから、その実像には不明の部分も多いです。「Never Say Anything（何も喋るな）」、「No Such Agency（そんな部署はない）」の略だ、などというジョークは有名です。職員は約3万人以上（2012年）ですが、契約社員として6万人がいるという巨大組織です。年間予算は機密扱いですが、約100億ドル（約1兆800億円）とも言われ、世界中に約80ヶ所の拠点があるようです（在日米軍三沢基地にも関連施設があるようです）。国防総省DoDでのNSAの組織の位置づけを図1.2 (1) に示し、NSAの任務を図1.2 (2) のように整理します。

(2) 米国サイバー司令部　USCYBERCOM

米国サイバー司令部USCYBERCOM（United States Cyber Command）は、

1 米国の政府と軍のサイバー攻撃への取り組み

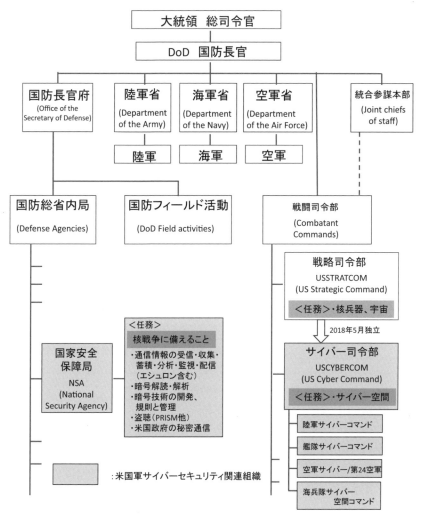

図 1.2（1） 国防総省 DoD のサイバーセキュリティ関連組織

　米軍のサイバー戦を担当する司令部です。2009 年に創設されたサイバー部隊が、2010 年 5 月 21 日にメリーランド州フォート・ミード陸軍基地で公式に始動し、およそ 5 ヶ月後の 2010 年 10 月 31 日に、完全な作戦能力を有する部隊となりました。
　USCYBERCOM の初代司令官には、国家安全保障局 / 中央保安部のキース・

項番	任務	任務の概要
1	核戦争に備えること	NSAの極めて重大な任務「核戦争に備えること」で、具体的には以下です。 ・大統領などの指示が、核戦争中でも確実に伝わるように通信系統を維持することです。例えば、大統領に常に同行する士官が持ち歩く「核のフットボール」という「核戦争開始用暗号、通信機器」を作成・維持することです。 ・潜在的敵国の動向を監視し、臨戦態勢、ミサイル発射などの重要事項を直ちに報告することです。 ・非常用通信回線「ホットライン」を維持し、偶発的な戦争拡大を防止することです。
2	通信情報収集	中央情報局(CIA)がヒューミントHUMINT (human intelligence)と呼ばれるスパイなどの人間を使った諜報活動を担当するのに対し、NSAはシギントSIGINT (signal intelligence)と呼ばれる電子機器を使った情報収集活動とその分析、集積、報告を担当することです。地上アンテナ、情報収集艦、空軍機、人工衛星、インターネットなどでの通信情報の受信・収集・蓄積・分析・監視・配信などを実施することです。
3	外国暗号の解読・解析	スーパーコンピュータなどを使用して暗号の解読・解析をすることです。
4	暗号技術の開発、規制と管理	暗号技術の輸出や輸入への規制があります。
5	盗聴	米国政府が自国民をスパイするのは違法行為だが、他国への諜報活動をするのは違法ではない。海外信号諜報情報の収集活動に関して、計画し指示し自ら活動を行い、膨大な量の暗号解読を行なっています。
6	米国政府の秘密通信	米国政府の情報通信システムを他国の情報機関の手から守ることも重要な任務であり、ここでも暗号解読技術が鍵となります。暗号化機器とシステムの開発と維持や暗号認証提供なども実施しています。
7	スノーデンの暴露から明らかになった任務	他国へのサイバー攻撃、国益のため外国首脳の携帯電話の盗聴、産業スパイ等も実施していると報告されています。

図1.2（2） NSAの任務とその概要

B・アレクサンダー長官が、陸軍中将から陸軍大将への昇任人事と併せて推薦されました。アレクサンダー長官の任期は、2014年3月28日までで、その後は2014年4月3日より2018年5月3日までマイケル・S・ロジャーズ海軍大将が、2018年5月4日よりポール・ナカソネ陸軍大将が長官を務めています。

図1.2（1）に示すように、2018年までは、核兵器と宇宙に対する戦闘司令部である戦略司令部USSTRATCOM配下で、サイバー空間を作戦領域としたサイバー司令部でした。サイバー空間の重要性が高まってきたことにより2018年5月、格上げされ、統合軍として独立しました。USCYBERCOMは、陸軍・海軍・空軍・海兵隊の実働部隊によって構成されています。

2 多分、こうだっただろうコバ劇場 米国編

本書では、サイバー攻撃の説明を、筆者の理解と解釈に基づいて分析した内容

で記載しています。事実はなかなか明確にはならないので、サイバー攻撃の説明には多分、諸説あると思います。そこで、筆者の解釈に基づく説明であることを明確にするため、「多分、こうだっただろうコバ劇場」という形でまとめています。

2.1 米国軍によるイランへのサイバー攻撃
（1） 米国軍によるイラン核施設へのサイバー攻撃
＜USBメモリによる標的型攻撃。制御システムに対する初めての破壊的なサイバー攻撃でした。隔離された非インターネット接続の制御システムは、サイバー攻撃からは安全であるという、安全神話が崩れることになりました。＞

　2010年6月に、イラン ナタンツの核施設へのサイバー攻撃が報告されました。
　オバマ政権は、ブッシュ政権からパキスタンでのドローンによるイスラム過激派暗殺とイラン核施設へのサイバー攻撃の継続を要請されていたと言われています。後者のイラン ナタンツ核施設に対する武器使用での破壊攻撃は、アフガニスタンとイラクに加え、さらにイランへも戦線を拡大することになり、戦力的にも対処不可能の状況であったと判断されていました。政権交代の時期2009年は、サイバー攻撃を使用して核開発を阻止するという作戦（コード名はオリンピックゲーム）が進められていた段階であったようです。この作戦を進めるために、核開発をあきらめたリビアからナタンツで使われているのと同じウラン濃縮用遠心分離装置を入手し、ナタンツ核施設と同じ模擬システムを構築し、サイバー攻撃のテストを進めていきました。
　ナタンツ核施設への攻撃ソフトがナタンツの技術者のパソコンに移動していて、2010年6月にそのパソコンを技術者が家でインターネットに接続したため、攻撃ソフトが核施設からインターネットに拡散し、発見され、報告されたと言われています。実際の攻撃は、その数か月前に実行されていたのでしょうか。もっと前の2009年中頃から実行されていたという調査報告もあります。なお、2010年11月末に、イランはサイバー攻撃を受け、被害を受けたことを初めて公式に認めました。被害は、1,000台規模の遠心分離機が破壊されました。ウラン生産が30%減になったと言われています。このように空爆よりも安い費用でイランの核開発を数年遅らすことができたと言われているので、米国政府は一応成果を挙げたと評価したと言われています。
　攻撃が発覚した2年後の2012年6月に、ニューヨーク・タイムズ紙が、イラ

ンの核施設へのサイバー攻撃は、米国とイスラエルによるものであると公表しました。NSAとイスラエルのシギント機関8200部隊により開発されたと言われています。開発費は、500万から1,000万ドルで、空爆の費用より安いものでした。また、2012年6月24日には、この攻撃ソフトは、自己消去（消滅）するように仕組まれていたそうです。

　世界中のセキュリティ研究者にとって、この攻撃手法は、物理的な破壊を伴う初めてのサイバー攻撃であり、ショックとともに関心をもって徹底的に分析され、この攻撃ソフトは「Stuxnet（スタックスネット）」と命名されることになりました。制御システムは、外部と繋いでいないので安全だという、安全神話が崩れました。

　具体的な攻撃の流れを、各種メディアの内容を整理して、以下のように段階を追って図 2.1（1）を使用して説明します。

① ナタンツ核施設の制御システムは、インターネットには接続されていない、隔離された施設です。そこで攻撃者は、インターネットからサイバー攻撃ができないので、核施設内にスパイが侵入するか、核施設内協力者に指示をするかして、サイバー攻撃ソフトを入れ込んだUSBメモリを、核施設内制御システムのパソコンに差し込み、攻撃ソフトを感染させたと言われています。この攻撃ソフトは、ドイツシーメンス社製制御システムのWindowsシステムの4つの脆弱性を狙って、核施設の遠心分離装置へのサイバー攻撃をするものでした。

② 攻撃ソフトは、制御システムのデータサーバ内の遠心分離装置の回転数を制御するコード（数値）を書き換え、制御機器PLC（Programmable Logic Controller）を介して不正に書き換えたコード（数値）の内容を、遠心分離装置に設定します。このため遠心分離装置は、正規の設定値ではないため、異常な回転をすることになり、遠心分離装置の稼働が、経過していくに従い異常となっていきました。

③ PLCは遠心分離装置の稼働状態を監視していて、定期的に遠心分離装置の状態を制御システムのデータサーバに送信しますが、この攻撃ソフトは、PLCからの値を正常時の値に改ざんすることにより、制御監視ボードは正常稼働を表示することになります。このため、監視員は、遠心分離装置の異常を検知するのが遅れ、装置が異常動作し、多数の遠心分離装置が故障することになり、核開発が遅れたと言われています。

2 多分、こうだっただろうコバ劇場 米国編

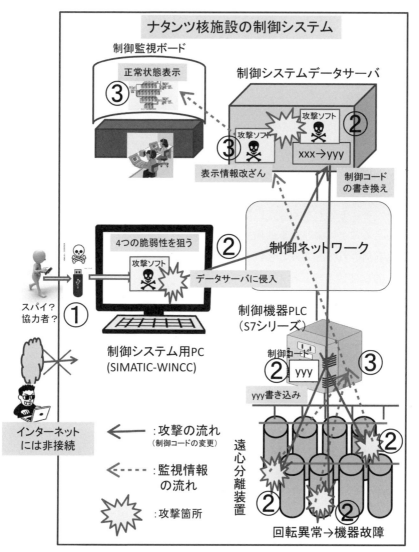

図 2.1 (1)　スタックスネットのサイバー攻撃の流れ

④このままであれば、このサイバー攻撃は表面には出ませんでしたが、ナタンツの技術者が異動となり、自宅で攻撃ソフトが入っているパソコンを稼働したため、インターネットを介して世界中の155を超える国、40,000台以上のパソコン等に、この攻撃ソフトが拡散してしまいました。この攻撃ソフトは、感染力が強力で、攻撃相手を求めて各種ネットワークを介して拡散していくように作

られていたようです。しかし、この攻撃ソフトは、ナタンツの装置とその構成を把握していて、それ以外の標的には攻撃を仕掛けなかった（休眠状態となっていた）と言われています。

⑤世界中に広がったため、世界中のセキュリティ研究者により攻撃ソフトが解析されることになり、対策方法も明らかになりました。したがって、この攻撃ソフトは、その攻撃方法や対策方法が分かってしまったために、高額の開発費が投じられたにもかかわらず、同じ敵に対しては2度とこの攻撃ソフトを使用することはできなくなってしまうことになりました。しかし、高度な攻撃手法を持つこの攻撃ソフトは、他の軍関係者だけでなく、金銭を目的とするハッカーグループにも使われることになりました。狙う脆弱性を変え、一部の攻撃方法を変えることにより、軍関係だけでなく、社会インフラに対するサイバー攻撃にも利用されてしまうことになりました。

物理的な破壊を伴う初めての制御システムへのサイバー攻撃であることから、物理的な破壊活動を実行できるサイバー兵器（cyber weapons）の新たな時代の幕が開けられました。

なお、2007年にアイダホ国立研究所が、オーロラ・プロジェクトと呼ばれる発電機がサイバー攻撃で異常を起こし、発煙するビデオを公開しました。電力事業者にサイバー攻撃の脅威を喚起するためのデモでした。この実験が、重要インフラの制御機器へのサイバー攻撃の可能性を示す参考になったと、思います。

(2) 2019年イラン軍へのサイバー攻撃

2019年6月22日、米国からイランへのサイバー攻撃がありました。米メディアは、米国がミサイル発射やスパイ活動に関わるイラン軍にサイバー攻撃を行ったと報じました。この攻撃によって、イラン軍のロケットとミサイル制御コンピュータが機能不全に陥ったが、死傷者は出ていないと言います。イラン軍が、20日に米国の無人偵察ドローンを撃墜した後、トランプ大統領は、ドローン撃墜後に米サイバー司令部に対し、報復としてイラン軍を標的としたサイバー攻撃を秘密裏に承認していたと報じられました。13日にホルムズ海峡で発生したタンカー2隻への攻撃を受けて、これへの報復として実施が進言されていました。制裁については、イランが核兵器を保有することを阻止するためとみられています。

2.2 米国軍による北朝鮮の人民武力省偵察総局へのサイバー攻撃

＜サービス妨害攻撃 DoS 攻撃。北朝鮮の外貨獲得を目的としたサイバー攻撃を実施不能にするため、米軍がサイバー攻撃を仕掛けました。＞

　北朝鮮は、核兵器や長距離ミサイルの開発を進めるため、各国の金融機関や企業などにサイバー攻撃を仕掛け、核兵器開発や長距離ミサイル配備を促進するために必要な外貨を獲得していると、各メディアが報告しています。

　2017 年 10 月に、日経新聞は、米国が北朝鮮に対してサイバー攻撃を仕掛けたことを記事にしました。米国は、朝鮮半島の非核化、核の脅威から米国を守るという目的で、制裁、対話、軍事行使の手段に加え、サイバー攻撃も手段の一つとしていると表明しています。トランプ大統領が、政府各部門に北朝鮮への圧力強化を指示し、米軍がサイバー攻撃を仕掛けたと報告されています。サイバー攻撃の目的は、金正恩最高指導者が 2013 年に設立した 180 部隊が、サイバー攻撃をするために使用しているインターネットへのアクセスを妨害することでした。

　まず、サービス妨害攻撃 DoS 攻撃（Denial of Service attack）の概要を、図 2.2（1）で説明します。情報セキュリティにおける可用性を侵害する攻撃手法の一つで、意図的に大量の要求やメールを送信して過剰な負荷をかけるなどの行為により、ネットワークの遅延やサーバやウエブサイトへのアクセスをできないようにする攻撃を指します。

　米国サイバー司令部 USCYBERCOM が、人民武力省偵察総局内の 180 部隊に対して、大量の要求の送信を仕掛けてサーバをパンクさせ、外部へのインターネットアクセスを困難な（不可能な）状況とするサービス妨害攻撃 DoS 攻撃を実行しました。図 2.2（2）に従って、サイバー攻撃の流れを説明します。

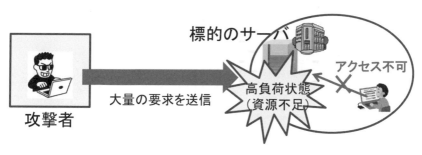

図 2.2（1）　サービス妨害攻撃 DoS 攻撃の概要

第Ⅱ編 米国、ロシア、中国、北朝鮮のサイバー攻撃の現実 これが新常識だ！

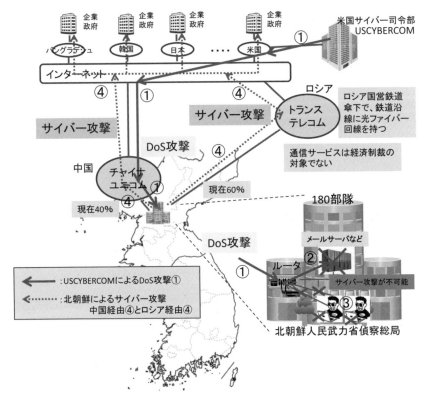

図2.2（2） USCYBERCOMによる偵察総局へのDoS攻撃と北朝鮮の対抗

①米軍サイバー司令部が、偵察総局へ大量の要求データを送って、DoS攻撃を実施しました。大統領からの指示期限は、2017年9月末まででしたので、その時点までDoS攻撃を継続していたようです。
②大量の要求データが、偵察総局内のルータから180部隊のサーバに流入し、その処理のため計算処理能力が浪費されたり、メモリが枯渇したりするなどして、通信ソフトやメールサーバなどの処理サービスが実行できない状態になりました。
③したがって、180部隊内のパソコンは、インターネットを使ったサイバー攻撃ができなくなりました。
④北朝鮮は、中国のチャイナユニコム経由だけだったインターネット接続に、2017年10月からロシアのトランステレコム経由のインターネット接続を加えることにより、米国からのDoS攻撃を難しくすることで対抗しました。なお、

通信サービスは、2017年9月の国連安全保障理事会の対北朝鮮制裁決定では制裁対象ではなかったため、北朝鮮は、ロシア経由のインターネット接続を追加することが可能でした。このように、世界へのサイバー攻撃のルートを、二つ獲得することになりました。100%が中国経由であったインターネット接続が、2017年末以降は40%程度まで減って、ロシア経由が60%となり、2か所での分散接続で、DoS攻撃を受けにくくなっています。

2.3　国家安全保障局 NSA による情報収集活動及びサイバー攻撃

　本章の内容は、「暴露　スノーデンが私に託したファイル」（グレン・グリーンウォルド著）（以降スノーデンの「暴露」として引用）及び各種メディアの情報により、筆者が国家安全保障局 NSA（National Security Agency）による情報収集活動及びサイバー攻撃について、図を追加して整理したものです。ここで説明しているサイバー攻撃については、国家安全保障局が、現在でも継続実施していると思われるものが多いようです。

(1)　スノーデン内部告発までの経緯と米国内の関連動向

　なぜ、スノーデンが内部告発を実行することになったのでしょうか。スノーデンにとって、インターネットは万人に自由をもたらすものという理想が、国家により踏みにじられたことが許せなかったのが、主な動機だと思われます。図2.3 (1) に、NSA の内部告発から暴露にいたるまで、スノーデンの誕生から暴露決意までの経緯を、NSA や CIA（Central Intelligence Agency）の活動とスノーデンとのかかわり、及び外国情報監視法（電子機器を使用した監視による情報の収集の手続きについて定めたアメリカ合衆国の法律）等とを合わせて、時系列に整理しました。

(2)　情報収集：ベライゾン社通信履歴収集

　2013年6月5日、最初にガーディアン紙に暴露されたのが、NSA による米国通信事業者ベライゾン社加入者数千万人のすべての通話記録の収集活動でした。発表直後は、全ニュース番組がこの記事をトップニュースとして報じ、政界もマスコミもこの話題で持ちきりになりました。ホワイトハウスの広報は、米国をテロリストの脅威から守るためには不可欠なツールであると、声明を発表しました。

　まず、通信履歴収集活動を合法とする外国情報監視法及び NSA について説明します。外国情報監視法 FISA（Foreign Intelligence Surveillance Act of 1978）は、当初、共産主義による社会混乱を防ぐための情報監視としてスタートしたよ

第Ⅱ編　米国、ロシア、中国、北朝鮮のサイバー攻撃の現実　これが新常識だ！

日時	関連事項	スノーデンの動向
1952	NSA設立	
1978	外国情報監視法（FISA：Foreign Intelligence Surveillance Act of 1978 の成立）	
1983.6.21		スノーデン ノースカロライナで誕生
2001.1	ブッシュ政権誕生	
2001.9.11	9.11テロ	
2002		マイクロソフト認定システムエンジニア取得
2004		陸軍入隊　訓練中、両足骨折し、除隊
2005		メリーランド大学言語高等研究センタ(NSAにより秘密裏に運営されていた)の保安要員に
2005	NSA長官にアレキサンダー就任	
2006		CIA請負からフルタイムスタッフへ
2007		CIA業務でスイス ジュネーブへ　外交官に偽装　CIAのやり方に疑問を
2007		ITテクノロジーとサイバーセキュリティでスイスでNo.1となる
2007	NSA PRISM運用開始	
2008		ルーマニアでのNATO首脳会議でブッシュ大統領補佐
2008	外国情報監視法の改正　時限付きで令状なしの通信傍受を合法化。政府による令状なしの盗聴に協力した通信会社に対する遡っての遡及的免責も	
2009.1	ブッシュ政権からオバマ政権へ	
2009		CIAを辞める。内部告発を考え始める。国家安全保障を過度に濫用しないというオバマ政権に期待を持ったが、さらにひどい濫用を行っているという期待外れで失望
2009		請負企業デルの従業員としてNSAへ
		日本の横田基地にも　中国からのサイバー攻撃に対する防衛技術を指導
		ドローンでの殺戮映像やインターネット監視の現実を目にする
2011		デルからCIAへ　年収20万ドル
		NSAが民間企業と手に手を取りあい、通信への完全なアクセス権を掌握しようとしている。世界中のあらゆるプライバシーを消滅するという危惧を持つ。内部告発者になることを決断。
2011	ファイブアイ年次総会でアレキサンダーNSA長官が「全ての情報を収集せよ(Collect it all)」と表明	
2013.3		ハワイへ異動。CIAの高給を捨て、NSAの極秘計画の情報にアクセスできる防衛分野の民間大手請負企業ブーズ・アレン・ハミルトンへ転職。数か月間情報収集
2013.5		てんかん治療での休暇を理由に香港へ
2013.6	ガーディアン、ワシントン・ポスト誌でスノーデンの暴露記事を公表	暴露関係者と接触し、内部告白へ。
2013.6.5	米国市民数千万人の通話履歴の収集…ベライゾン社	
2013.6.6	グーグル、フェイスブックなど複数社からメール収集…PRISM	
2013.6.9	内部告発者スノーデンの正体をビデオで公表	
2013.6	オバマ大統領がインタビューでFISAに基づき合法と表明。アメリカの国民であれば電話を盗聴することはない。法律と規則でそうなっている。	
2014	「暴露 スノーデンが私に託したファイル」(グレン・グリーンウォルド著)発刊。国外向けのサイバー攻撃にも触	(スノーデンは、現在ロシア在)

「暴露 スノーデンが私に託したファイル」(グレン・グリーンウォルド著)やメディア情報から筆者が作成

図 2.3（1）　スノーデンの NSA 内部告発までの流れ

うです。9.11 テロ以降は、テロ対策を前面に出しています。「外国勢力」と「外国勢力のエージェント（協力者）」（すなわち、スパイ活動やテロリズムを行う疑いのあるアメリカの国民とアメリカの永住権を持つ外国人を含み得る）による、「外国の情報活動」に対する物理的な捜索および電子機器を使用した監視による、情報の収集の手続きについて定めた米国の法律です。情報収集活動を実施するためには、外国情報活動監視裁判所からの令状が必要ですが、その際、具体的なテロ容疑者を特定する必要がなく、情報収集の範囲が無制限に拡大されかねないとの懸念や、米国市民のプライバシー保護が不十分、との意見があります。外国情

2 多分、こうだっただろうコバ劇場 米国編

報監視法は、米国外では適用されません。

スノーデンの暴露によると、NSA は、米国内でのテロ活動家の動向を把握するため、携帯電話等の通話の記録を収集する活動を始めました。それもできるだけ多く、効率的に集める工夫が行われました。そこで、2013 年 3 月の外国情報活動監視裁判所からの令状により、ベライゾン社に、全国民の全ての通話記録を NSA に提出するよう命じました。提出を要求されたデータ（情報）、メタデータは、以下のようなものです。

ⅰ）米国と海外との間の通話
ⅱ）国内通話を含む米国全土の"詳細な通信記録"のすべて

ここでデータとは、通話者氏名、住所、通話内容の録音であり、メタデータは、電話番号、端末の個体番号、カード番号、通話時間、位置情報などです。なお、メタデータとは、データについてのデータという意味であり、ここでは通話というデータについての付加的なデータ（電話番号、端末の個体番号等）です。

なお、ベライゾン社は、米国の加入者数 No.1 の携帯電話事業者です。2017 年 9 月末加入者数は、約 1 億 5,000 万人でした。

その情報収集の流れを図 2.3（2）に従って説明します。

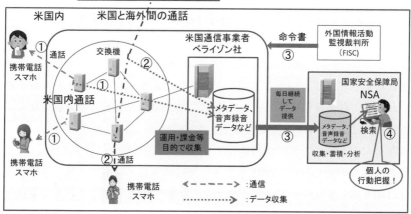

スノーデンの「暴露」に基づき筆者が作成

図 2.3（2） ベライゾン社加入者数千万人の通信履歴収集活動の流れ

— 69 —

① 電話をすると、電話番号を使って、交換機により通話の相手につながります。ベライゾン社の交換機は、運用や課金などを目的として、上述の通話関連の情報を収集し、自社のデータベースに蓄積します。
② 国際通話の場合も同様に、国際電話番号を使って通話国を決め、その後は国内通話と同じように電話番号で通話の相手につながります。また、通話関連の情報を収集し、自社のデータベースに蓄積します。
③ ベライゾン社は、外国情報活動監視裁判所からの令状により、毎日、継続して国内外の通話履歴をNSAに提出します。
④ NSAは、自組織で開発した検索ソフトXKeyscoreを使用することにより、例えば、ある電話番号の市民がいつ、どこで、誰と通話していたかが分かります。この情報を時系列に並べてみれば、この市民の日々の行動が、ほとんど裸にされてしまいます。

確かにテロ対策で、危険な市民の行動を探るためには役に立っているかも知れませんが、普通の市民にとっては、気持ちの良い状況ではありません。また、海外との通話も記録されていますので、米国市民以外でも、米国市民と電話連絡している人は、その行動も把握されていることになります。日本の通話者が、個人情報なのになぜ記録されるのかと抗議しても、米国では、合法として取り扱われることになります。

(3) 情報収集：プリズム

スノーデンの暴露によると、NSAは、2007年から米国インターネットサービス事業者のサーバに直接アクセスして、外国人の通信記録（外国人と米国人の間の通信も含む）を自由に傍受できるようになっています。インターネットサービス事業者には著名企業が多く、マイクロソフト、Yahoo!、Google、Facebook、PalTalk、YouTube、Skype、AOL、アップルの9社から、メールなどの情報を、自由に収集しているということです。著名なインターネットサービス事業者のサーバから、直接情報収集をするプリズムPRISM（光を屈折・分散させるプリズムから名付けている）について説明します。

1978年に施行された外国情報監視法FISAが、情報収集に対するNSAの活動を制約するものでしたが、2001年アメリカ同時多発テロ事件以後、外国情報監視法は繰り返し改正されていて、ブッシュ政権の2008年に、それまで違法とされていた諜報活動の一部を制度化するという改正がされました。その改正では、「米国人（米国市民及び合法的居住者）」と「その他」という区分けで、活動範囲

が定められることになりました。米国人の間の通信や電子メールを直接入手するためには、これまで通り外国情報活動監視裁判所から、個別の令状を入手しなければなりません。が、外国人に対する諜報活動をしているときには、たとえ通信の相手が米国人であっても、個別の令状を取る必要がなくなりました。NSAは、外国情報活動監視裁判所に、一年に一度出向き、その年の諜報対象者を示す一般指針を提出するだけでよくなりました。審査の基準は、その外国人の活動の監視が米国にとって役に立つ情報収集であるかどうかというだけで、全面的に許可が与えられることが慣例となっているようです。このようにしてNSAは、いかなる外国人に対してでも、活動の監視をすることが可能となっている状況になっています。

プリズムPRISMでの情報収集の流れの概要を、Google社の電子メールを参考例として、図2.3（3）で説明します。

①米国と海外間の電子メールでの通信に関する各種通信関連情報が、Google社のデータベースの「外人との通信」に、運用と課金等のために蓄積されます。
②米国内での米国人と外国人間の電子メールでの通信に関する各種通信関連情報が、海外との通信と同様に、Google社のデータベースの「外人との通信」に、

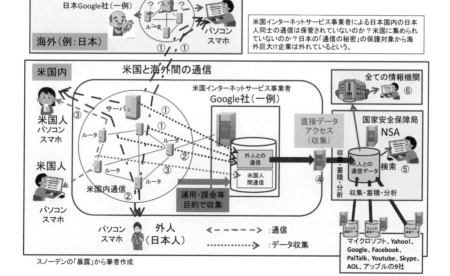

図2.3（3） プリズムPRISMによる情報収集活動（一例）

運用と課金等のために蓄積されます。
③米国内での米国人間の電子メールでの通信に関する各種通信関連情報が、Google社のデータベースの「米国人間通信」に、運用と課金等のために蓄積されます。
④「外人との通信」に蓄積された通信関連のデータについては、NSAが自由に収集（アクセス）することができます。この仕掛けをプリズムPRISMと呼んでいます。このPRISMによる外国人の通信記録（外国人と米国人の間の通信も含む）が情報収集され、NSAに集約されていることになります。
⑤この集約された情報を、NSAは、検索ソフトXKeyscoreを使用することにより、例えば、メールアドレスやアカウント情報から外国人がいつ、どこで、誰と通信していたかが分かります。この情報を時系列に並べてみれば、この外国人の日々の行動が、ほとんど裸にされてしまいます。
⑥この情報をすべての米国の情報機関で、検索し、利用することができます。

　確かに、テロの事前活動などを探るためには、役に立っているかも知れません。日本人が、米国人に送ったメールが個人情報なのに、なぜ記録されるのかと抗議しても、米国では合法として取り扱われることになります。

　米国インターネットサービス事業者による日本国内の日本人同士の通信は、保管されていないのでしょうか？米国に集められていないのでしょうか？日経新聞2019.01.27によると、日本の「通信の秘密」の保護対象から、海外巨大IT企業は、外れていると言われています。

　2013年6月6日に、ガーディアンやワシントン・ポスト紙が公表したため、グローバルなインターネット巨大企業の影響範囲は、地球規模に及び、世界的な関心を持たれることになりました。なお、インターネットサービス事業者9社は、このような情報提供については、公式の場では否定しているということです。

(4) 情報収集：アップストリーム監視

　スノーデンの暴露によると、NSAは、各大陸間から米国内に向かう複数の海底光ファイバケーブルで米国内に流れ込むデータを監視するアップストリーム監視（Upstream）による傍受を、実施しています。米国への海底光ファイバケーブルの上陸地点の光ファイバケーブルに、光ファイバケーブル傍受（盗聴）機器等を接続することにより、この光ファイバケーブルの中を流れる情報を、収集することができます。

　インターネットを流れるデータの8割以上が、米国を中継しているので、この

情報を収集・分析することにより、NSA は世界の動きを把握することができていると言えるでしょう。NSA では、前述の PRISM とこのアップストリーム監視の両方を、検索ソフト Xkeyscore によって利用しているという内容を、スノーデンの内部告発では、図を使用して説明しています。NSA は、どこまでもどん欲にインターネットの情報把握を進めています。NSA の元アレクサンダー長官・大将は、すべてのデータを収集しろ "Collect it All" との信条をもって、NSA の組織の規模と影響力の拡大を、積極的に図ってきたと言われています。

米国のインターネットの光ファイバケーブル上陸地点で、米国に向かってきている情報を収集するアップストリーム監視（Upstream）による情報収集の流れの概要を、図2.3（4）によって説明します。

① NSA は、海底光ファイバケーブルの上陸地点などに監視装置を設置して、光ファイバケーブルや通信インフラを通過する米国内方向への通信データ（アップストリームデータ）を、監視・収集しています。例えば、光ファイバケーブルに光ファイバケーブル傍受（盗聴）機器を接続することにより、この光ファイバケーブルの中を流れる情報を収集することができます。この収集する通信データ量は、30Tbps（bps（bits per second）：1秒間に転送可能なビットデータの量）以上と言われています。膨大な量です。この生データを継続して記録するためには、膨大な記録装置（ストレージ）が必要となります。ギガ（G）、

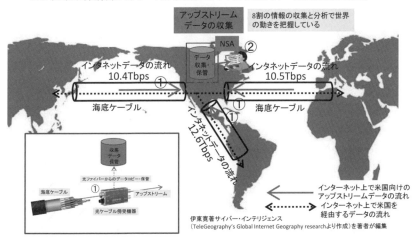

図2.3（4） 米国内方向への通信データ（アップストリーム）の監視・収集

テラ（T）、ペタ（P）、エクサ（E）、ゼタ（Z）、ヨタ10^{24}（Y）のストレージ単位が、最近広告などでも出るようになっています。かなりの量がNSAに保管されているのではないでしょうか。

② NSAは、収集した膨大な情報をどのように処理しているのか不明ですが、後での検索がしやすいように保管していることでしょう。この保管したアップストリーム監視での情報を、上記のPRISMと同様に、検索ソフトXkeyscoreによって利用していると思われます。

(5) 情報収集：脆奪

2013年6月に続けて公表された3本目の記事は、2012年10月にオバマ大統領が署名した大統領指令のコピーを公表し、国防総省DoDと関連機関に世界規模でのサイバー攻撃の準備を指示した事実を暴露したものでした。国外向けサイバー攻撃における対象者候補のリストの作成を進めるよう命令が下されていたことが判明しました。NSAは、コンピュータ・ネットワーク脆奪 CNE（Computer Network Exploitation）と呼ばれる、脆弱性を狙って機密情報などを強奪する情報窃取の方法を利用したと言われています。本書では、Exploitation の訳として、弱いところ、脆弱性を狙って情報などを奪い取るということを明確に表したいので、収奪等ではなく脆弱性の「脆」と奪う「奪」を構成して、「脆奪（ぜいだつ）」という言葉を造語して使用しています。意味として、敵対国・敵対者のコンピュータ・ネットワークに脆弱性を狙って強引に侵入し、データを奪いとる

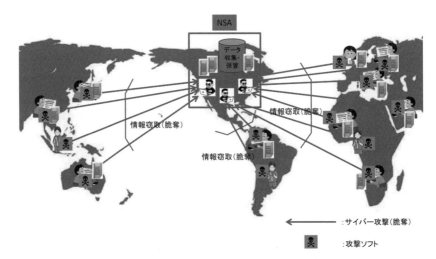

図2.3（5）　脆奪による情報窃取の流れの概要

操作をすることです。

　脆奪による情報窃取の流れの概要について、図 2.3（5）を使って説明します。
① ターゲットユーザのパソコンに、標的型メール攻撃によるサイバー攻撃を仕掛けます。この標的型メール攻撃で、脆弱性を狙って攻撃ソフトを侵入させます。
② いったん攻撃ソフトに感染させてしまえば、そのコンピュータを自由に動かすことができ、すべてのキーストローク（入力データ）や閲覧している画面やデータを監視（遠隔地で同時に見る）したり、制御したりすることが可能となります。
③ 例えば、機密情報などを窃取し、NSA に送ります。

　NSA にはハッカー部隊のような部署があり、このコンピュータ・ネットワーク脆奪活動で、これまでに世界中の 50,000 台以上のコンピュータを、攻撃ソフトに感染させることに成功したと言われています。

　スノーデンの「暴露」には、このコンピュータ・ネットワーク脆奪によるサイバー攻撃によって、米国政府は、テロ対策とも国家安全保障とも関係しないような経済スパイ活動に当たるようなものが、多く含まれていると言われています。このサイバー攻撃は、あらかじめ侵入させてある攻撃ソフトを、NSA が必要な時にタイムリーに使うことにより、相手国の外交方針や企業の意思決定の情報を把握することができ、自国を優位に導く方法として採用されていたようです。

　脆奪攻撃により、NSA が、ブラジルの石油業界の巨人ペトロブラス、ラテンアメリカの経済会議、ベネズエラやメキシコのエネルギー関連企業から、情報窃取や電子メール傍受を行い、サイバースパイ活動をしていたと言われています。ターゲットの詳細リストには、アエロフロート、ガスプロム、国際銀行間通信協会 SWIFT（Society for Worldwide Interbank Financial Telecommunication）ネットワーク、フランス外務省やペトロブラスが含まれていました。

　スノーデンの暴露によると、2013 年 2 日から 8 日の週における NSA 内部の報告トピックスには、さまざまの国から収集された情報の種類が示されています。その中に「経済」と「財務」のカテゴリーがあり、さらに小区分として「エネルギー」、「貿易」と「石油」が含まれています。2006 年の連絡票には、ベルギー、日本、ブラジル、ドイツといった国々に対する経済及び貿易スパイ活動のことが、明確に記されています。

　経済スパイをする理由は明確で、貿易会議や経済会議の際、他国が計画している戦略を秘密裏に入手できれば、自国の産業に計り知れないほどの恩恵があるか

らだと思います。同盟国に対する情報収集には、38ヵ国の大使館（日本、フランス、イタリア、ギリシャ、メキシコ、インド、韓国、トルコなど）への盗聴やドイツ メルケル首相等35人の外国首脳に対する長年に渡る盗聴がなされています。2015年7月31日のウイキーリークスでは、日本の内閣や財務省、日本銀行などの幹部の諜報を試みていたとあります。このようなことは国家間では、あって当たり前で、盗聴を防げないほうがまずいだけのようにも見えてしまいます。

なお、NSAと諸外国諜報機関との関係には、大きく分けて3つのカテゴリーがあります。

①ファイブ・アイズ（Five Eyes）と呼ばれる米国、イギリス、カナダ、オーストラリア、ニュージーランドの5ヵ国の同盟国で、これらの国とは一緒になってスパイ活動を行うものの、自国の官庁からの要請がない限り、互いに監視することはめったにないと言われています。

②特定の諜報活動については協力を求めつつ、同時に相手国へのスパイ活動も行うことがあるという国です。日本や韓国が含まれています。

③アメリカが、日常的に監視し、協力関係がほとんどない国で、中国、ロシア、北朝鮮が含まれています。

なお、ファイブ・アイズとも呼ばれるUKUSA（United Kingdom - United States of America Agreement）協定とは、米国の国家安全保障局NSAやイギリスの政府通信本部GCHQなど5ヵ国の諜報機関が、世界中に張り巡らせた情報機器を使った情報収集活動とその分析・集積・報告を目的とする通信傍受シギントSIGINT（Signals Intelligence）の設備や盗聴情報を、相互利用する為に結んだ協定のことです。かつては秘密協定でしたが、現在は条文の一部が公開されています。UKUSA協定グループのシギント用のコンピュータ・ネットワークは、エシュロンと呼ばれています。共通点は、イギリス帝国の植民地を発祥とするアングロサクソン諸国です。各国の諜報関連機関は以下です。

　米国 - 国家安全保障局NSA（National Security Agency）

　イギリス - 政府通信本部GCHQ（Government Communications Headquarters）

　カナダ - カナダ通信保安局CSEC（Communications Security Establishment Canada）

　オーストラリア - 参謀本部国防信号局DSD（Defense Signals Directorate）

　ニュージーランド - 政府通信保安局GCSB（Government Communications Security Bureau）

(6) 情報収集：裏口（バックドア）

　スノーデンの暴露によると、2010年6月に作成されたNSA報告書には、NSAは、国外に輸出されるルータ、サーバ、その他のネットワーク機器を、定期的に受領、押収し、それらの機器に裏口（バックドア）ツールを埋め込み、情報窃取をしていたということです。

　なお、バックドア（Backdoor）とは、直訳すれば「裏口」または「勝手口」のことです。防犯・犯罪学などでは、「正規の手続きを踏まずに内部に入ることが可能な侵入口」を指しています。セキュリティ用語のバックドアは、本来はIDやパスワードを使って使用権を確認するコンピュータを、無許可で利用するためにコンピュータ内に（他人に知られることなく）設け、必要時に容易にアクセスできる攻撃ソフトを指します。バックドアには、①開発段階でのテストなどで利用されるバックドア、②開発者が私的な利益のために組み込むバックドア、③国家の諜報活動によるバックドア、④意図されない開発段階のバックドアや、⑤サイバー攻撃による稼動中のコンピュータに侵入し、外部から送り込まれるバックドア等があります。

　スノーデンの「暴露」には、NSA職員が、世界で最も利用されているルータなどの通信機器開発会社シスコ社の通信機器の梱包に何かしらの仕込みをしているようなカラー写真を載せています。このように、世界的に利用されているシスコ社製のルータが対象となっているために、通信キャリア、インターネットサービス事業者、社会インフラ企業、官公庁さらに家庭を含む世界中の全ネットワークと全ユーザに対する不正なアクセス手段を、NSAは得ていたと言われています。このようにして、NSAはバックドアを利用することにより、必要な時に標的の組織から情報を収集することにより、安全保障や経済活動などに有利な情報を得ることができたと言われています。このように攻撃者がサプライチェーンに介入するサイバー攻撃は、軍や政府だけでなく民間企業、特に社会インフラ事業者においても、大きな脅威となってきています。

　このようにスノーデンの「暴露」で告発された米国政府が、中国の2大通信機器製造企業である、ファーウエイ（華為技術）とZTE（中興通訊）のバックドアの脅威を指摘し続け、使用しないように、国防省や米国企業に呼び掛けています。2018年中ごろから、米国はファイブ・アイズの国々や日本を含む同盟関係の国々に対しても安全保障上の問題から、ファーウエイ、ZTEやその他の監視

第Ⅱ編　米国、ロシア、中国、北朝鮮のサイバー攻撃の現実　これが新常識だ！

カメラ企業などの通信関連製品を、国家機関で使用をやめるような動きを強めてきています。

自分でやっていることを他人がするとすぐ分かるというようなことかもしれません。

図 2.3（6）に従って、シスコ社ルータへのバックドアの組み込みと情報窃取の流れを説明します。

① NSA は、国外に輸出されるシスコ社のルータやその他のネットワーク機器を、定期的に受領、押収します。
② これらの機器に裏口（バックドア）ツールを埋め込みます。
③ 再び梱包し、未開封状態であることを示すシールを貼ります。
④ そして、何事もなかったように出荷します。
⑤ バックドアを仕込まれたルータから必要な情報を窃取し、NSA 収集チームに送ります。
⑥ NSA 収集チームが集めた情報は、蓄積・検索・分析されて利用されます。

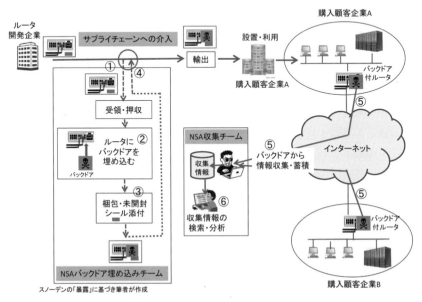

図 2.3（6）　裏口（バックドア）による隠密裏の情報窃取　一例

3 米国の中国サイバー攻撃への報復

(1) 中国人民解放軍の5人の将校を訴追

　米連邦大陪審は、2014年5月に、中国人民解放軍の5人の将校を名指しで産業スパイを目的に、サイバー攻撃を米国企業に仕掛けたという容疑で訴追しました。米セキュリティ会社マンディアント社（2014年1月に米ファイア・アイ社が買収）の調査を元にしており、この5人に対する嫌疑は、2006年から2014年にかけて、企業秘密をサイバー攻撃で不正に窃取したというものです。この5人が関係した標的型攻撃を実行するハッカー集団はAPT1と名付けられていて、中国人民解放軍のサイバー攻撃部隊「61398部隊」と関連性があると結論づけられています。被害企業は、製鉄大手のUSスチール、アルミ製品メーカのアルコア、特殊金属生産・加工のアレゲニー・テクノロジーズ、原子力産業のウエスティングハウス、太陽光発電のソーラーワールド、全米鉄鋼労働組合の6社です。なお、中国はこれに対して、米国の捏造であり、米中の協調と信頼関係を損なうと強く反発したと言います。

(2) 天津国家安全局の2人の中国人ハッカーを訴追

　2018年12月20日に米司法省は、航空や自動車、金融機関など幅広い業界を対象に機密情報や先端技術を、サイバー攻撃により盗みだした疑いで中国人ハッカー2人を訴追しました。2006年から米国の民間企業（情報通信やエネルギー企業など）や米航空宇宙局NASA（National Aeronautics and Space Administration）等45団体以上へ、サイバー攻撃による機密情報窃取をしていたというものです。サイバー攻撃は、標的型メール攻撃と呼ばれるもので、送信先の興味を引く表題の偽メールを送り、添付文書を開くと攻撃ソフトに感染する攻撃手法を使用していました。この2名のハッカーは、ハッカー集団APT10のメンバだと断定されました。このAPT10の名称は、米セキュリティ企業のファイア・アイ社が命名したものです。米司法省によれば起訴した中国人2名は、中国の国家安全省の下部組織である天津国家安全局と関係していたと言われています。おもしろいことに、英プライスウォーターハウスクーパース（PwC）の調査によれば、APT10のハッカー攻撃は、中国時間の朝8時から夜6時の時間帯に集中する傾向があるといいます。中国政府の勤務時間とほぼ同じだとすると、政府にやとわれ、サイバー攻撃をしている可能性が考えられます。

　なお、APT（Advanced Persistent Threat：高度で執拗な脅威）とは、米セ

キュリティ企業ファイア・アイ社が命名した、国家の支援を受けて他国にハッキングを仕掛けるハッカー集団の名称だと言います。長期間、高度な攻撃を執拗に繰り返す特徴から名称が決まったと言われています。番号は、同社が国家支援型のハッカー集団と断定したもので、1〜19、30が中国、28〜29がロシア、32がベトナム、33〜34がイラン、37〜38が北朝鮮です。

米政権は、制裁関税に加え、中国ハイテク先進企業（ファーウエイ、ZTE、監視カメラや無線機器のハイクビジョン、ダーファ・テクノロジー、ハイテラなど）の調達を安全保障上のリスク（これらの企業の通信機器を経由して中国が軍事情報や機密情報などを盗み出していると米国は見ている）が高いという理由で、禁止するなどの動きとなっています。

この起訴は、2018年12月5日のファーウエイCFO（Chief Financial Officer）のカナダでの逮捕を正当化する面も持っているように見えます。軍事機密情報や先端産業技術を先進国からサイバー攻撃で窃取することにより、中国が、米国をしのぐ優位な立場になることを、米国は強く危惧しています。国家による機密情報等の窃取を国際的に許さないということをより確実にするため、米国は、英、カナダ、オーストラリア、ニュージーランドのファイブ・アイ国や日本などの同盟国を巻き込み、中国包囲網づくりに動き出したとみることができます。

4 米国の政府と軍のセキュリティ堅牢化への取り組み

米国政府・軍は、敵対国やテロ集団からのサイバー攻撃から米国政府・軍の重要なシステムを防護するために、各種の対策を実施しています。米国政府・軍の重要なシステムの脆弱性を、セキュリティ専門家の力を借りて積極的に見つけ出し、対策をすることにより、システムのセキュリティ堅牢化を図る活動をしています。これは、バグバウンティというプロジェクトです。また、サプライチェーンの弱点を狙われ、米国政府・軍の重要なシステムが、敵対国やテロ集団からサイバー攻撃をされないように、サプライチェーンのセキュリティ向上対策も実施しています。調達するシステムのソフトウエアのバックドアなどを、いかに検出するかの対策を強化しています。

さらに、米国政府・軍の軍事システムだけでなく、依存する民間の重要インフラ分野も対象に含めて、具体的なサイバー攻撃を想定してサイバー演習を実施し、強化すべきセキュリティ項目や体制の見直しを実施しています。以下、それぞれ

4 米国の政府と軍のセキュリティ堅牢化への取り組み

の内容について説明します。

(1) 米軍によるバグバウンティプログラム

　バグバウンティ（Bug Bounty）とは、セキュリティの世界では「バグ報奨金制度」としてではなく、「脆弱性報奨金制度」と呼ばれています。政府・軍や企業が、セキュリティ専門家に対して脆弱性発見に報奨金をかけ、脆弱性を発見した人に報奨金を支払う制度です。別の言葉で言いますと、ハッキングコンテストで賞金があるようなものです。米国の特徴は、企業だけでなく、軍関係機関が、積極的に本制度を活用していることです。

　米軍システムの脆弱性検出活動として、陸海空軍は、バグバウンティプログラムを継続して実施しています。信頼できるホワイトハッカーに、軍のシステムをサイバー攻撃して、脆弱性を発見してもらうものであり、発見の対価として賞金を払うものであるとともに、セキュリティの人材発掘の面もあると思います。

　米国国防総省、陸軍、空軍、海兵隊で、2016年から2018年で実施された主な

項番	実施時期	バグバウンティプログラム名	組織	実施概要・成果等
1	2016年4, 5月	Hack the Pentagon	国防総省	5つのDoDサイトへのサイバー攻撃で脆弱性を洗い出す。138件の脆弱性発見。賞金総額は、71,200ドル。
2	2016年11月	Hack the Army	陸軍	バウンティの対象となるのは、新兵募集サイトと応募者および陸軍軍人の個人情報データベースの脆弱性で、Hack the Pentagon同様に誰もが脆弱性を探してよい訳ではなく"招待制"で、事前審査に通る必要がある（但し、米軍人または政府職員であれば、審査なしで参加可能）。終了までに17人の軍関係者、8人の政府職員を含む371人が参加し、400件の脆弱性が報告される。重複等を除くと最終的には118件で、賞金総額は約10万ドル（約1,150万円）であったという。
3	2017年4月	Hack the Air Force	空軍	結果を報告。過去のHack the Pentagon（138件）、Hack the Army（118件）よりも多い、207件の有効な脆弱性が報告された。参加したハッカーは272人、支払った報奨金の総額は13万ドル（約1,440万円）で、最も多くの報奨金を得たのは、約30件の有効な脆弱性を報告した17歳のハッカーであった。
4	2017年12月	Hack the Air Force 2.0	空軍	米国、カナダ、英国、スウェーデン、オランダ、ベルギー、ラトビアから世界トップレベルのホワイトハッカー25名をNYに招き、同軍の約300のウェブサイトの脆弱性を探す9時間のハッカソン「H1-212」を開催。開始30秒で2件の脆弱性が発見され、最終的には55件の脆弱性が報告された。Hack the Air Forceの優勝者でH1-212にも参加した17歳のハッカーは、Hack the Air Forceはオンラインだったため空軍に質問をしても回答を得るのに数時間〜数日掛かったが、H1-212は対面だったため回答も早く、直接空軍の担当者と話すことでやる気も上がり、参加者同士で知識も共有できて非常に有意義だったと話す。
5	2018年10月19日〜11月22日の1ヶ月間	Hack the Air Force 3.0	空軍	約30人のホワイトハッカーが参加し、120以上の脆弱性を発見。総額13万ドル（約1,440万円）を超える報奨金が支払われた。
6	2018年8月	Hack the Marine Corps	海兵隊	今回は海兵隊の外部向けに公開しているウェブサイトやサービスを対象とし、150の脆弱性が報告され、15万ドル（約1,700万円）の報奨金が支払われる。Hack the Marine Corpsは国防総省が実施した6つ目のバグバウンティプログラムであり、これ迄に800以上の脆弱性が発見され、50万ドル（約5,600万円）以上の報奨金が支払われている。

図3（1）　国防総省、陸軍、空軍、海兵隊のバグバウンティプログラムについて

バグバウンティプログラムについて、**図3（1）**にまとめました。

(2) 米軍によるサプライチェーンのセキュリティ向上

　米軍の装備品などの調達に関して、サプライチェーンのセキュリティと安全確保は、重要なものです。サプライチェーンのセキュリティの脆弱性を積極的に評価・確認するため、DoDのレッドチーム（サイバー攻撃を実行するチーム）が、サプライチェーン強化のため、ペネトレーションテストなどを実施しています。なお、ペネトレーションテストとは、コンピュータシステムに対し、既知のサイバー攻撃、専門企業独自のサイバー攻撃手法、及びランダムに境界値にサイバー攻撃をするなど、サイバー攻撃技術を用いて侵入を試みることで、システムやソフトウエアに脆弱性がないかどうか、テストする手法のことです。

　また、米軍が調達するシステムやソフトウエアに、バックドアなどの攻撃ソフトが組み込まれている可能性は、以前から何度も指摘されていたようです。そこで、特に敵対的なロシアや中国関係の事業者が納入するソフトウエア関連のソースコードのレビューを強化しています。しかし、一般的には製品のソースコードは提供されないので、リバースエンジニアリングも実施されていると思われます。リバースエンジニアリングとは、機械語の流れを、人間が理解できる命令語のプログラムの表現に逆変換することです。

(3) サイバー演習の実施

　サイバー攻撃に対応できる人材の育成が、米国政府や軍にとっても喫緊の課題となっています。そこで、サイバー攻撃によるシステムでのインシデント（セキュリティ事件）発生を想定したシナリオを設定し、関係者一人一人がどのように対処すべきかを自ら考え、自ら体験することで、既存のマニュアルやルール、想定できる対応に関する課題を抽出する場がサイバー演習です。訓練とは違います。

(a) 国土安全保障省DHSによるサイバー演習　Cyber Storm

　Cyber Stormというサイバー演習は、米国国土安全保障省DHSのもと、サイバー攻撃による国家レベルの危機が発生した際の対応能力の検証を目的として、2006年から約2年の間隔で実施されています。これまで計6回の実施を数え、この演習を通じ、サイバー攻撃への国・州・他国・民間の連携強化を図っています。2018年4月に開催されたCyber Storm Ⅵでは、重要インフラ事業者を含めた参加者により、米国の重要インフラに影響を与える大規模なサイバー攻撃を受けたと想定して、演習を実施しました。

（b）米国軍によるサイバー演習　Cyber X-game

　米国軍によるサイバー演習 Cyber X-game は、2006 年頃から実施されているようです。

　2018 年 6 月の Cyber X-game 2018 では、重要インフラの制御システム防護の演習に焦点を当てて実施されました。サイバー環境での偵察、侵入の検出と対応、および赤 / 青チームからなるサイバー攻防戦等を、軍と学界のパートナーシップで実施した 5 日間の演習でした。重要インフラのさまざまな分野、特に産業用制御システムを含む重要インフラ分野を、防護するための経験を積むのに役立ったと報告されています。

　2019 年は 6 月に実施予定で、サイバー演習のテーマは、APT 攻撃からの国防総省 DoD の重要資産の防護のようです。軍だけでなく、政府、産業界や学界からも参加できるようです。game という単語を入れた理由は、軍でのサイバー攻撃・防護がゲーム感覚で実施されていることの証のようにも思えます。

コラム2　心理戦争とは

　心理戦争 Psychological Warfare とは、Warfareで表現されているように一種の戦争です。「日本テレビとCIA　発掘された「正力ファイル」」には、次のように心理戦争について触れています。次に引用します。

　「敵に打撃を与え、戦意を喪失させるのは軍事力の行使ばかりではない。情報をコントロールし、プロパガンダで洗脳することによっても同様な効果が得られる。そして両方を巧みに併用した時の効果は絶大だ。近代戦は、大量の人命と物資の消耗を伴うので、心理戦を多用して軍事力の使用を可能な限り少なくし、無駄な破壊や殺戮を避けるようにしなければならない。」

　米国が、第2次世界大戦後（1950年代）に実施したラジオを利用したVOA（Voice of America）から、現在までの心理戦争について見てみましょう。

　米国は、第2次世界大戦後（1950年代）、心理戦略局（Psychological Strategy Board）（大統領直属で国務省、国防省、CIAで構成される）が中心となり、西ヨーロッパ、東南アジア（日本、韓国、台湾、フィリピンなど）、中央アジアへの共産主義の侵略へ対抗するため、当該国や地域に軍事基地を構築するとともに、ラジオを活用した反共産主義プロパガンダを、実施し続けたと言われています。具体的には、朝鮮戦争時（1950年6月25日〜1953年7月27日（現在休戦中））、ラジオを利用したVOA（Voice of America）を実施したと言われています。

　さらに、高度なVOA（Vision of America）にテレビを利用できるように、東南アジアではまず日本に、軍事・民間に利用できる多目的・多種メディア用マイクロ波網の構築をさせました。このインフラを使って、NHK（1953年2月）と日本テレビNTV（1953年5月）のテレビジョン放送が実現されました。占領下のような直接的な反共産主義を前面に出すことができないので、間接的な方法で米軍の駐留（軍事的支配）などに対して、米国を敵視しないように心理戦争を実施し続けることになったようです。「名犬リンチンチン」や「パパは何でも知っている」等の米国ドラマや米国ニュースを流すことにより、番組の中の人物（アメリカ人）に感情移入し、ア

メリカ人の気分になり、米国への反抗心を薄めたようです。

　1990年代半ば以降、インターネットは、大学、企業や一般の人々で利用されるようになり、この急激な普及によって、グローバルなインターネット（The Internet）に急拡大しました。現在、子供から年寄りまで多くの世代にスマホが浸透し、一方的な受信だけでなく、個人が情報発信をすることができる、両方向での通信プラットフォームとなっています。ロシアが、米国大統領選で、スマホを持つ選挙民へ大きな影響を与えていたことは、すでに周知のとおりです。ロシアも、当然、サイバー空間での心理戦の研究や実運用が進んでいて、米国だけでなくドイツやフランスでの選挙戦に向けても、交流サイトSNSを使用した心理戦争が実行されていたと言われています。

　2010年中ごろから、中国の企業がグローバルな市場で優位になってきています。通信機器ではファーウエイ（華為技術）とZTE（中興通訊）が、米国企業を圧倒するようになってきています。監視カメラやドローンなどの通信利活用製品も世界市場を確保していると言います。米国は、米国が支配的であったインターネットの通信機器や活用製品で中国に急激に追われ、安全保障上及び経済面からも、中国への対抗を強めています。米中の貿易戦争の一つの大きな争点になっています。

　個人がインターネット（仮想Virtual）環境から、例えば、購入・販売・決済などの経済活動、音声から映像までを利用した情報発信と自己主張、老人見守りや家庭のお風呂や冷暖房のネット指示等々の現実（Real）環境での体験を、実行できるようになっています。さらに、個人が、仮想空間でユーザ分身であるアバターになって、仮想空間内に創造された世界で、冒険など好き勝手なことを、体験できるようになっています。このように体験Experienceを通して、自己のやりたいことができるようになっています。実空間ではなく、仮想空間で体験できるので、心理戦争に使用されるのではないかと、筆者は考えています。Voice（ラジオ音声）からVision（テレビ映像）、さらにインターネットでのVirtual Experience（実空間と同じような体験）に進展したとき、心理戦争は、どのように変化していくのでしょうか。仮想現実VR（Virtual Realty）では、ヘッドマウントディスプレイ装置を使用して、体感性のあるゲーム、ロボット操作や操縦シミュレーションなど幅広い分野で利用されるようになっています。同様に、拡張現実AR（Augmented Realty）では、ヘッドマウントディスプレイを通して現実の風景を見る

際に、建物の名称を表示し、過去に存在した建物を再現表示するといった利用方法等が検討されています。特に、軍事、航空、医療の分野での開発が先行しています。戦闘機パイロットが被るヘルメットのバイザー部分に、各種の情報が表示され、目標との距離や、目標がレーダーに捕らえられているかどうかなどの情報が、パイロットに追加されて伝達されます。その結果、パイロットは、現実を強化された形で認識し、敵機を正確に撃破することが可能になるのです。

　VR/AR の中に、国家の意向や制約を取り込むことにより、個人の活動が影響を受けていくのではないかと思います。敵対国に対する意図的かつ急進的な思想形成にも、利用される恐れがあるのではないかと思います。

　2019 年中頃から、日本でもフェイク動画とかフェイク音声がテレビなどで取り上げられています。現在の画像技術や音声技術は、AI を利用して、現実の人物の動きや音声をほとんど本人と同じに作り出すことができるようになってきています。一般人はテレビでの映像をほとんど疑うことなく、登場人物の主張をよし悪しは別として、事実として受け入れてしまう傾向にあります。YouTube や Facebook 等でも著名人や影響のある人の映像、発言をそのまま受け入れてしまう傾向にあります。動画と音声を組み合わせることにより、例えばトランプ大統領が北朝鮮とかイラン関係で挑発的な発言をしているという投稿ビデオがあったら、放送局はどう取り扱うでしょうか。事実関係を徹底的に洗うことは当たり前で、周囲状況から本人が話した内容かを複数人の関係者に確認をしなければいけないことになり、現在よりも一つの映像を放送するための手続きが大変になると思われます。

　YouTube や Facebook 等のような発信時に真偽のチェック（フェイクかどうか）が厳密でないメディアでは、社会的な混乱を引き起こす可能性が大きいように思われます。メールにも映像や音声の添付が可能ですので、同じような恐れがあります。

　一つのルートでの情報だけでなく、複数ルートや複数メディアでの情報を、各自が判断していかなければいけなくなるのでしょうか。登録された信じられる（Trust な）人からの発信であることを証明するような仕掛けも必要になるのでしょうか。

　当然、心理戦として、各国は研究し、利用のタイミングを狙っている可能性が高いと思われます。

最後に、最近のロシアの心理戦争へのVR/AR展開の考察をします。

・2019年3月12日に、プーチン政権で安全保障政策を統括するニコライ・パトルシェフ安全保障会議書記が、「2019年中に、非行少年は愛国的な軍事キャンプに送られることになる」と発言しました。単なる更生施設ではなく、愛国心を叩き込む軍事キャンプだと言います。軍隊式に愛国心を叩き込まれたら、少年たちの多くは、そのまま揺ぎ無き信念の愛国戦士に変貌し、いわば、プーチン親衛隊予備軍のような人材に育っていくでしょう。VRをうまく利用し、仮想的な軍事キャンプを構築して、愛国心を叩き込むこともできるでしょう。こちらのほうが、費用も少なく、全ロシア的にも利用でき、さらに各人ごとの進捗度も把握できるでしょう。

・2019年3月12日のパトルシェフ書記の発言では、もう1点、興味深い発言がありました。特に交流サイトSNSの悪影響に言及し、それが少年たちを犯罪に駆り立てていると指摘したのです。たとえば、彼によれば、禁止されたサイトを遮断する特殊なソフトをロシアの学校にインストールしたことで、少年犯罪を18％減らすことができたといいます。パトルシェフ書記の言う少年犯罪には、いわゆる反政府抗議行動も含まれます。米国はじめ反ロシアの他国の交流サイトSNSが、インターネット経由、自由にロシア国内で閲覧できるようになることに対しては、絶対に許されないことであり、インターネット接続を切断することも考えているのでしょう。

プーチン大統領やパトルシェフ安全保障会議書記ら、KGB出身のロシアの強権政権指導者たちは、こうした数々の国民「洗脳」手段を講じ、ロシアに全体主義を導入しようと画策していると言われています。この洗脳ノウハウは、サイバー空間での敵対国に対する心理戦争にも使用されていくのではないかと思います。

コラム3　国家による民間の情報窃取は、犯罪か、インテリジェンスか、戦争か？

　国家が民間企業から機密情報を盗むという行為に対する考え方は、世界的にはどのように明確化されているのでしょうか。図3（1）で説明します。
　ある企業が、他の企業の技術情報や経営情報などの機密情報を盗んだら産業スパイであり、犯罪です。国家安全保障に関する政策決定をするためのネタとなるのがインテリジェンスであり、諜報活動でのターゲットです。中国が、米国政府・陸海空等の軍隊から軍事情報を盗むとしても、米国は文句を強くは言わないでしょう。米国もやっているからであり、お互いさまという暗黙の前提となっていると思われます。しかし、国家が、民間企業の情報を盗むのは犯罪か、インテリジェンス活動なのか、はっきりしていないようです。民間企業にとっては、あってはならない行為です。一般市民や非軍事施設（一般企業や社会インフラ事業者等）への攻撃を禁止する、デジタル版のジュネーブ条約を作るべきとの呼びかけがされていますが、なかなか国家の反応は鈍いと言われています。

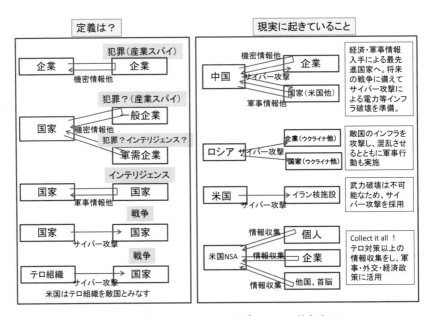

図3（1）　犯罪・インテリジェンス・戦争とは？

4　米国の政府と軍のセキュリティ堅牢化への取り組み

9.11同時多発テロ以降、個人のプライバシー情報や企業の機密情報を盗聴する活動が米国をはじめ、当たり前のように行われてきています。また、中国やロシアでは、愛国的な個人が、サイバー攻撃ツールを使用して、サイバー空間での国や軍隊の行動に加担することも起きています。民間企業や民間人にとって、サイバー空間と実空間の両空間で、インテリジェンス、犯罪、戦争をきちんと区別するルールの確立と順守が望まれています。

コラム 4　米国・ロシア間での電力網などへのサイバー攻撃

　米国とロシア間での電力網をはじめとした重要インフラへのサイバー攻撃について、メディアを基にまとめます。お互いに将来の紛争時に向けて有利な準備を仕掛けようとしているように見えます。

(1)　米国からロシアの電力網などへのサイバー攻撃

　2019 年 6 月 15 日ニューヨーク・タイムズによると、米国がロシアの電力網への攻撃を進展させ、不具合を起こさせるような攻撃ソフトを仕込んでいると伝えました。ロシアによるサイバー攻撃や大統領選挙への介入に対する警告の意味を持っていると言われています。このニューヨーク・タイムズ報道に対して、同日トランプ米大統領はツイッターで、報道内容が「事実でない」と主張し、「事実上の反逆行為」と非難しました。

　この米国軍によるロシア電力網へのサイバー攻撃には、ロシアとの対立激化の際に、米国がサイバー攻撃を実行する仕掛けを仕込んでおく意図があると言われています。

　米国は遅くとも 2012 年からロシアの電力網をハッキングし、情報収集を行ってきたとされますが、2018 年夏にトランプ大統領が、軍によるサイバー攻撃に関する制限を緩和したことを受け、より攻撃的な工作がなされるようになったと見られています。

　2018 年 9 月 11 日のプーチン政権の宣伝機関であると言われる RT（Russia Today）ニュースによると、ロシア連邦保安庁 FSB が、重要インフラに対するサイバー攻撃の防護・検知・反撃・復旧を担う機能を分離し、新たな機関「National Coordination Center for Computer Incidents」を立ち上げると報告しています。FSB は、ロシアの全国家機関からサイバー攻撃に関する情報を集めて解析し、攻撃の検知や防止のための手法を開発する予定とのことです。重要インフラに対するサイバー攻撃防護に、ロシアも注力し始めてきたようです。あまり日本国内ではニュースになっていませんが、ロシアも敵対国からのサイバー攻撃を受けているということでしょう。

(2)　ロシアから米国の電力網などへのサイバー攻撃

　2016 年 12 月に、ロシア軍のハッカー集団がウク

ライナの変電所を停止させたと言われる大規模なサイバー攻撃が起きました。ロシア編2.3 ロシア軍によるウクライナへのサイバー攻撃 破壊型ランサムウエア攻撃、を参照して下さい。

　2017年7月6日にニューヨーク・タイムズは、2017年3月頃から米国の原子力発電所のシステムを標的とするサイバー攻撃が多発していると、報道しました。米国国土安全保障省DHSと米国連邦捜査局FBI（Federal Bureau of Investigation）によると、標的型メール攻撃などによりカンザス州のウルフクリーク原子力発電所など標的となった企業のシステムに、攻撃ソフトが埋め込まれたと言われています。DHS・FBI両組織の報告書では、ロシア軍ハッカーたちがこの機会に乗じて電力会社のシステムの全体像を把握し、今後の攻撃に役立てようとしている可能性が示唆されています。このような攻撃ソフトを仕掛けておく動きは、ブルームバーグ・ニュースによると2017年7月、ロシアのハッカーが米国の7州にある10数カ所の発電所に侵入し、その後、数10州に拡大されたと言われています。

　2018年3月15日、DHSとFBIは、ロシア政府（軍）のハッカーが米国の重要インフラを標的に広範なサイバー攻撃を仕掛けていると警告を発しました。米国の重要インフラをロシア政府（軍）のハッカーが標的にしていると、米当局が正式に認めたのは初めてでした。DHSサイバーセキュリティ及びインフラストラクチャーセキュリティ局CISAの警戒情報（Alert (TA18-074A)：エネルギーと他の重要インフラ分野を標的とするロシア政府のサイバー活動：Russian Government Cyber Activity Targeting Energy and Other Critical Infrastructure Sectors）には、エネルギー、原子力、商業施設、水道、航空、重要な製造業などの重要インフラ分野が標的になっている、とされています。

　2019年8月28日の日経新聞 中外時評で土屋大洋 客員論説委員（慶応大学教授）は、「電力のサイバー攻撃抑止を」の中で執拗な関与を継続するため、必要な人員数や予算はどんどん膨れ上がっていて、サイバー司令部の人員は6,000人を超え、2019年度DHSのサイバー予算は85億ドルにもなっていると説明しています。なお、日本の防衛省の2019年度のサイバー予算の約40倍だと言われています。

第Ⅱ編　米国、ロシア、中国、北朝鮮のサイバー攻撃の現実　これが新常識だ！

＜ロシア編＞

1　ロシアの政府と軍のサイバー攻撃への取り組み

　ロシア政府でのサイバーセキュリティへの取り組みについて、新聞、インターネットメディアやウイキペディアの情報を中心にまとめました。

　ところで、2017年の名目GDP（国内総生産）（米ドル）ランキングでは、ロシアは11位でありながら、軍備やサイバー攻撃への資金をどうやって調達しているのでしょうか。外交評論家河村　洋氏の「ロシア軍事力の資金源と物品調達体制の謎」によると、ロシアはアメリカとヨーロッパで、匿名投資を活用した資産運用をしていて、国内権力基盤の強化、サイバー戦争および通常戦争能力の向上、海外スパイ・ネットワーク構築の資金調達をしているのではと指摘しています。ロシアは、この資金等を活用してサイバー空間での軍拡を推し進めていると考えられます。

＜参考＞2017年世界の名目GDP（米ドル）ランキング順位

　1位　アメリカ、2位　中国、3位　日本、4位　ドイツ、5位　イギリス、6位　インド、7位　フランス、8位　ブラジル、9位　イタリア、10位　カナダ、11位　ロシア、12位　韓国、13位　オーストラリア、14位　スペイン、15位　メキシコ、・・・・27位　イラン、32位　イスラエル、52位　ニュージーランド、54位　イラク、・・・・・106位　北朝鮮（推定）

　出典：世界の名目GDP（米ドル）ランキング　http://ecodb.net/ranking/imf_ngdpd.html

（1）　ロシア連邦保安庁（略称：FSB）

　ロシア政府のサイバーセキュリティに関連する組織には、連邦保安庁FSB、対外情報庁SVR等があります。この中でサイバー攻撃に従事している組織は、ロシア連邦保安庁FSBです。この組織にはサイバー攻撃に従事するコージーベアと呼ばれるハッカーチームも含まれています。図1（1）に、ロシア政府のサイバーセキュリティに関連する組織を示します。

　まず、FSBの前身のソ連国家保安委員会（略称：KGB）について説明しましょう。KGBは、1954年からソ連崩壊（1991年）まで存在した、ソビエト社会主義

1 ロシアの政府と軍のサイバー攻撃への取り組み

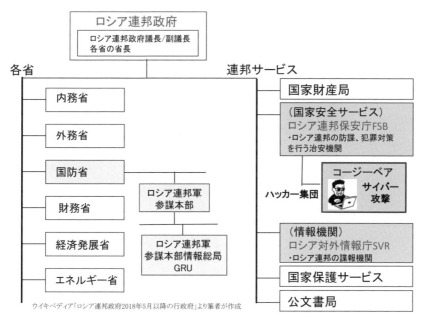

図1（1） ロシア政府のサイバーセキュリティに関連する組織

共和国連邦の情報機関・秘密警察でした。軍の監視や国境警備も担当していました。KGB職員の法律上の地位は、軍人でした。東西冷戦時代には、アメリカの中央情報局CIAと一、二を争う組織と言われていましたが、ソ連崩壊と同時に、共和国間保安庁（現在のロシア連邦保安庁FSB）、中央情報庁（現在のロシア対外情報庁SVR）、連邦国境庁（現在のロシア国境軍）などに、権限を移行しました。

ソ連崩壊後、ロシアのセキュリティ関連の人材の流れについて見てみましょう。KGBの諜報専門家は、上記の政府関係機関への移籍に加え、カスペルスキー氏はセキュリティ専門技術を生かして民間企業（カスペルスキー社）を設立し、セキュリティビジネスを立ち上げました。しかし、残念なことに一部のセキュリティ専門家は、ロシア犯罪組織やハッカー集団へと流れていったと言われています。ロシア犯罪組織やハッカー集団は、裏ビジネスの世界で、企業や個人へのサイバー攻撃で金銭を稼ぎ始めたと言われています。

なお、ウラジーミル・プーチン大統領は、KGB第1総局（対外情報活動）の出身で、1990年10月東西ドイツ統一後に退職し、政治の世界に身を移すことになりました。

第Ⅱ編　米国、ロシア、中国、北朝鮮のサイバー攻撃の現実　これが新常識だ！

　ロシア連邦保安庁 FSB は、前記のソ連 KGB の崩壊以降、組織名を変えながら活動し、FSB としては 1995 年 4 月から活動しています。ロシア連邦の防諜、犯罪対策を行う治安機関です。この組織にはサイバー攻撃に従事するコージーベアと呼ばれるハッカーチームも含まれています。なお、プーチン大統領は、大統領になる前の 1998 年 7 月～ 1999 年 8 月には、連邦保安庁長官を務めていました。

　2018 年 9 月 11 日の RT ニュースによると、ロシア連邦保安庁 FSB が、重要インフラに対するサイバー攻撃の防護・検知・反撃・復旧を担う機能を分離し、新たな機関を立ち上げると報告しています。FSB は、ロシアの全国家機関からサイバー攻撃に関する情報を集めて解析し、攻撃の検知や防止のための手法を開発する予定とのことです。実際、2019 年 6 月 15 日のニューヨーク・タイムズの記事によると、ロシアによる情報操作や選挙への介入に対し、米国がロシアの電力網への攻撃を進展させ、不具合を起こさせるような攻撃ソフトを仕込んでいると伝えています。米国は遅くとも 2012 年からロシアの電力網をハッキングし情報収集を行ってきたとされています。

　なお、ロシア対外情報庁（略称：SVR）は、ロシア連邦の諜報機関です。ソ連時代の KGB で対外諜報を担当していた第一総局の後継機関です。

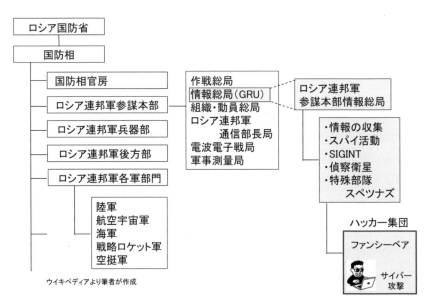

図 1 (2)　ロシア連邦軍参謀本部情報総局 GRU の位置づけ

(2) ロシア連邦軍参謀本部情報総局（略称：GRU）

　ロシア国防省は、ロシア連邦の国防・軍事を統括し、ロシア連邦軍を傘下に収めています。国防相配下の組織を図1（2）に示します。ロシア連邦軍参謀本部に、情報収集のほかスパイ活動や、電子機器を使用した情報収集・分析・報告活動の通信傍受シギントSIGINTを実行するロシア連邦軍参謀本部情報総局（略称：GRU）があります。この組織にはサイバー戦争に従事するファンシーベアと呼ばれるハッカーチームも含まれています。

　欧米列国と同様に、参謀本部の一部署に過ぎませんが、参謀系統を通した情報の収集のほか、スパイ活動、SIGINT、偵察衛星や特殊部隊スペツナズの運用も管轄していて、KGB（現在のFSB/SVRなど）と並ぶ強力な情報機関です。各国のロシア大使館には、GRUの支局が存在していると言われていて、駐在武官もGRUの所属です。

　最近、GRUはいくつかのメディアを騒がせました。米国の連邦捜査局FBIなどは、2016年の米国大統領選挙におけるヒラリー・クリントン陣営に対するサイバー攻撃にGRUが関与していると断定しています。この報告に基づき、オバマ大統領は、2016年12月、駐米ロシア外交官35人を国外追放する措置をとりました。

2　多分、こうだっただろうコバ劇場　ロシア編

　本書では、サイバー攻撃の説明を、筆者の理解と解釈に基づいて分析した内容で記載しています。事実はなかなか明確にはならないので、サイバー攻撃の説明には多分、諸説あると思います。そこで、筆者の解釈に基づく説明であることを明確にするため、「多分、こうだっただろうコバ劇場」という形でまとめています。

2.1　ロシア軍による米国大統領選へのサイバー攻撃

　＜標的型メール攻撃、情報暴露と心理戦争。プーチン大統領指示によるロシア軍ハッカーチームによる米国大統領選へのサイバー攻撃で、世論工作、選挙干渉を実施し、トランプ氏の大統領当選へ影響を与えたと言われています。＞

　2016年米国大統領選挙において、ロシアの一連の世論工作、選挙干渉がありました。共和党のドナルド・トランプ候補（当時）を勝利させるために、ロシア

第Ⅱ編　米国、ロシア、中国、北朝鮮のサイバー攻撃の現実　これが新常識だ！

がサイバー攻撃や交流サイト SNS（Social Networking Service）を使ったプロパガンダの手段を用いて、世論工作、選挙干渉を行ったとされています。トランプ大統領の関与を巡って、2017 年になると、ロシアゲートという表現でも報道されるようになりました。

このサイバー攻撃を実施する要因の一つとして、2011 年のロシア下院選について、当時ヒラリー・クリントン米国務長官が「自由でも公正でもなかった」と批判し、ロシア国内で大規模な抗議デモが起き、プーチン大統領に大きなダメージを与え、恨みを買ったことが、米国大統領選への干渉の背景の一つにあるとの分析もあるようです。

2017 年 1 月に、国家安全保障局 NSA、中央情報局 CIA、連邦捜査局 FBI の米情報機関が、調査報告書を発表しました。この報告書では「米国大統領選へのサイバー攻撃は、プーチン大統領が指示し、民主党候補のヒラリー・クリントン前米国務長官の当選を阻もうとしたため」と結論付けています。米国の国際的な影響力の弱体化と同盟国間の分断も狙っているというものです。ポピュリズム（大衆迎合）指導者の台頭を後押しし、国際的指導力の低下を狙っているとも言われています。

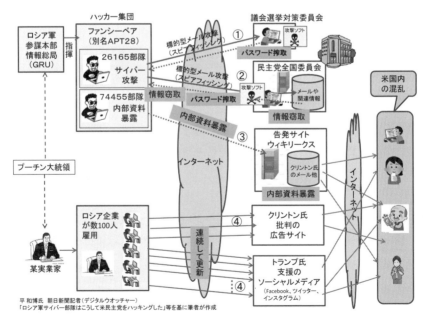

図 2.1（1）　ロシアによる米国大統領選へのサイバー攻撃

また、このサイバー攻撃の攻撃者や攻撃方法の分析についても説明をしていて、起訴状には GRU の 2 つの部隊、「26165 部隊」と「74455 部隊」の隊員が、それぞれ米大統領選に絡むサイバー攻撃と、その後の内部資料暴露による情報戦の実行グループとして名指しされています。つまり、GRU の「26165 部隊」と「74455 部隊」のふたつの部隊こそが、「ファンシーベア（APT28）」だった、ということになりました。

サイバー攻撃の一連の流れと概要について、図 2.1（1）を使用して説明します。

① ファンシーベア「26165 部隊」は、大統領選投票の 7 カ月前、2016 年 4 月 6 日ごろに、まず議会選挙対策委員会に標的型メール攻撃で侵入し、攻撃ソフトを埋め込みました。4 月 12 日ごろに、議会選挙対策委員会のネットワークに再度侵入し、埋め込んだ攻撃ソフトを使って民主党全国委員会のログイン権限を持つ職員からパスワードを入手しました。そこを足場に民主党全国委員会に侵入するという順序でした。

② 次に、標的である民主党全国委員会への標的型メール攻撃を開始しました。5 月 25 日から 6 月 1 日までの間に、職員らのアカウントを利用して数千通にのぼるメールを窃取しました。

③「26165 部隊」が窃取したメールなどの内部資料を、「74455 部隊」がインターネット上の告発サイト「ウィキリークス」で暴露しました。

④ 情報窃取のサイバー攻撃だけでなく、クリントン氏を中傷し、当選させないように、ソーシャルメディアを使った世論工作にも関与したと言われています。

事実と異なる情報を意図的に発信するフェイク（偽）ニュースは、ロシアの情報操作手法として世界に広がっています。相手国の社会に影響を与え、分断し、弱体化させるのに、軍備よりも少ない費用で実行できる有効な手段となっています。2017 年、ドイツやフランスそれぞれの議会選と大統領選では、ロシアの干渉に警戒を強めたと言われています。

図 2.1（2）に米国大統領選へのサイバー攻撃の経緯を時系列に、新聞記事などを基にまとめました。

また、ロシアによる 2016 年以降の主な選挙介入疑惑について、図 2.1（3）にまとめました。

2.2　ロシア軍によるバルト 3 国や CIS 諸国へのサイバー攻撃

＜分散型サービス妨害攻撃。エストニアとジョージアの社会インフラが、サイ

第Ⅱ編 米国、ロシア、中国、北朝鮮のサイバー攻撃の現実 これが新常識だ！

日時	関連事項
2011.12	当時のクリントン米国務長官がロシア下院選を「自由でも公正でもなかった」と批判。プーチン首相が「恨み」
2014年初	ロシア情報機関が米選挙制度や使用技術を調査
2016.3	ロシア軍参謀本部情報総局GRUが米民主党全国委員会にサイバー攻撃を開始
2016.3	ロシア報道機関がトランプ氏を支持する報道を開始
2016.4	民主党全国委員会の職員らにサイバー攻撃
2016.4	不正取得した情報の流出計画の策定開始
2016.6	情報流出用サイトやSNSを用意
2016.6	トランプ陣営がロシア人弁護士などと面会
2016.6	民主党全国委員会がロシア当局からサイバー攻撃を受けたと発表
2016.7	ロシアがクリントン陣営の76のメールアドレスにサイバー攻撃
2016.7	民主党全国委員会幹部のメールが告発サイト「ウィキリークス」に流失
2016.9	20カ国・地域(G20)首脳会議でオバマ大統領がプーチン大統領にサイバー攻撃継続に対して報復を警告
2016.1	米中央情報局(CIA)が米大統領選にロシアが関与と結論付けた
2016.11	米大統領選でトランプ氏が勝利
2017.1	米国家情報機関が大統領選へのサイバー攻撃は「プーチン指示」との報告書を公開
2017.1	トランプ大統領記者会見で「ハッキングはロシアだと思う」と発言
2017.1.20	トランプ氏が第45代大統領に就任
2017.6	プーチン大統領「米国はどこででも他国の選挙戦に介入している」と発言
2017.7	米ロは初の首脳会談で、トランプ大統領が複数回懸念を伝えるが、プーチン大統領は関与を否定
2018.2	米特別検察官、大統領選に介入したロシア個人13人、企業3社を起訴
2018.7	米特別検察官、米大統領選に介入したロシア軍12人を起訴
2018.7	フェイスブック、米中間選挙への介入恐れてロシア関与の疑いのある不正投稿削除
2018.8	国家安全保障を担う政権高官らが11月の米中間選挙にロシアが介入を続けて強い警戒感を表明
2018.8	民主党全国委員会登録の有権者データベースがサイバー攻撃される。ロシア？中国？？？

図 2.1 (2) 米国大統領選へのサイバー攻撃の時系列経緯

項番	時期	攻撃選挙等	概要
1	2016年6月	EU離脱を問う英国民投票	偽ニュースの拡散や資金提供を英政府が調査
2	2016年11月	米大統領選	米当局が関与を断定
3	2017年4～5月	仏大統領選	候補だったマクロン大統領がサイバー攻撃被害を言明
4	2017年9月	独連邦議会選	偽ニュース拡散やサイバー攻撃実施か
5	2018年1月	チェコ大統領選	偽ニュース拡散など親中候補支援か
6	2019年3～4月	ウクライナ大統領選	ウクライナ当局が介入を警告

新聞やメディアより筆者が表作成

図 2.1 (3) ロシアによる主な選挙介入疑惑

バー攻撃によりサービスを停止し、社会混乱を引き起こした。武力戦の前哨戦としてサイバー攻撃が利用されている。>

ロシアにとって、バルト3国（エストニア、ラトビア、リトアニア）、ウクライナやジョージア（旧グルジア）は、欧州や米国との安全保障上の関係からも非常に重要な位置づけの国々のようです。「強いロシア」を維持するためにも、これらの国々をロシアの影響下に置いておくことは、プーチン大統領にとっては大きな関心ごとだと思われます。しかし、これらの国々では反ロシア的な活動が起きていて、ロシアはサイバー攻撃を含めて、軍事圧力を加え続けています。ロシアは、サイバー攻撃やフェイク（偽）ニュースの流布などにより、社会を混乱させるとともに軍事行動を起こすことで、国際紛争を有利に展開しようとしています。

バルト3国とCIS諸国のうち、エストニアとジョージアへのサイバー攻撃について、その動機やサイバー攻撃の概要を説明します。ウクライナに対するロシ

2　多分、こうだっただろうコバ劇場　ロシア編

アのサイバー攻撃については、別章で説明します。
(1)　エストニアへのサイバー攻撃
　バルト三国の一つのエストニアでは、旧ソ連から独立する以前、首都のタリン市中心部に建てられたソビエト兵士の銅像を郊外の軍人墓地に移転したことで、ロシアとエストニアの間の「歴史認識」を巡る対立に発展しました。2007年4月27日深夜、一部のロシア系住民が、移転に対して激しい抗議行動を繰り広げ、これに併せてロシア政府も行動を起こしました。サイバー攻撃の技術を持たないロシア支援の人々（ロシア愛国者）に、ロシアのハッカー集団が、攻撃ツールを配布する行動に出て、分散型サービス妨害攻撃DDoS（Distributed Denial of Service attack）他を実行しました。このサイバー攻撃のピークとなった5月9日は、旧ソ連諸国における対独戦勝記念日でした。裏には、ロシア軍のハッカー集団の支援もあったと言われています。その攻撃は3週間も続き、政府機関、銀行や新聞社等のウエブサイトが停止され、社会混乱が起きました。
(2)　ジョージア（旧グルジア）へのサイバー攻撃
　ジョージアでは、2008年8月、独立を主張した南オセチア紛争でジョージア軍が南オセチアに侵攻しましたが、同州の後ろ盾となっているロシア政府は、同州に増援部隊を派遣しました。ロシア軍は、侵攻戦闘に呼応してジョージアの政府機関やメディアなど多数のコンピュータに、分散型サービス妨害攻撃DDoS他をしかけて、武力戦を有利に進めることになりました。このように、武力戦に先駆けてサイバー攻撃を仕掛けるという2段階の攻撃手法が採用されました。ところが、エストニアの場合と同様に、このサイバー攻撃は、ロシア軍が直接仕掛けたものではなく、素人でもサイバー攻撃ができる攻撃ソフトが提供されたので、愛国心に燃えたロシアの民間のハッカーたちが参加できたと言われています。

　DDoS攻撃について説明します。DDoS攻撃では、ロシア軍のハッカー集団が技術を持たないロシア支援の人々（愛国ハッカー）に攻撃ツールを配布することにより、世界50カ国、約100万台のコンピュータから、DDoS攻撃を仕掛けました。その攻撃により政府機関、銀行や新聞社等のウエブサイトが停止され、携帯電話網も被害を受け、社会混乱が起きました。図2.2（1）に、DDoS攻撃の流れを説明します。
①ロシア軍参謀本部情報総局GRUが、ロシアの愛国者や愛国ハッカーに素人でも使えるDDoS攻撃を仕掛ける攻撃ソフトを提供します。なお、GRUは普段

第Ⅱ編　米国、ロシア、中国、北朝鮮のサイバー攻撃の現実　これが新常識だ！

から標的型攻撃などのサイバー攻撃を実行したとき、攻撃元を逆に遡って追及できなくするための踏み台として利用できるサーバやパソコンなどを、世界中に多数構築しています。このように、世界中のサーバ、パソコンや監視カメラなど多くのコンピュータを乗っ取っておいて、そこにロシアの指令サーバ等からの指示で、自由に操ることができるボットとして指令に従う攻撃ソフトを埋め込んでいます。攻撃ソフトにより世界中のこれらのボットとなったパソコンや監視カメラ等が、標的のサーバへのDDoS攻撃の一翼を担います。

②ロシアの愛国者や愛国ハッカーは、GRUからの攻撃ソフトを利用して、パソコンや監視カメラ等のボットに攻撃を指示します。

③ボット化されたパソコン、スマホや監視カメラ等のIoT機器などは、攻撃ソフトからのDDoS攻撃指示により標的のサーバに対してDDoS攻撃を実施します。金融機関や政府機関などの社会インフラのサーバは、数10カ国、数10万から100万台の規模によるDDoS攻撃を受け、膨大な処理要求を処理する能力がなくなって、サービス継続が不可能となり、社会混乱が引き起こされます。

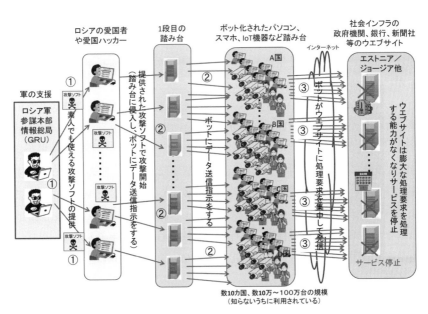

図2.2（1）分散型サービス妨害攻撃 DDoS 攻撃

2.3 ロシア軍によるウクライナへのサイバー攻撃　破壊型ランサムウエア攻撃

＜標的型メール攻撃と破壊型ランサムウエア。ロシアは、2015年12月以降、電力等の社会インフラへのサイバー攻撃を繰り返し実施していました。2017年6月には、破壊型のランサムウエア攻撃により、システム停止やファイル破壊を引き起こし、社会を混乱に陥れました。＞

　ウクライナは、ウクライナ西部と中部では親欧米から反露感情が強いとされ、逆に東部は、ロシアとの交流から、親露感情が強いと言われている国です。2014年のクリミア半島でのクリミア危機では、ロシアは、2014年2月末から、プーチン大統領が指示したロシア軍と確認される武装勢力が、クリミア半島の主導権を徐々に握り始めていました。以降、2015年12月に、ウクライナの電力システムが、さらに2016年12月にも、再び、電力システムが、標的型メール攻撃により攻撃されました。サイバー攻撃の手口は1年で高度化していたと言われています。最も大きな違いは、2016年12月の攻撃で使用された攻撃ソフト「Industryer」や「CRASHOVERRIDE」（セキュリティ分野では、攻撃ソフトに名前を付けるのが一般的です）が、変電所のスイッチや回路遮断機を、直接、制御できたと言われています。2017年6月の空港へのサイバー攻撃や2017年10月の地下鉄の決済システムの停止等、社会インフラへのサイバー攻撃が実施され、ウクライナの社会混乱を引き起こし続けています。「強いロシア」を維持するためにも、ウクライナをロシアの影響下に置いておくことは、プーチン大統領にとって、大きな関心ごとだと思われます。2017年6月に、ウクライナを狙った破壊型ランサムウエア「NotPetya」と呼ばれる攻撃ソフトが、ウクライナだけでなく、世界中に拡散されて猛威を振るいました。

　一般的に、ランサムウエア（Ransomware）とは、攻撃ソフトの一種で、これに感染したコンピュータのファイルを暗号化やアクセス不可能にし、カウントダウンの画面を表示して、「期限内に支払いをしないと復号（暗号化されたものを元に戻す）できなくなります」と脅迫します。このように利用不可能状態や使用上の制限を解除するために、攻撃者は、被害者に身代金（ランサム：Ransom）を支払うよう要求します。このため身代金要求の攻撃、ランサムウエア攻撃と呼ばれます。しかし、ロシアが使用したランサムウエアは、金銭目的ではなく、ターゲットのシステム停止やファイル破壊をしてしまうので、社会インフラに大きな影響を与えることになりました。図2.3（1）に、標的型メール攻撃を使用

第Ⅱ編　米国、ロシア、中国、北朝鮮のサイバー攻撃の現実　これが新常識だ！

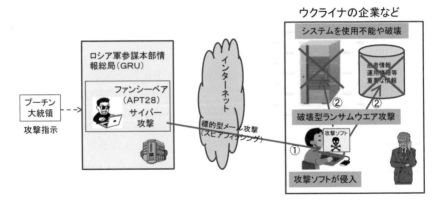

図 2.3（1）　破壊目的のランサムウエア攻撃の流れ

した破壊型ランサムウエアの攻撃の流れを説明します。

①ロシア軍参謀本部情報総局 GRU は、標的の企業や社会インフラ事業者に対して標的型メール攻撃を使用して侵入し、攻撃ソフトを埋め込みます。

②この攻撃ソフトは、破壊型ランサムウエアと呼ばれていて、侵入したシステムやファイルを破壊します。企業や社会インフラなどのシステムが破壊されると、社会混乱を引き起こすことになります。

2.4　ロシア軍によるウクライナへのサイバー攻撃　サプライチェーン攻撃

＜標的型メール攻撃とサプライチェーン攻撃。2017 年 6 月、ソフトウエアの更新プログラムの流通過程で、バックドアによるサプライチェーン攻撃を仕掛けました。確定申告の時期であり、ウクライナ国内の経済活動が混乱しました。また、世界中に広がり、大きな影響を引き起こしました。＞

　標的型メール攻撃で標的の企業を狙うには、一つずつ攻撃するよりも、サプライチェーン攻撃によりソフトウエアの更新プログラムの流通過程で、攻撃ソフトを組み込むことができれば、複数の企業に更新プログラムが配布されるので、攻撃者にとって効率的です。組み込んだ攻撃ソフトに対して、指令を出して企業等から機密情報を窃取していきます。サプライチェーンとは、一般的に、ある製品の原材料が生産されてから、最終消費者に届くまでのプロセスを意味するものです。

　本書では、サプライチェーン攻撃を、図 2.4（1）に示すように分類しています。

　2017 年 6 月、ウクライナのソフトウエア企業である MeDoc（ミードック）が提供する税務会計ソフトの更新プログラムにバックドアが埋め込まれ、多くの企

2　多分、こうだっただろうコバ劇場　ロシア編

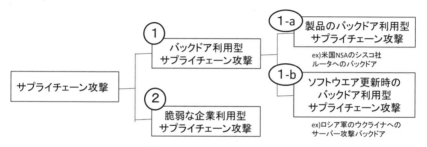

図 2.4（1）　サプライチェーン攻撃の分類

業に攻撃ソフトがばらまかれました。ソフトウエア企業が提供する正規の更新プログラムですので、多くの企業ユーザは、まったく疑うことなくソフトウエアの更新作業を実施しました。ここで埋め込まれたのは、破壊型ランサムウエア「NotPetya」であったと言われています。ロシアのウクライナに対する「政治的な動機」が原因であったと考えられています。悪用されたのは税務会計ソフトであり、攻撃はちょうどウクライナの企業が、確定申告を行う時期に実行されたということです。つまり、ウクライナ国内の経済活動を混乱する目的があったのではないか、と推測できると言われています。

　本章では、ロシア軍が、ウクライナへのサイバー攻撃で使用した、図 2.4（1）1-b のソフトウエア更新時にバックドアを埋め込むサプライチェーン攻撃について、サイバー攻撃の流れの概要を、図 2.4（2）に従って、説明します。
①ロシアのサイバー攻撃者は、標的型メール攻撃でソフトウエアの開発元や配布元のネットワークに侵入します。
②ターゲットとなるソフトウエア製品の開発環境に置かれたソースコードの更新プログラムに、密かにバックドア（攻撃ソフト）を埋め込みます。
③信頼しているソフトウエアベンダから提供された更新プログラムを、ターゲットの企業ユーザが実行すると、攻撃ソフトが利用者のパソコンやサーバに侵入することになります。
④攻撃ソフトは、攻撃者の指示によって、システムやファイルを破壊します。なお、機密情報を窃取し、転送するような攻撃にも利用できます。。

　参考のため、図 2.4（1）1-a のルータ等の通信機器、IT 機器やソフトウエアの開発・製造・流通過程のサプライチェーンでバックドア（攻撃ソフト）を仕込むバックドア利用型サプライチェーン攻撃の例を挙げておきます。ネットワーク

第Ⅱ編　米国、ロシア、中国、北朝鮮のサイバー攻撃の現実　これが新常識だ！

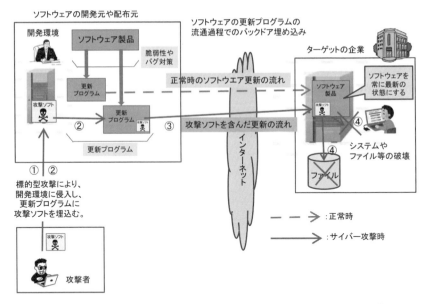

図 2.4（2）　ソフトウエア更新時のバックドア利用サプライチェーン攻撃

日時	サイバー攻撃
2007.1	ウクライナへのサイバー攻撃
2007.4	エストニアへのサイバー攻撃（DDoS攻撃）による攻撃
2008.8	ジョージア（旧グルジア）との紛争でサイバー攻撃（DDoS攻撃や爆弾メール）
2009.1	キルギスへのサイバー攻撃
2014.3	ウクライナの通信事業者Ukrtelecomの通信ネットワーク設備へのサイバー攻撃
2014.5	ウクライナの大統領選前日に中央選挙管理委員会がサイバー攻撃を受ける
2015.12	ウクライナへのサイバー攻撃による停電が発生
2016.12	ウクライナへの2年連続サイバー攻撃による停電が発生
2017.6	ウクライナを狙った破壊型ランサムウェアNotPetyaが猛威を振るう

図 2.4（3）　バルト 3 国や CIS 諸国へのロシア軍関連によるサイバー攻撃

　機器の開発ベンダが、製品の半導体チップなどに攻撃ソフトを埋め込んで出荷するような恐れがあります。ビルメンテナンス会社の従業員が、夜中の警備や清掃のためオフィスに入り、パソコンに悪意のある USB メモリや部品を差し込む恐れがあります。自動車整備業者が、整備中に自動車の制御用コンピュータ ECU に、悪意のある部品を埋め込む恐れがあります。サプライチェーンの中で、悪意のある部品などが組み込まれるような攻撃が出てきています。また、米国 NSA が、シスコ社製のルータへ攻撃ソフトを埋め込んでいたということが、スノーデンの内部告発で明らかにされています。本件については、第Ⅱ編米国編の 2.3（6）情報収集：裏口（バックドア）、を参照して下さい。

図 2.4（3）に、バルト 3 国や CIS 諸国へのロシア軍関連によるサイバー攻撃を、時系列に整理しました。

2.5　ロシア軍による韓国平昌冬季オリンピックへのサイバー攻撃

＜標的型メール攻撃と「Olympic Destroyer」と呼ばれる攻撃ソフト。開会式開始時に攻撃が引き起こされ、対策に長時間かかってしまいました。＞

2018 年 2 月 9 日の平昌オリンピックの開会式の舞台裏で、12 時間に及ぶサイバー攻撃による大混乱が起きていたことを各メディアが詳細報告しています。また、2019 年 6 月の日経新聞では、サイバー攻撃に対する緊急事態対応チームによる事前訓練の重要性が報告されました。

国際オリンピック委員会 IOC（International Olympic Committee）は、ロシアの組織的なドーピング不正で、2017 年 12 月に、ロシア国としての参加はできなく、潔白を証明できる選手について、ロシアの国歌や旗を使わない個人としての参加を認めると発表しました。強いロシアとロシア愛国心を大切にしたいロシア政府（プーチン大統領）は、この IOC の仕打ちに恨みを持って、報復をしたと考えられています。米国大統領選におけるヒラリー・クリントン候補への恨み返し、と言われている大統領選妨害行為に似たようなものと思われます。

図 2.5（1）でサイバー攻撃の流れを説明します。

① プーチン大統領の指示により、開会式のサイバー攻撃発生の 3 か月前から、オリンピック関連でセキュリティ対策の弱い組織のシステムへの侵入が開始され、システム管理関連のアカウントやパスワードが盗まれていたようです。このアカウントやパスワードを利用して、各種システムに侵入しました。米国大統領選でも同じように、標的の組織をサイバー攻撃するために、関連する組織に標的型メール攻撃で侵入し、パスワードや認証情報を窃取したと思われます。第 II 編ロシア編 2.1 ロシア軍による米国大統領選へのサイバー攻撃、を参照して下さい。

② 2018 年 2 月 9 日の開会式開始時間の午後 8 時に、「Olympic Destroyer」と呼ばれる攻撃ソフトによるサイバー攻撃が起動されました。時限爆弾のように、指定時刻にサイバー攻撃を開始するような仕掛けが、組み込まれていたのではないかと思います。

③ 組織委員会の認証サーバなど 33 台、パートナー企業の認証サーバ等 17 台が、破壊されたと言われています。この結果、入出国や交通機関、宿泊施設、選手

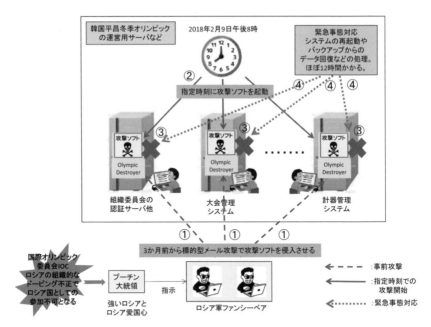

図 2.5（1） ロシア軍による韓国平昌冬季オリンピックへのサイバー攻撃の概要

村の管理、文化行事や食料など、31のサービスを管轄する大会管理システムが停止しました。人材管理や試合日程、ユニフォームの管理、試合情報の分配など計器管理システムも中断しました。また、さらに、300台余りのコンピュータが一時、攻撃者の支配下に置かれたと言われています。ネットテレビや無線LAN、ウエブアクセス、アプリケーション、メールなども使えなくなったと記事では述べています。

④この緊急事態対応には、軍、警察や情報機関などに属するセキュリティ専門家17人が中心になり、民間のセキュリティ会社とも連携して、破壊されたシステムやデータベースの回復対応をしたようです。全システムを再起動できたのは、翌日の午前7時50分頃だったということです。サイバー攻撃の分析が進み、このサイバー攻撃は、ロシアによるウクライナへのサイバー攻撃と同じランサムウエア攻撃ソフト「NotPetya」との類似性が認められたと記載されています。

上述したように筆者が想定するところでは、侵入し、組み込まれた攻撃ソフトは、2018年2月9日午後8時の開会式の時間に起動するように設定されていたのではないかと思います。指定時刻に破壊型のランサムウエアである「NotPetya」が起動して、システムの破壊が開始されたと思われます。「NotPetya」の攻撃の流れについては、第Ⅱ編ロシア編2.3ロシア軍によるウクライナへのサイバー攻撃：破壊型ランサムウエア、を参照して下さい。

　破壊されたシステムを回復するためには、システムの再起動やバックアップからのデータ回復などの処理をしなければいけないため、対策時間がかかることになったと思われます。ランサムウエアに攻撃された被害企業の対応には、かなりの時間がかかってしまうと報告されています。

2.6　ロシアが関与したとみられるサイバー攻撃

　上記以外のサイバー攻撃を、図2.6（1）に入手した範囲でまとめます。

時期	サイバー攻撃
2014.1	ホワイトハウスに侵入され、オバマ大統領の電子メールなどの非公開情報が流失（ハッカー集団コージーベア実行）
2014.8	大手銀行のJPモルガン・チェースなどから8300万件の顧客情報流失
2016.8	米誌ニューヨーク・タイムズなどメディア各社にサイバー攻撃
2016.8	米国家安全保障局（NSA）製とされるサイバー攻撃ソフトが盗まれる
2016.9	世界反ドーピング機関（WADA）から米国選手らの情報流失
2016.11	欧州連合（EU）の欧州委員会のネットワークにサイバー攻撃
2016.11	ドイツテレコムへの攻撃で、90万人規模の市民がインターネット接続を遮断され混乱が広がる
2018.3	米国の送電網等重要インフラ施設をサイバー攻撃の標的にしているとする報告書を米国土安全保障省（DHS）が発表
2018.6	トルコ イスタンブールにあるキリスト教・東方正教会のコンスタンティノープル総主教庁の主教らのメールがハッキングされ、偽メールが大量発信される（ウクライナの正教会独立に反対するため）。なお、2019年1月6日には、コンスタンティノープル総主教庁は、ウクライナの正教会独立を正式に認めた。

図2.6（1）　ロシアが関与したとみられるサイバー攻撃一覧

コラム5　サイバー戦争に関係するプーチン大統領

　ウイキペディア等をもとに、本書の参考になる内容をまとめました。

　プーチン大統領は、1952年10月に当時のレニングラード（現在サンクトペテルブルグ）で誕生しました。14歳の時にKGB支部を訪問し、どうすれば就職できるか尋ねます。自ら志願したものは採用しない、法学部が有利、スポーツの実績も有利と教わります。このアドバイスを忠実に守り、大学4年の時、KGBよりリクルートを受けました。1975年大学卒業後に、KGBに就職し、共産党にも入党しました。

　KGBでは、対諜報活動局に配属され、その後、対外諜報部（1985年～1990年まで）で東ドイツに滞在しました。KGBでの任務は、諜報・防諜・国内治安対策・思想統制など幅広い業務でした。1990年10月の東西ドイツ統一により、KGBを辞職し、レニングラードに戻りました。1991年に共産党が解体し、ソ連崩壊を体験しました。

　大学時代の恩師であるアナトリー・サプチャークがレニングラード市長に当選しますと、サプチャークの下でいくつかの高位を経験しながら、陰の実力者として活躍しました。1996年、サプチャークが市長選で敗れると、第一副市長を辞職します。その後、ロシア大統領府総務局次長に抜擢され、モスクワに異動しました。1998年5月に、ロシア大統領府第一副長官に就任し、同年1998年7月に、KGBの後身であるロシア連邦保安庁FSBの長官に就任しました。1998年7月～1999年8月の間、長官を務め、エリツィン追い落としのクーデターを未然に防ぎました。このためエリツィンの信頼を受け、1999年8月9日に第一副首相に任命され、一週間後に首相に任命されました。第二次チェチェン紛争の制圧に辣腕をふるい、「強いリーダー」のイメージを高め、国民の支持を獲得しました。エリツィンが、健康上の理由で1999年12月31日に引退すると、大統領代行に指名されました。2000年に大統領になると、まず大統領経験者とその一族の制圧を保証する大統領令に署名し、エリツィンに不逮捕・不起訴特権を与えました。2000年の大統領選で過半数を握り、「強いロシア」の再建を目標とします。中央政府の権限を強化し、中央集権化を推進しました。警察・軍出身者を登用して財閥と対決をして、国家財政

と崩壊寸前だったロシア軍を再建しました。2期目（2004年から2008年）の大統領では、経済成長の達成の裏で、その政治手法が強権的・独裁的だとして欧米諸国から強い非難を浴びました。また、プーチン政権を指摘していた人物が次々と不審な死を遂げ、ロシア政府による暗殺説が浮上したことも、欧米諸国にマイナスイメージをもたれる一因となりました。連続3選は憲法で禁止されていたため、メドヴェージェフが後継の大統領になると、プーチン大統領は首相に就任します。2008年から2012年までの首相職でも、事実上、最高権力者として影響力を行使しているとみなされていました。

　2010年12月1日、プーチン大統領は、2011年までにロシア政府が使用するコンピュータのソフトウエアを、Linuxをはじめとしたフリーソフトに置き換えることを命じました。アメリカ企業であるマイクロソフトへの依存からの脱却を目指したものです。

　2011年12月4日投開票の下院選挙で、プーチン大統領率いる統一ロシアの不正を示す動画がユーチューブに投稿され、クリントン米国務長官がロシア下院選を、「自由でも公正でもなかった」と批判したため、大規模なデモが開かれました。しかし、2012年3月4日の大統領選挙で約63%を獲得して当選し、大統領職に再登板しました。そして、2008年の憲法改正により大統領職の任期は6年となっていたため、2018年3月18日の大統領選挙を投票率76%で圧勝して、現在再登板での2期目に入って2024年が任期満了で、現在に至っています。

　プーチン大統領は、引き揚げてくれた恩人（サプチャーク、エリツィン）に対しては、最後まで恩義を感じ面倒を見ています。東西ドイツ統一やソ連崩壊を体験しています。「強いリーダー」となり、「強いロシア」の再建を目指している、愛国者のようです。KGBやFSB長官での経験が生かされているようにも見えます。やられたらやり返す、やられる前にやってやるような性格か、米国大統領選へもヒラリー・クリントン候補への「恨み」返しかと思われます。

<中国編>

1. 中国の政府と軍のサイバー攻撃への取り組み

　中国政府は、中国経済の高度化を目的に産業政策「中国製造2025」などを、積極的に進めています。同様に、中国軍においても、軍の近代化や第5の戦場に向けての対応を積極的に進めています。しかし、世界のトップ国家を短期間で実現するためには、自国だけの技術だけでは困難ですので、他国の先端技術を利用することを政府も軍も考えて、当初、人的スパイ活動を実行していましたが、2000年代初めころからは、サイバー攻撃による先進企業や軍などの機密情報を窃取し、利用することを進めているようです。以降、政府と軍が、どのようなサイバー攻撃を実施してきたかを説明します。

(1) 国家安全部と国家安全局

　2018年12月20日に、米国司法省が、先端技術を盗み出した疑いでハッカー2人の中国人を起訴しました。このハッカーは、中国の国家安全部の天津市国家安

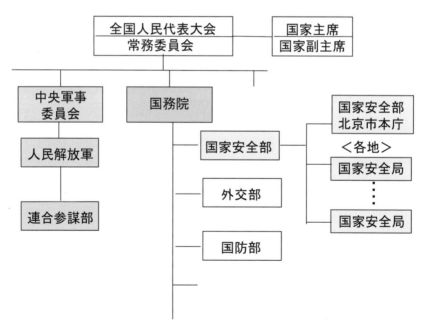

図1（1）　国家安全部と国家安全局の位置づけ

1. 中国の政府と軍のサイバー攻撃への取り組み

全局と関係があるとされています。国務院における国家安全部と国家安全局の位置づけは、図1 (1) に示すようです。

なお、中華人民共和国国務院とは、日本での内閣に相当します。国務院以下の各部は日本の省に相当する中央政府機関です。国務院に国防部が設置されていますが、人民解放軍は、中国共産党の軍事部門であって、中央軍事委員会の下にあり、国務院から独立しているので国防部は直接統帥していません。

(a) 国家安全部

国家安全部は、国務院に所属する政府機関で、中国の情報機関です。北京市東城区東長安街14号に本庁舎を置き、各地に国家安全局を配置しています。同省は、海外での情報収集だけでなく、中国に対する他国のスパイ活動を摘発する役割も担っています。2018年12月10日に、「国家の安全を害した」容疑で2人のカナダ人を拘束したのは、同省の地方下部組織によるものでした。これは、カナダでのファーウエイCFO逮捕に対する報復と考えられています。

なお、国家安全部、各局の主要工作任務には、暗号通信及び管理、国際戦略情報収集、各国政治経済・科学情報収集などがあり、17局に任務されています。

(b) 国家安全局

国家安全局とは、中国政府の情報機関です。2005年2月5日、国家情報工作法が施行され、中国の各情報機関の活動の法的根拠が整備されました。

参考としてサイバー戦争に関係すると思われる最高指導者を図1 (2) に示します。

(2) 人民解放軍連合参謀部

2016年1月11日に、習近平主席は、中国人民解放軍を組織間の情報交換と連携の強化、軍内部の権限を細かく分散させることで、全面的な掌握を進めることなどを目的に、軍改革を実施しました。この習近平指導部が推進する軍改革で、軍の中枢部門を構成する「4総部」は、2016年1月11日までに解体され、その

項番	最高指導者	期間
1	江沢民	1989年11月9日 - 2002年11月15日
2	胡錦濤	2002年11月15日 - 2012年11月15日
3	習近平	2012年11月15日 -

図1 (2) サイバー戦争に関係する最高指導者

第Ⅱ編　米国、ロシア、中国、北朝鮮のサイバー攻撃の現実　これが新常識だ！

機能が 15 の専門部局に分散されました。「4 総部」とは、総参謀部、総政治部、総後勤部、総装備部をさします。新しく設けられたのは、「連合参謀部」「政治工作部」「訓練管理部」「国防動員部」などの部局で、これまで 4 総部の傘下にあっ

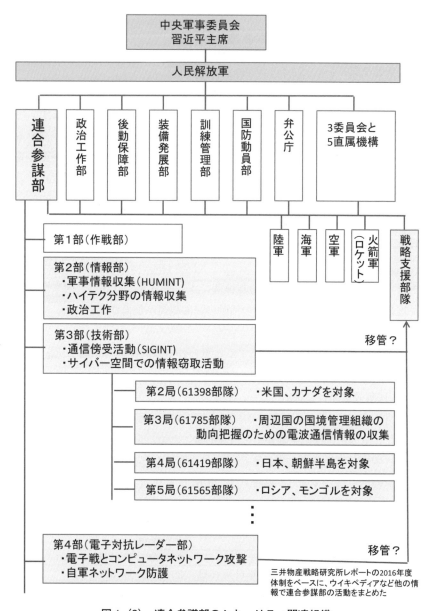

図 1（3）　連合参謀部のセキュリティ関連組織

た部門が独立した形です。

　図1(3)に、連合参謀部の活動をまとめました。この連合参謀部で、サイバー空間での情報活動に関連しているのが第2部、第3部、第4部です。なお、技術偵察部（第3部）、電子部（第4部）は、新設された戦略支援部隊に移管された可能性が高いと思われます。また、情報部（第2部）は、連合参謀部に所属することとなった可能性が高いと思われます。以下、第2部、第3部、第4部の活動内容を説明します。

　連合参謀部第2部（情報部）の主要な任務を上げます。
① 民間のエージェントを用いて、軍事情報の収集をします。人的諜報（スパイ）ヒューミント HUMINT（Human Intelligence）と言われます。具体的には、周辺諸国の軍隊の規模、配置、装備、能力、核攻撃目標に関する情報などがあります。
② ハイテク分野での情報を収集します。米議会のコックス報告書によりますと、1990年代に中国は最先端の熱核兵器技術、水素爆弾の技術、ミサイルの誘導技術を盗んでいたと言われています。中国の目的は、人民解放軍の近代化であり、対象は戦場での通信装備、宇宙兵器、可動式核兵器、攻撃用潜水艦、戦闘機などであったと言われています。
③ 政治工作です。日本でも、2005年春の潜水艦の鋼材に関する論文コピー事件、2006年1月の軍事転用可能な無人ヘリ不正輸出事件、及び2007年4月のイージス艦情報事件などが、中国関係のものであると言われています。

　連合参謀部第3部（技術部）は、米国主体の通信傍受施設エシュロンに相当する通信傍受シギント SIGINT（Signal Intelligence）を、主要任務としています。さらに、第5の戦場であるサイバー空間での情報窃取活動も積極的に進めています。1999年の創設で、13万人規模となり、外国語に精通しているようです。具体的な活動は、それぞれの地域を担当する部隊が実行しているようです。そのうちの米国と日本を対象とする部隊については、次のようです。
① 第2局61398部隊（上海）米国とカナダを担当。政治・経済・軍事情報を収集しています。
② 第4局61419部隊（青島）日本と朝鮮半島を担当。日本語、朝鮮語の使い手を採用していて、政治・経済・軍事情報を収集しています。

連合参謀部第4部(電子対抗レーダー部)は、1990年創設で、中国軍のネットワークの防護と電子戦、コンピュータ・ネットワーク攻撃(乗っ取り、破壊等)が任務です。自軍のネットワークを守る「赤部隊」(中国部隊です)を、敵である「青部隊」が攻撃する演習も実施して、ネットワーク防護力を高めています。さらに、攻撃ソフトを敵のシステムに密かに侵入させておき、戦争開始などのタイミングで攻撃ソフトを起動させて、敵の指揮統制システム、ロジスティックス(兵站)を破壊し、鉄道や軍用の航空管制を混乱に陥れることを狙っていると言うことです。

2 多分、こうだっただろうコバ劇場 中国編

本書では、サイバー攻撃の説明を、筆者の理解と解釈に基づいて分析した内容で記載しています。事実はなかなか明確にはならないので、サイバー攻撃の説明には多分、諸説あると思います。そこで、筆者の解釈に基づく説明であることを明確にするため、「多分、こうだっただろうコバ劇場」という形でまとめています。

2.1 中国軍による米国先進技術情報窃取 軍事・防衛企業への標的型メール攻撃

＜標的型メール攻撃。2006年頃から継続して、中国軍は米国の先進軍事関連企業の機密情報を窃取し、軍備の早期近代化を図っています。＞

米セキュリティ会社マンディアントMandiant社は、2013年2月19日に米国企業および組織を中心に狙った数年間にわたる執拗なサイバー攻撃に、中国人民解放軍第3部第2局61398部隊が関与しているとする、詳細な報告書「APT1: Exposing One of China's Cyber Espionage Units」を発表しました。この報告書により、APT1(Advanced Persistent Threat 1)と呼ばれるサイバー攻撃犯行グループが表面に出ました。この部隊には、数千人の隊員が所属し、上海の浦東新区の12階建てのビルなどを拠点にしています。この報告書は、マンディアント社が、2006年から調査を進めてきたAPT1と呼ぶハッカーグループに関するものです。このグループは、2006年から7年間に渡ってあわせて141社からデータを盗みだしていたと報告されています。このうち115社が、米国企業だったと言われています。そのほか、同報告書の中には、日本国内の企業も1社が被害に

あったと言われています。被害にあった企業名は明かされていませんが、攻撃を受けた社会インフラ企業は、航空、宇宙、情報技術、エネルギー、新聞等メディアまで多岐にわたると言われています。事業計画、技術計画、工業所有権、試験結果、価格関係書類、電子メールや連絡先一覧などの知的財産、機密情報が窃取されたと言います。

　中国軍は、最新兵器などの近代化を急いでいるため、欧米や日本などの先行技術の開発保有各国の航空、宇宙、情報技術、エネルギーなどの兵器開発関連情報を入手し、ただ乗り技術を利用し、コピー的にスピーディな開発に専念していったのではと思います。実際、中国が次々と開発する中国版イージス艦やステルス戦闘機J（殲）20などの最新兵器開発の背後には、61398部隊による米国の軍事産業へのスパイ行為が指摘されています。2013年5月の米ワシントン・ポストは、米政府・軍機関の機密報告を引用する形で、米政府・軍機関や軍事産業が保有するイージス艦搭載型ミサイル防衛システムやV22オスプレイなど24項目の兵器に関する情報が、外部からの侵入に遭っており、大部分が中国の諜報活動だと報じています。米国が英国などと共同開発し、オーストラリアや日本などが導入を計画している最新鋭ステルス戦闘機F35の設計に関する機密情報が、中国のサイバー攻撃で窃取されていたと、2015年1月19日付のシドニー・モーニング・ヘラルド紙が報じました。豪紙によると、窃取は、2007年に発生し、レーダーやエンジンの図式など膨大なデータに上ると報じています。2018年11月の産経新聞では、中国空軍などが主催する「中国国際航空宇宙ショー」が、2018年11月広東省珠海市で開催され、次世代ステルス戦闘機「殲J20」3機によるデモ飛行や開発中の最新鋭ステルス無人偵察・攻撃機「彩虹（CH）7」の実物大モデルが公開されました。殲20は、2016年に開催された前回のショーで初公開されたもので、彩虹7は、中国国有企業の中国航天科技集団が開発していると言われています。尾翼がない翼長22メートルの全翼機の外観は、米ノースロップ・グラマン社の無人艦載機の試作機「X47B」と酷似しており、一部の欧米メディアは、中国のサイバー攻撃などで技術が盗まれた可能性を指摘しています。

　なお、中国外務省は、「非難は全く根拠がない。中国はインターネットの安全問題では被害者だ」と関与を否定しました。むしろ、中国は、米国からサイバー攻撃を頻繁に受けていると反発しています。

　標的型メール攻撃による米国の軍事や航空・造船企業を標的とするサイバー攻

第Ⅱ編　米国、ロシア、中国、北朝鮮のサイバー攻撃の現実　これが新常識だ！

撃の流れについて、図 2.1（1）を使って説明します。

① 人民解放軍第 3 部第 2 局 61398 部隊（APT1 と呼ばれる）が、標的型メール攻撃により標的とする軍事や航空・造船企業等に侵入するためのメールを送信します。メールはファイアウオールに拒否されることなく、標的の企業内のメールサーバに取り込まれます。

② メール受信者は、メールサーバから自分宛のメールを受信します。そして、メールに添付された文書を開きます。攻撃者はメール受信者が、おかしいと思わないような文面とタイトルをつけています。添付の文書を開くことにより、攻撃ソフトがパソコンに取り込まれます。攻撃ソフトは、システム内の情報を窃取する活動を開始します。

③ 攻撃ソフトは、外部の指令攻撃サーバとの秘密の通信路を確立します。攻撃ソフトは、システムからデータベース情報等を収集したら攻撃者に送信します。この情報により、次に実行することが指令されます。外部との通信は、不正な通信と発見されないようにウエブ情報のやり取りで使われる通信プロトコル（http）を使います。

④ 攻撃ソフトに、攻撃者は情報窃取の指示を出します。攻撃ソフトは、標的の

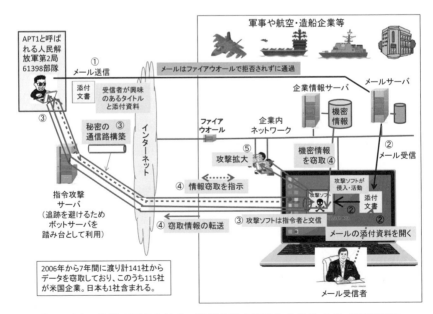

図 2.1（1）　米国の軍事や航空・造船企業を標的とするサイバー攻撃の流れ

データベースから機密情報を窃取します。窃取した機密情報を暗号化して攻撃者に転送します。
⑤攻撃ソフトは、攻撃者の指示に従ってさらに攻撃の基盤を拡大するため、他のパソコンへの侵入を進めていきます。指示を完了したら活動を停止し、次の指示待ちの状態となります。いつでも攻撃の指示者の指令で、次の活動を実施します。何度でも繰り返し情報窃取などの攻撃を繰り返します。

2.2　中国軍・政府による米国先進技術情報窃取　脆弱な企業へのサプライチェーン攻撃

＜標的型メール攻撃とサプライチェーン攻撃。中国軍・政府は、サプライチェーン上のセキュリティ対策が弱い企業を狙い、そこで入手した情報を利用して、堅牢な標的の企業に侵入し、機密情報などを窃取します。＞

サイバー攻撃に対して堅牢な対策をしている企業への標的型メール攻撃は、攻撃者にとって時間や特別な技術などが要求されることになります。そこで、その標的企業が関係しているサプライチェーンの企業群の中で、サイバー攻撃に対し脆弱である企業を狙って侵入します。攻撃手法は、決して新しいものではないのですが、標的型メール攻撃をサプライチェーンに対しての攻撃手法として悪用する攻撃が増える兆しが見られています。

図2.2（1）に従って、脆弱な企業を利用するサプライチェーン攻撃の流れの概要を説明します。
①サイバー攻撃者は、サプライチェーンの脆弱な企業に対して標的型メール攻撃によるサイバー攻撃を仕掛け、その企業に侵入し、攻撃ソフトを埋め込みます。
②標的の企業AAに侵入するのに必要なメールアドレスや連絡・業務のメール文書等及びパスワードや認証情報を窃取します。
③その企業の職員を騙って、ターゲット企業に標的型メール攻撃を仕掛けます。ターゲットの大手企業の受信者は、サプライチェーンの中の企業からのメールであると安心して、添付ファイルを開いてしまいます。情報窃取を行う攻撃ソフトが組み込まれます。
④侵入した攻撃ソフトは、標的の企業AAから機密情報を窃取し、攻撃者に転送します。

このようにしてサプライチェーンの中の脆弱な企業を利用して、サイバー攻撃に抜かりのない企業AAにサイバー攻撃を仕掛けています。

第Ⅱ編　米国、ロシア、中国、北朝鮮のサイバー攻撃の現実　これが新常識だ！

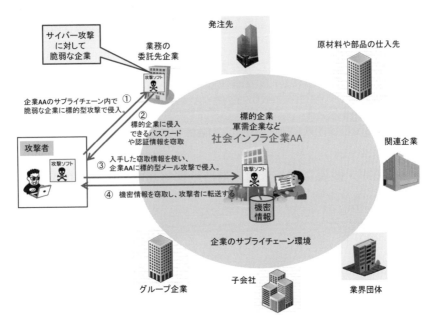

図 2.2（1）　脆弱な企業利用のサプライチェーン攻撃の流れの概要

　たとえば 2011 年、世界最大のアメリカの軍事企業であるロッキード・マーティン社やノースロップ・グラマン社へのサイバー攻撃事件が起き、機密情報が窃取されました。これらの企業は高度なセキュリティ対策を行っていたため、攻撃者たちはまず、セキュリティベンダに侵入し、そこで盗み出したワンタイムパスワードの情報を悪用して、標的とするロッキード・マーティン社などへの侵入を成功させました。

2.3　中国政府による米国先進技術情報窃取　標的型メール攻撃による MSP への攻撃

＜標的型メール攻撃による MSP への攻撃。中国政府は、「中国製造 2025」などの推進実現のため、幅広い業界を対象に、機密情報や先端技術を盗み出しています。＞

　2018 年 12 月 20 日に、米国司法省が先端技術を盗み出した疑いでハッカー 2 人の中国人を起訴しました。米国司法省によると、サイバー攻撃者らが標的にしたのはマネージドサービスプロバイダ MSP（Managed Service Provider）と呼ばれる IT サービスプロバイダでした。MSP とは、コンピュータシステムの機

器などの運用管理を代行する事業者のことで、企業は経費削減や信頼性・セキュリティ強化のために一部の運用管理を、このMSPに依頼するケースが増加しています。MSPは、運用管理のために企業と専用回線やインターネットを介して接続しています。当然、インターネット接続では、セキュリティ対策を強化して接続することになります。MSPとの契約により、セキュリティ対策レベルを保証しているため、大半の企業は安心してMSPから企業内ネットワークへのアクセスを許可している場合が多いようです。1社のMSPが、複数の企業にサービスを提供しているので、MSPへのサイバー攻撃を仕掛けて成功すると、MSPを経由して複数の企業に侵入できることになります。攻撃者もサイバー攻撃の効率を考えていますので、MSPを標的にすることで、攻撃者は多数の企業のシステムに侵入できるようになります。

　MSPが全面に出ていますが、クラウドサービスプロバイダといったITサービスプロバイダも攻撃の対象になっていて、米国US-CERTでは、両方のITサービスプロバイダへの注意喚起を出しています。

　攻撃者は、情報通信、エネルギー、航空、自動車、金融、家電、医療、資源採掘など幅広い業界を対象に、機密情報や先端技術を盗み出していました。米国初め、日本、英国、フランス、ドイツ、インド、アラブ首長国連邦（UAE）など、少なくとも12カ国の企業が被害にあっていました。

　攻撃者の目的は、世界規模で知的財産、機密情報や先端技術を盗み出すことです。中国企業の支援に向けた機密情報の窃取や重要な軍事諜報情報の入手など、中国の世界製造強国の早期実現及び国家安全保障の強化拡大を後押しするためと考えられています。2人のハッカー被告は、中国国家安全部が支援するとされるハッカー集団APT10に所属し、天津市国家安全局に勤めていたということです。中国の習近平指導部が掲げる産業政策「中国製造2025」をスケジュール通りに実行していくことは、中国政府・人民にとって強い動機でもあり、圧迫にもなっていると思われます。なお、2015年5月に発表した「中国製造2025」とは、中国の習近平指導部が掲げる産業政策です。次世代情報技術、新素材や新エネルギー車など10の重点分野と23の品目を設定し、製造業の高度化を目指すもので、世界の製造強国の先頭グループ入りを目指す長期戦略の根幹となるものです。ファーウエイで話題となっている次世代通信規格5Gのカギを握る移動通信システム設備では、2025年に中国市場で80％、世界市場で40％という高い目標を掲げています。中国と技術覇権を争う米国は、中国製造2025の推進実現に警戒を

強めています。2018年に入ってから米中貿易戦争という形で激しく両国は争っている状況です。

図2.3（1）を使用してMSPとクラウドサービスプロバイダへのサイバー攻撃の流れを説明します。
① 企業は、自社でのシステム運用やセキュリティ対策を信頼性確保や経費面なども考慮して、MSPとクラウドサービスプロバイダ等のITサービスプロバイダにアウトソーシングします。
・MSPの場合は、重要な情報や機密情報は、自社の企業システムで保持するのが一般的です。
・クラウドサービスプロバイダの場合は、自社ビル内は、パソコン主体のシステムとなります。情報を持つサーバは、アウトソーシングしています。
② サイバー攻撃者は、攻撃の効率性も考慮して、侵入できれば複数の企業への攻撃が可能になるITサービスプロバイダに標的型メール攻撃を仕掛け、侵入し、攻撃ソフトを組み込みます。

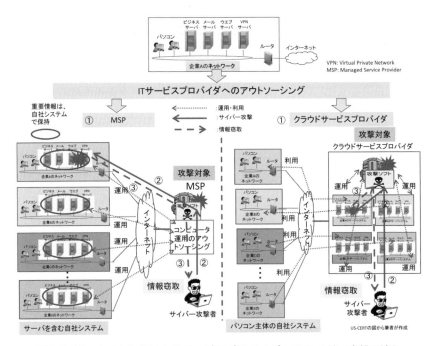

図2.3（1） MSPとクラウドサービスプロバイダへのサイバー攻撃の流れ

③攻撃者は、その侵入した攻撃ソフトを遠隔から指示します。
・MSP の場合は、IT サービスプロバイダ経由で、標的の企業のシステムに不正に侵入します。企業内のシステムに必要に応じて、IT サービスプロバイダを偽装して標的型メール攻撃を仕掛け、脆弱性対策がされていないシステムに対しては、その脆弱性を狙うなどして、同様に情報窃取をする攻撃ソフトを埋め込みます。最終的には、社内の企業システムに保管されている重要情報や機密情報を窃取し、攻撃者に転送します。攻撃者は、情報通信、エネルギー、航空、自動車、金融、家電、医療、資源採掘など幅広い業界を対象に、機密情報や先端技術を盗み出していました。
・クラウドサービスプロバイダの場合は、標的のシステムから情報を窃取し、保管されている重要情報や機密情報を窃取し、攻撃者に転送します。

2.4 中国による東京オリンピック・パラリンピックへのサイバー攻撃の兆候

＜メールの文章内のウエブページのリンク先をクリックすることにより、攻撃コードがパソコンに侵入され、パソコンは攻撃者に自由に操られるボットにされてしまいます。＞

　ニューズウイーク日本版 2018 年 11 月 27 日号「東京五輪を襲う中国ダークウエブ」特集の記事「五輪を襲う中国からのサイバー攻撃は、既に始まっている」では、中国による東京オリンピック・パラリンピックへのサイバー攻撃についての兆候について説明しています。

　ダークウエブと呼ばれる、特定のソフトを使用しないと、たどり着けないウエブサイが、インターネット（サイバー空間）上には存在しています。ダークウエブでは、高度な暗号化による匿名性が確保され、違法な取引やサイバー攻撃の情報交換などに、利用されていると言われています。2018 年初め、このダークウエブのコミュニティで、「東京オリンピックに絡んだサイバー攻撃」の兆候が確認されていたと、記事では説明しています。オリンピックやワールドカップなどのサイバー攻撃の準備は、2 年前から開始されると言われています。

　中国政府の最終的な目的は、金銭や社会インフラの破壊ではなく、日本の評判にダメージを与えることに絞られていると言うことです。2008 年の北京オリンピックよりも、東京オリンピックが高評価を受けることは望んでいないでしょう。サイバー攻撃で、大混乱を引き起こしたら、オリンピック後に、海外の企業から

第Ⅱ編　米国、ロシア、中国、北朝鮮のサイバー攻撃の現実　これが新常識だ！

日本はサイバーセキュリティに弱い国であるとして、日本への投資や進出を躊躇するようなことにもなるでしょう。また、中国には、愛国ハッカーが存在しています。海外で、中国が不当に扱われていると怒っている愛国ハッカーが、政府のサイバー攻撃に合わせて、愛国心から日本を攻撃してくることも考えられます。記事では、中国軍のサイバー兵士が7万人ほどで、民間の愛国ハッカーたちは15万人ほどいるというので、大規模化の恐れがあります。

　記事を分析すると、東京オリンピック・パラリンピックを狙ったサイバー攻撃の工作が2年ほど前に開始され、2018年夏ごろ、本格的なサイバー攻撃が始まりました。図2.4（1）に示しますように、メールの文章内のリンク先をクリックすると、パソコンが乗っ取られるサイバー攻撃が行われているとの説明があります。特定の人を狙っているのではなく、不特定の人がターゲットとなっています。

①17万4000人のうち、9258人がクリックをしてしまい、サイバー攻撃の餌食になっています。さらに10日後にも、46万人のうち、3万人以上がクリックしてしまったと言います。

②このサイバー攻撃の餌食になると、パソコンは攻撃者に自由に操られるボットにされてしまいます。これらのサイバー攻撃は、中国政府系のハッカーによる

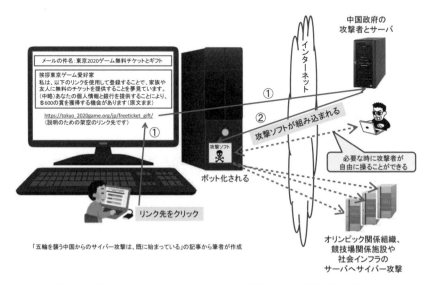

図2.4（1）　リンク先をクリックして攻撃ソフトが組み込まれる

大規模サイバー攻撃準備のキャンペーンであったと説明しています。キャンペーンとは、軍事用語で、連続的な戦闘・攻撃という意味です。

キャンペーンについては、第Ⅱ編中国編のコラム6 中国サイバー攻撃チームのキャンペーン活動、を参照して下さい。

中国政府は、上記を含む5つの攻撃キャンペーンを開始し、個人や企業などのターゲット毎に、各種のサイバー攻撃を進めています。大会開始前までには、どれだけ攻撃者に自由に操られるボットが、準備されることでしょうか。このボットから、さらにオリンピック関係組織や、鉄道・航空・船舶・電車・バス・信号などの運輸インフラ、電力、通信、金融のインフラに加え、競技場関係施設へのサイバー攻撃を仕掛け始めているのではないかと思われます。

オリンピック組織関連や社会インフラの各種サーバへのランサムウエア攻撃による、サーバ停止・破壊の攻撃が考えられます。サイバー攻撃の影響効果を狙って、実際の攻撃発症は、2020年7月24日20：00にあわせていることも考えられます。第Ⅱ編ロシア編2.5 ロシア軍による韓国平昌冬季オリンピックへのサイバー攻撃、を参照して下さい。

競技場関係施設について、いろいろな攻撃が想定できます。照明や冷房を含む電力障害（例えば、開会式での照明停止による大混乱）、スマホや海外記者向け通信環境の利用不可、電気や水道停止によるトイレ等施設の利用不可、競技計測等のIoT機器への攻撃によるタイマー値の改ざんや競技結果の不正表示などが、考えられます。ひょっとすると、施設の建設段階で、攻撃機器が施設に埋め込まれている可能性も考えられます。組み込みに成功していると、無線や特別の信号で、サイバー攻撃の起動を開始することも可能となってしまうでしょう。

2.5 中国の政府と軍による日本へのサイバー攻撃

2011年9月に、三菱重工業の神戸造船所、長崎造船所等計11ヶ所で、サーバ45台、パソコン38台へのサイバー攻撃で、防衛装備品や原発の情報を窃取されたと言われています。さらに、2011年7月衆議院、8月参議院のサーバに対するサイバー攻撃、2015年6月の日本年金機構から125万人の年金情報流出は、中国人民解放軍第3部第4局61419部隊（図1（3）連合参謀部のセキュリティ関連組織を参照）によるものとみなされています。図2.5（1）に、中国の政府と軍による日本へのサイバー攻撃の一覧を入手範囲でまとめました。

攻撃手段	日時	攻撃を受けた組織・企業	追加説明
標的型メール攻撃	2011年7月衆議院2011年8月参議院	衆議院、参議院へのサーバに対するサイバー攻撃	中国の愛国ハッカーの人物特定。
標的型メール攻撃	2011年9月	三菱重工業の神戸造船所、長崎造船所等計11ヶ所で、サーバ45台、パソコン38台へのサイバー攻撃で防衛装備品や原発の情報を窃取された。	IHI、川崎重工、三菱電機も同様の攻撃があったと報道される。
標的型メール攻撃	2015年5月	日本年金機構で年金管理システムに保管されていた125万人分の個人情報が漏洩した。	2015年5月、不審なメールを受信した職員が開封や添付ファイルのダウンロードを行う事で、端末がウイルスに感染してしまった。
標的型メール攻撃	2016年3月	旅行商品をインターネットで販売するJTB子会社がパソコンとサーバが標的型ウイルスに感染した。	当該メールアドレスは「ごくごく普通のありがちな日本人の苗字＠実在する国内航空会社のドメイン」であり、添付されていたpdfファイルは北京行のEチケットであったため、それがウイルスメールだとは最後まで気づくことが無かったという。
標的型メール攻撃	2016年11月	経団連に不正アクセス	中国政府とつながりがあるとされるハッカー集団APT10が関与した疑いがあるという。

図2.5（1） 中国による日本へのサイバー攻撃一覧

2.6 中国の愛国ハッカーによる日本へのサイバー攻撃

図2.6（1）での2010年9月及び2011年9月、中国紅客連盟による日本に対するサイバー攻撃（DDoS攻撃、ウエブサイト改ざん、不正侵入等）は、2010年9月7日尖閣諸島沖での中国船長の逮捕により反日感情と愛国心が高まり、日本にとっては満州事変が勃発した日ですが、中国では旧日本軍から侵攻を許してしまったため「国恥の日」とされる9月18日が、最終的な攻撃日となりました。攻撃賛同者の多くは、20才前後の若者と見られますが、その年代は、日本に対する偏った認識と、偏重した愛国心を持っているとされています。

政府も、この愛国集団によるサイバー攻撃を黙認したようで、しかも、水面下で取引もしているとも言われていました。愛国ハッカーが、罪のない市民・企業・インフラ・国家に軍事領域の境界や制限を加えず、あらゆる可能な手段をとる戦争を仕掛けているようなものです。

攻撃手段	日時	攻撃を受けた組織・企業	追加説明
DDoS攻撃、ウエブサイト改ざん、不正侵入等	2010年9月及び2011年9月	日本の多数の企業や組織	中国紅客連盟による日本に対するサイバー攻撃。2010年9月7日尖閣諸島沖での中国船長の逮捕により反日感情と愛国心が高まり、日本にとっては満州事変が勃発した日であるが、中国では旧日本軍から侵攻を許してしまったため「国恥の日」とされる9月18日が、最終的な攻撃日となりました。
標的型メール攻撃	2011年7月衆議院2011年8月参議院	衆議院、参議院へのサーバに対するサイバー攻撃	中国の愛国ハッカーの人物特定。

図2.6（1） 愛国ハッカーによる日本へのサイバー攻撃

なお、2011年7月衆議院、8月参議院のサーバに対するサイバー攻撃は、愛国ハッカーによるものと言われています。

　なお、中国紅客連盟とは、創設者－林勇（通称 Lion）により2000年12月31日に設立され、愛国心を前面に出し、各国にサイバー攻撃を仕掛けていたと言われています。しかし、2004年12月に解散し、2005年には別の者たちが後継目的で同盟組織を乱立させたようですが、愛国心を前面に出しながらも、経済的利益も追及するような集団となっていったようです。

　参考ですが、ロシアの愛国者によるエストニアへのサイバー攻撃とも似ています。

コラム6　中国サイバー攻撃チームのキャンペーン活動

　中国の組織的なサイバー攻撃チームの活動について、図6（1）を使って説明します。

　国家レベルの攻撃者は、どのようにしてサイバー攻撃を実施しているのでしょうか。一人でサイバー攻撃をしているとは思えません。攻撃者側は、攻撃ソフト開発チーム、企業情報収集チームや攻撃者チームのようなチームを組んでいると思われます。例えば、攻撃ソフト開発チームは、IT技術をフル活用して攻撃ソフトを開発したり、他国のものを流用したりして、サイバー攻撃手段を確保しているでしょう。

　国家レベルの活動ですので、サイバー攻撃者のチームや部隊には、専任の司令官などサイバー攻撃を、戦略的に検討する専門家がいると思われます。その目的を実現するためにサイバー攻撃チームや部隊に指示をします。ターゲットは、敵対する国や軍に加え、敵対国の社会インフラ事業者や先進技術を持つ企業・大学や研究所もサイバー攻撃の対象になります。例えば、先進技術を窃取するような場合では、企業情報収集チームが攻撃の対象である業

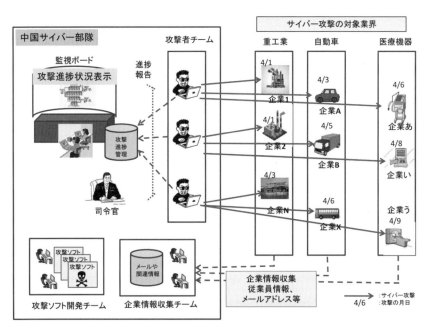

図6（1）　サイバー攻撃のキャンペーン活動のイメージ

界とその企業情報を収集します。業界も一つの業界だけでなく、複数の業界を攻撃対象にするケースが多いようです。せっかくサイバー攻撃をするならまとめて実行しようとの考え方でしょう。サイバー攻撃チームは、自分の割り当て分の業界、企業に対して、標的型メール攻撃を仕掛けます。もちろん情報収集チームが収集してきた企業の社

員のメールアドレス、関心のあるデータ等を利用しています。勤務時間が過ぎると残業もあまりすることがなく、残りは翌日に実施します。

　攻撃されるほうから眺めてみますと、同じ業界の複数の企業が連続してサイバー攻撃を受けているように見えます。このような一連のサイバー攻撃の流れは、キャンペーンと呼ばれています。キャンペーンとは、連続的な戦闘・攻撃という意味です。

<北朝鮮編>

1　北朝鮮の政府と軍のサイバー攻撃への取り組み

　2019年8月になっても、北朝鮮は短距離ミサイルの実験を重ね、複雑な軌道をとることにより、防護を困難にする実験を繰り返しています。1台で数億円と言われていますが、この費用はどこからひねり出しているのでしょうか。北朝鮮の名目GDPは100位以下（日本の県レベル）であるにもかかわらず、北朝鮮は、武器売却や、金銭目的のサイバー攻撃等で資金獲得して、核やミサイル開発に資金を流していると言われています。サイバー攻撃による外貨獲得は、ますます重要な資金獲得手段になってきています。なお、名目GDPの一覧は、第Ⅱ編ロシア編の1章を参照してください。

　金日成（1948年8月15日－1994年7月8日）、金正日（1994年7月8日－2011年12月17日）、金正恩（2011年12月17日－）という3代世襲の最高指導者への個人崇拝と絶対服従が、北朝鮮の政治体制の基礎となっています。一貫して国家、党、軍の最高の職位を兼職し、事実上の個人独裁体制を敷いてきました。

　本書では、北朝鮮の政府と軍を一体と考えて、軍を中心にサイバー攻撃についての説明をします。特に、現在の金正恩最高指導者が、核やミサイル開発のために、世界からの規制にもかかわらず、開発費をサイバー攻撃で獲得していると思われる状況について説明します。

（1）　人民武力省偵察総局 サイバー戦指導部

　北朝鮮の人民武力省偵察総局配下のサイバー戦指導部の体制は、目的ごとに大きく4つの部隊に、図1（1）に示すように整理できます。それぞれの概要を以下に説明します。

　121部隊は、金正日最高指導者が1998年設立した電力・通信・航空等の社会インフラへのサイバー攻撃やEMP攻撃（ElectroMagnetic Pulse：電磁パルス）による社会インフラの機能不全を実行する部隊です。最近、金正恩最高指導者の核兵器の活用の一例として、高空で核爆発をさせ、発生する強烈な電磁波により、社会インフラを機能不全にする電磁パルス攻撃の可能性に言及しています。

　EMP攻撃は、高度約30km以上の高さで核爆発を起こし、広範囲に強烈な電磁波を拡散させて、大量の電流を電子回路に瞬時に流し込むことにより、コンピュータや制御機器を破壊して、電力や通信を機能不全にします。電力と通信に

1　北朝鮮の政府と軍のサイバー攻撃への取り組み

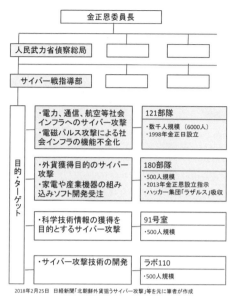

図1（1）　北朝鮮のサイバー部隊の体制

依存する鉄道・航空・道路交通・医療・水道・放送などの社会インフラがまひし、深刻な社会・経済的な被害・混乱がもたらされると言われます。実際に、1962年の北太平洋上空400km での米軍の核実験の影響で、1400km 離れたハワイが大停電を起こしたと言われています。日本上空100km で核爆発が発生した場合、日本全土に渡って電磁パルスの影響が起き、社会的混乱が起きてしまうことになります。図1（2）を参照して下さい。

　軍隊の防衛整備品や通信システムでは、電磁パルス攻撃対策を講じ、非常事態でも機能するよう、機材や電子回路を金属シェルターなどで覆っていると言います。しかし、電磁パルス攻撃に対する民間の社会インフラ対策は、不十分とされています。電磁パルス攻撃のリスクを知り、社会インフラ企業などの施設が破壊された場合、社会的混乱を最小限に抑えるよう、速やかに復旧する態勢を整えることが望まれています。

　180部隊は、金正恩最高指導者が、2013年に設立指示をした核兵器開発や長距離ミサイル配備を促進するために、必要な外貨獲得目的のサイバー攻撃を実行する部隊です。経済制裁で外貨不足のために、次のような外貨獲得目的のサイバー

第Ⅱ編　米国、ロシア、中国、北朝鮮のサイバー攻撃の現実　これが新常識だ！

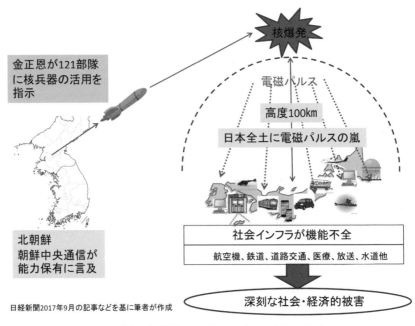

図1（2）　北朝鮮による電磁パルス攻撃の脅威

攻撃やプログラム開発受託等を実行して、外貨を稼いでいると言われています。
①ハッカー集団ラザルス（Lazarus）が、各国の国際銀行間通信協会（スイフト：SWIFT）の送金システムを狙ってサイバー攻撃による外貨獲得を実行しています。
②2017年5月ハッカー集団ラザルスが実行したと米国が断定しているランサムウエア（身代金目的のサイバー攻撃ソフト）による外貨獲得を実行しています。
③日本や韓国の仮想通貨交換取引所・会社を狙ったサイバー攻撃による外貨獲得も実行しています。
④「ビジネス電子メール詐欺」や「外国送金詐欺」などとも呼ばれているビジネスメール詐欺 BEC（Business E-mail Compromise）によるサイバー攻撃による外貨の獲得です。FBI（Federal Bureau of Investigation）によると、2016年6月14日までに被害件数は22,143件、被害総額は約31億ドルへと増加したと言われています。
⑤家電や産業機器の組み込みソフトウエアの開発を、中国や日本で第三者を装って低価格で受注し、外貨を獲得しています。日本企業は、北朝鮮の部隊が裏に

項番	最高指導者	期間
1	金正日	1994年7月8日 − 2011年12月17日
2	金正恩	2011年12月17日 −

図1（3）　サイバー戦争に関係する最高指導者

いることに気づかないまま、発注してしまっていると言われています。遠隔操作するための攻撃ソフトであるバックドア（裏口）を仕掛けている可能性が高いということです。有事などの際に、機器を不正に操作して社会を混乱に陥れようとする可能性は否定できないという恐れがあります。
91号室は、科学技術情報の獲得を目的としたサイバー攻撃をする組織です。
ラボ110は、サイバー攻撃技術の開発を進める組織です。
参考に、サイバー戦争に関係する最高指導者は、図1（3）のようです。

2.　多分、こうだっただろうコバ劇場　北朝鮮編

　本書では、サイバー攻撃の説明を、筆者の理解と解釈に基づいて分析した内容で記載しています。事実はなかなか明確にはならないので、サイバー攻撃の説明には多分、諸説あると思います。そこで、筆者の解釈に基づく説明であることを明確にするため、「多分、こうだっただろうコバ劇場」という形でまとめています。

　まず、北朝鮮が外貨獲得のために世界中に数多くのサイバー攻撃を仕掛けているかを見てみましょう。メディアで報告されているSWIFT送金システムや仮想通貨取引所を狙ったサイバー攻撃と金銭目的のランサムウエア攻撃等について、時系列に図2（1）に列挙します。これらはすべて、金正恩最高指導者（2011年12月17日−）時代のものです。

2.1　外貨獲得目的のバングラデシュ銀行へのサイバー攻撃

＜標的型メール攻撃。核開発等の外貨獲得のため、北朝鮮のハッカーチームが、各国のSWIFT送金アプリケーションをターゲットに、サイバー攻撃を仕掛けています。バングラデシュ銀行は、8,100万ドルが盗まれました。＞
　2016年2月、バングラデシュ銀行のSWIFT送金アプリケーションが、北朝

鮮のサイバー攻撃により、8,100万ドルが盗まれました。このサイバー攻撃は、北朝鮮の180部隊のハッカーチームのラザルスにより攻撃されたと断定されています。

「通貨の番人　ハッカーに屈す～電子の海に消えた8,100万ドル～」からの情報で、サイバー攻撃の流れを、図2.1（1）に従って説明します。

① 北朝鮮の180部隊は、標的型メール攻撃によりバングラデシュ銀行の送金担当者のパソコンに侵入し、送金用のパスワードを窃取したと思われます。また、SWIFTへの送金アプリケーションに攻撃ソフトを侵入させます。攻撃の時期についても綿密に検討をしていたようです。

② 2016年2月4日の夜中に、SWIFTへの送金アプリケーションを使用して、合計35件の送金処理を実行します。SWIFTは、特に、送金のメッセージについては、チェックをしていないようです。

③ NY連邦準備銀行は、送金メッセージについて、法人か個人か（個人はNG）、米国の規制国の名前が入っていないかのチェックをし、31件についてはブロックしています。

④ 多分この時、バングラデシュ銀行にも拒否のメッセージが送られたと思いますが、攻撃ソフトが、このメッセージのプリンタ出力を不可にして、印刷されなくしていました。2月5日は、バングラデシュは休日で、NY連邦準備銀行からの電話などによる連絡もできなかったということです。

発生日	識別	サイバー攻撃と攻撃された企業等
2013.10.	B	ビジネスメール詐欺が増加し始める。継続発生中。
2015.7	S	インドの銀行
2015.10.	S	フィリピンの銀行
2015.12	S	ベトナムの銀行（攻撃ソフトは日本の三菱UFJやみずほ銀行も標的としていた）
2016.2	S	バングラデシュの中央銀行
2016.5	S	エクアドルの銀行
2016.7	S	ウクライナの銀行
2016.12	S	トルコの銀行
2017.1	S	インドの中央銀行国営銀行3行
2017.5	R	世界150カ国への大規模サイバー攻撃ランサムウェアでの金銭要求（以降各国でサイバー攻撃が継続発生。例えば、データの暗号解除に300ドル要求。）
2017.5-7	V	韓国の3つの仮想通貨取引所
2017.10.	S	台湾の銀行
2017.10.	S	ネパールの複数の銀行
2017.12	S	ロシアの銀行
2018.1	V	日本のコインテックから580億円分の仮想通貨「NEM」が流失
2018.2	S	ロシアの銀行
2018.2	S	インドの銀行
2018.2	S	マレーシアの銀行
2018.2	S	チリの銀行

SWIFT送金システム：S、仮想通貨取引所：V、ランサムウェア：R、ビジネスメール詐欺：B

図2（1）　外貨獲得目的のサイバー攻撃一覧

2. 多分、こうだっただろうコバ劇場　北朝鮮編

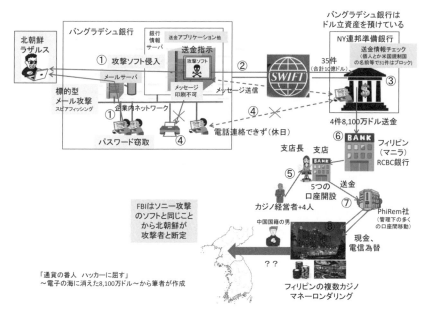

図 2.1（1）　北朝鮮によるバングラデシュ銀行へのサイバー攻撃

⑤フィリピンでは、カジノの経営者を含む5名分の口座を、フィリピンマニラのRCBC銀行の支店に開設しています。

⑥4件8,100万ドル分が、フィリピンマニラのRCBC銀行に送金されてしまいました。

⑦この5件の口座開設と口座からのPhiRem社（管理下の多くの口座間で金銭を移動する）への送金は、支店長が実施したとみなされ、この支店長に対する訴訟が持ち上がっていると言います。

⑧最終的には複数のフィリピンのカジノでマネーロンダリングされ、中国国籍の男性が北朝鮮に持ち去ったと言われています。フィリピンからの無断出国は、簡単だということです。

2.2　外貨獲得目的の金銭要求型サイバー攻撃

＜標的型メール攻撃と金銭要求型ランサムウエア攻撃。核兵器開発や長距離ミサイル配備を促進するために北朝鮮の外貨獲得の手段になっています。＞

2017年以降、世界150カ国への大規模ランサムウエア攻撃での金銭要求が、継続発生しました。例えば、データの暗号解除に300ドルを要求します。このサ

第Ⅱ編　米国、ロシア、中国、北朝鮮のサイバー攻撃の現実　これが新常識だ！

イバー攻撃は、金正恩最高指導者が2013年に設立指示をした180部隊のハッカーチームのラザルスにより攻撃されたと断定されています。なお、金銭目的のサイバー攻撃は、犯罪グループなどが実施しているものも多くあり、サイバー犯罪は金になるビジネスだということが認知されることになりました。

ランサムウエア（Ransomware）とは、攻撃ソフトの一種で、これに感染したコンピュータにあるファイルを暗号化し、アクセスを不可能にしたり、制限したりしておき、カウントダウンの画面を表示して、「期限内に支払いをしないと復号（暗号化されたものを元に戻す）できなくなります」と脅迫します。このように利用不可能状態や使用上の制限を解除するためには、攻撃者に被害者が身代金（ランサム：Ransom）を支払うよう要求します。このため身代金要求の攻撃、ランサムウエア攻撃と呼ばれるようになりました。

金銭目的のランサムウエアによるサイバー攻撃の流れを、図2.2（1）で説明

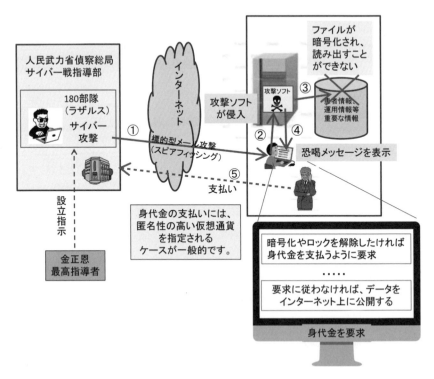

図2.2（1）　金銭目的のランサムウエアによるサイバー攻撃

します。
① 標的の企業や個人に標的型メールを送りつけます。
② このメールを開くと攻撃ソフトが侵入します。
③ 攻撃ソフトは、次にファイルを暗号化、またはロックして、コンピュータを実質的に使用不能にします。
④ その後、脅迫のメッセージを表示します。身代金の支払いには、匿名性の高い仮想通貨を指定されるケースが一般的です。
⑤ 被害の影響から身代金を支払う場合もあるようです。

　個人ユーザの被害に加え、企業や組織における被害報道も増えています。特に、手術を実施しなければ人命にかかわるような病院関係への攻撃が増加しています。最近は、工場での製造ラインが停止し、製造が止まってしまう影響が生じる、制御システムを狙った攻撃も増えてきています。身代金の要求額は、数百ドルから数百万ドルと、標的によって大きく変動します。金銭的損失とビジネスのダウンタイムという複合的な被害をもたらすランサムウエアへの懸念は、個人や企業、官公庁の間に大きく広がっています。

　また、身代金を支払い、データを復旧できたとしても、適切な再発防止策を講じなければ、再び同じグループや別のグループによるランサムウエア攻撃を受け、身代金を再度、支払う羽目になります。

2.3　外貨獲得目的のビジネスメール詐欺サイバー攻撃

＜標的型メール攻撃とビジネスメール攻撃。経営者と従業員のメールのやり取りに侵入し、巧妙な騙しの手口を駆使して、金銭を振り込ませるなどして、外貨を獲得しています。＞

　ビジネスメール詐欺 BEC（Business E-mail Compromise）は、巧妙な騙しの手口を駆使し、偽の電子メールを組織・企業に送り付け、従業員を騙して送金取引に係る資金を詐取するサイバー攻撃です。詐欺行為の準備として、企業内の経営者や従業員などの情報が狙われ、情報を窃取する攻撃ソフトが、経営者や従業員のパソコンに侵入させられ、送金取引関連の情報が窃取されます。被害のほとんどが、海外の攻撃者による英語でのビジネスメール詐欺であることから、海外の攻撃者によるものと考えられています。日本では、情報処理推進機構 IPA に、ビジネスメール詐欺 BEC を目的とした標的型メールが、2015 年初めころから報告されているようです。BEC は、「ビジネスメール詐欺」以外にも、「ビジネス

電子メール詐欺」や「外国送金詐欺」などとも呼ばれていますが、本書ではビジネスメール詐欺と呼ぶことにします。

FBIやIPAでは、ビジネスメール詐欺の手口を、次の5タイプに分類しています。

タイプ1：取引先との請求書の偽装
タイプ2：経営者等へのなりすまし
タイプ3：窃取メールアカウントの悪用
タイプ4：社外の権威ある第三者へのなりすまし
タイプ5：詐欺の準備行為と思われる情報の詐取

2016年6月の米国連邦捜査局FBI（Federal Bureau of Investigation）によると、2013年10月から2016年5月までに、米国インターネット犯罪苦情センターIC3（Internet Crime Complaint Center）に報告されたビジネスメール詐欺の被害件数は、15,668件、被害総額は約11億ドルにのぼっています。その直後、2016年6月14日までに被害件数は22,143件、被害総額は約31億ドルへと増加しました。1件あたりの平均被害額は、約14万ドル（日本円では約1,600万円程度）にもなり、非常に大きな被害をもたらす脅威となっています。

米国をはじめ、かなりの金額がビジネスメール詐欺で搾取されているので、大きな組織によるものではないかと思います。ロシアやブラジルなどの金銭目的の犯罪組織だけではなく、外貨をどうしても確保しなければならない北朝鮮の人民武力省偵察局の180部隊が、組織的に実行しているのではないかと考えられます。

2016年6月の米国連邦捜査局FBIの注意喚起文書から、攻撃の流れを、図2.3 (1) にまとめます。説明では、北朝鮮の人民武力省偵察局の180部隊が、経営者等へなりすましてビジネスメール詐欺を実行している場合で説明しています。

①攻撃者は、ソーシャルエンジニアリングによりメールアドレス他の各種情報を収集します。経営者や、財務や経理の担当者が、ターゲットとなります。

②攻撃者は、標的型メール攻撃等で経営者のパソコン内に侵入し、攻撃ソフトを組み入れます。

③攻撃ソフトは、経営者のアカウントIDやパスワード、さらに日常使用しているメールアドレスやメールのログ（記録）も窃取します。この中から攻撃者が関心のあるメールが選ばれ、このメールの次のやり取りを監視します。

④攻撃者は、監視の中で、金銭のやり取りに関係するようなメールのやり取りの段階になると、標的とした人物（財務担当者や経理）を騙すため、経営者を詐

2. 多分、こうだっただろうコバ劇場　北朝鮮編

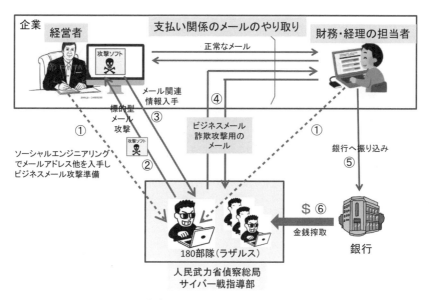

図 2.3（1）　ビジネスメール詐欺のサイバー攻撃の流れ

称してメールのやり取りの中に入り込みます。経営者に成りすまして、財務や経理の担当者に振込先が変わったので、こちらの口座（不正な口座）に振り込むよう指示します。

⑤財務や経理の担当者は、不正な口座に振り込みを行います。このようにして、不正な口座に振り込まれたお金が攻撃者の口座に流れていきます。他のケースとしては、例えば、海外の取引先と経理との間のメールのやり取りに中間で参入し、海外の取引先に成りすまして経理の人に攻撃者の偽の口座番号などを連絡し、振り込ませます。

⑥このようにして、不正な口座に振り込まれたお金が攻撃者の口座に流れていきます。

2.4　北朝鮮からの各国へのサイバー攻撃

上記の外貨獲得目的のサイバー攻撃を除いた北朝鮮が関与したとみられるサイバー攻撃を以下に時系列で、図 2.4（1）に示します。

第Ⅱ編 米国、ロシア、中国、北朝鮮のサイバー攻撃の現実 これが新常識だ！

年月	サイバー攻撃の内容
	＜金正日(1994年7月8日 - 2011年12月17日)時代＞
2009.7	韓国の青瓦台(大統領府)、国防省、国会、国家情報院、オークションサイト、銀行他へのサイバー攻撃(DDoS攻撃)
2009.7	アメリカのホワイトハウス、国務省、財務省、国防総省、ヤフー、アマゾン他へのサイバー攻撃(DDoS攻撃)
2011.3	韓国の青瓦台(大統領府)、国防省、在韓米軍などのサイトを攻撃
2011.4	韓国の青瓦台(大統領府)、国防省、在韓米軍などのサイトを攻撃
	＜金正恩(2011年12月17日 -)時代＞
2013.3	韓国、テレビ放送局、金融機関6社を攻撃
2014.11	米国ソニー・ピクチャーズから映画や俳優の個人情報が流失
2016.9	韓国の軍・国防省がハッキングされ、北朝鮮首脳部の暗殺計画などの軍機密が流失
2017.5	国連安全保障理事会 北朝鮮制裁委員会の専門家パネルを攻撃
2017.9	韓国のATMをハッキングし、カード情報を窃取

図 2.4（1） 北朝鮮からの各国へのサイバー攻撃

＜日本編＞

1　日本の政府と防衛省のサイバー攻撃防護への取り組み

　日本政府のサイバー攻撃防護対応の組織としては、サイバーセキュリティ戦略本部と内閣サイバーセキュリティセンター NISC（National center of Incident readiness and Strategy for Cybersecurity）がその中心として活動しています。

　防衛省・自衛隊は、自らの情報システム・ネットワークに対するサイバー攻撃からの監視・防護に対処しています。そのための体制として、2014年3月、自衛隊指揮通信システム隊の隷下に共同の部隊としてサイバー防衛隊を新編し、情報通信ネットワークの監視及びサイバー攻撃への対処を、24時間態勢で実施しています。このようにサイバー防衛隊は、防衛省と自衛隊を守っているのであり、企業、社会インフラや政府機関を、直接守っているわけではないということを理解しておくことが大切です。

(1)　内閣サイバーセキュリティセンター NISC

　日本政府のサイバーセキュリティに関連する組織としては、サイバーセキュリティ戦略本部と内閣サイバーセキュリティセンター NISC がその中心として活動しています。サイバーセキュリティの予算を要求して対応を進めている各省庁には、内閣官房、経済産業省、総務省、外務省、防衛省、警察庁、金融庁、国土交通省や厚生省などがあります。

　内閣サイバーセキュリティセンターを中心に、現在までの経緯について、サイバーセキュリティ戦略本部を含めて説明します。

　2000年に、内閣官房情報セキュリティ対策推進室（旧英語名称：National Information Security Center）が設置され、日本政府としての情報セキュリティ対策の活動が始まりましたが、名前に表現されているように、情報セキュリティを前面に出したものでした。2005年4月25日、内閣官房情報セキュリティセンターとして人員も強化されて、IT戦略本部の「情報セキュリティ政策会議」とともに、日本の情報セキュリティ対策向上に向けて中心的な役割を果たしました。2015年1月9日、サイバーセキュリティ基本法が全面施行されました。内閣に、サイバーセキュリティ戦略本部を設置し、旧・内閣官房情報セキュリティセンターは、内閣サイバーセキュリティセンター NISC に改組されました。ここでは「情報セキュリティ」から「サイバーセキュリティ」とサイバーセキュリティを

意識した組織名と変わっています。2018年12月5日に、「サイバーセキュリティ基本法改正案」が参議員本会議で可決・成立しました。改正案は、2020年東京五輪・パラリンピックの開催を見据え、政府関係機関のほか、電力やガスといった重要インフラ事業者などで構成する協議会の新設を柱とすることになりました。協議会のメンバには、守秘義務と情報提供義務の両方が課せられることになります。2019年2月時点でのサイバーセキュリティ戦略本部と内閣サイバーセキュリティセンターNISCの組織について、**図1（1）**にまとめました。

　内閣サイバーセキュリティセンターNISCは、①政府機関情報セキュリティ横断監視・即応調整チームGSOC（Government Security Operation Coordination team）の運用、②サイバー攻撃などの分析、③国内外のセキュリティ関連情報の収集、④国際連携、⑤人材育成などを官民連携で推進しています。

　NISCの副センター長（審議官）は、総務省と経済産業省、警察庁と防衛省がそれぞれ順番に出向しているようです。職員は、関連省庁からの出向と民間からの出向で構成されています。GSOCについては、民間に運用委託していると言われています。長期視点でのサイバーセキュリティを推進していく人材・体制の強化と予算確保が望まれています。

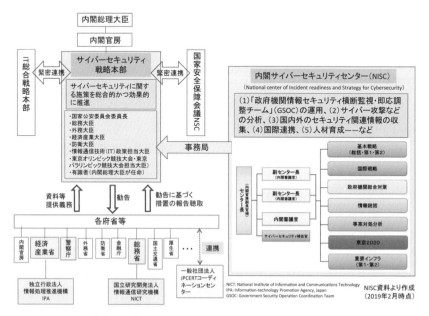

図1（1）　日本政府のサイバーセキュリティに関連する組織

以下、独立行政法人情報処理推進機構 IPA（Information-technology Promotion Agency, Japan）、国立研究開発法人情報通信研究機構 NICT（National Institute of Information and Communications Technology）と警察庁情報通信局情報技術解析課について概略説明します。さらに政府機関と連携してサイバーセキュリティ分野で活動している一般社団法人 JPCERT コーディネーションセンター JPCERT/CC（Japan Computer Emergency Response Team Coordination Center）と技術研究組合制御システムセキュリティセンター CSSC（Control System Security Center）についても概略紹介します。

(a) 独立行政法人 情報処理推進機構 IPA

日本における IT 国家戦略を技術面、人材面から支えるために設立された、経済産業省所管の独立行政法人です。IPA 内に設置されているセキュリティセンターでは、経済産業省の告示に基づき、コンピュータウイルス・不正アクセス・脆弱性について、発見および被害の届出を受け付けています。被害状況の把握だけでなく、啓発情報の発信、暗号技術の調査と評価、情報セキュリティ評価・認証、脆弱性情報の収集・蓄積・公開（日本国内の製品開発者の脆弱性情報を公開する脆弱性対策情報ポータルサイト JVN（Japan Vulnerability Notes）を JPCERT/CC と共同運営）、情報セキュリティを高めるための技術開発・調査研究、制御システムのセキュリティ技術者育成なども行っています。

最近は、社会インフラや官公庁及び関連組織のサイバーセキュリティ対策とその向上への対応を強化しています。一つ目が、2011 年 10 月、社会インフラを支える 13 業界 249 組織でのサイバー攻撃情報の情報共有を推進するサイバー情報共有イニシアティブ J-CSIP（ジェイシップ：Initiative for Cyber Security Information sharing Partnership of Japan）です。二つ目が、2014 年 7 月 16 日に発足した、標的型サイバー攻撃の被害拡大防止のため、相談を受けた組織の被害の低減と攻撃の連鎖の遮断を支援するサイバーレスキュー隊 J-CRAT（ジェイ・クラート：Cyber Rescue and Advice Team against targeted attack of Japan）です。三つ目が、2017 年 4 月 1 日に発足した、模擬プラントを用いた演習や、攻撃・防護の実戦経験、最新のサイバー攻撃情報の調査・分析等を通じて、社会インフラ・産業基盤へのサイバーセキュリティリスクに対応する人材・組織・システム・技術を生み出していく、IPA 産業サイバーセキュリティセンター ICSCoE（Industrial Cyber Security Center of Excellence）です。

(b) 国立研究開発法人 情報通信研究機構 NICT

情報通信研究機構 NICT は、総務省所管の情報通信分野を専門とする唯一の公的研究機関です。情報通信研究機構 NICT のサイバーセキュリティ研究所では、急増かつ巧妙化するサイバー攻撃から我が国を守るため、NICT の中立性を最大限に活用し、産学との緊密な連携によりサイバーセキュリティ研究開発の世界的中核拠点を目指しています。

以下、社会インフラ事業者にも関係すると思われる二つの活動を紹介します。

① NICTER

2012 年 3 月に、ダークネットのトラフィックを観測して可視化するシステム NICTER（Network Incident analysis Center for Tactical Emergency Response）を公開しました。ダークネットとは、未使用の IP アドレスで、通常はダークネットに対してパケットが送信されることはほとんどありません。しかし実際には、ダークネット上で相当数のパケットが観測されると言われています。ダークネット上を流れるパケットの多くは、不正な行為・活動に起因するものと言われています。なお、ダークネット上を流れるパケットの主な種類として、攻撃対象を探査するもの、攻撃対象の脆弱性を攻撃するものとか、送信元 IP アドレスが詐称された DDoS 攻撃を受けているサーバからの応答等を挙げています。

② NOTICE

NICTER によると、サイバー攻撃の約 50% が IoT（Internet of Things）機器を狙ったものでした。そこで、2020 年の東京オリンピック・パラリンピックに向け、社会インフラを標的としたサイバー攻撃（DDoS 攻撃等）に、IoT 機器が悪用されるのを防ぐため、総務省の管轄のもと、情報通信技術研究所が、ネットワークに接続されたウエブカメラ、センサや家庭用ルータ等の IoT 機器に対して、公的機関として接続を試みる調査が、2019 年 2 月 20 日から開始されています。この調査を NOTICE（National Operation Towards IoT Clean Environment）と言います。

(c) 警察庁 情報通信局情報技術解析課

警察庁関係のセキュリティ組織には、警察庁情報通信局の情報技術解析課があります。情報技術解析課には、サイバーテロ対策技術室（サイバーフォースセンター）や不正プログラム解析センター等があります。インターネット定点観測やデジタルフォレンジックのようなセキュリティ技術やサイバー犯罪対策へ対応しています。なお、デジタルフォレンジック（Digital Forensics）とは、何らかの

サイバー攻撃の発生に際して、コンピュータや外部記録媒体（ハードディスクやUSBメモリ）等に残された電子的記録を解析して、サイバー攻撃に関わる証拠を抽出・収集・解析する技術を言います。もともとForensicsという言葉は、「法医学的な，法医学の，法医の，科学捜査の」といった意味をもっており、デジタルデータに対する捜査ということでデジタルフォレンジックと呼ばれています。単にフォレンジックと呼ばれることもあります。

サイバーフォースは、サイバーテロ等に直接対処するとともに、事案対処活動の支援を行うため日本全国に配置されたセキュリティに関する機動的技術部隊の総称です。サイバーテロ発生による社会的影響の甚大さから、「未然防止」や「被害拡大の防止」等の重要性を考慮し、2001年4月に設立されました。その拠点は、全国に置かれています。

なお、警察庁のセキュリティポータルサイトには@police等があり、@policeでは、児童向けの情報セキュリティ講座による児童を対象に、セキュリティの普及活動をしています。講座のタイトルには、「"ウイルス"に注意！」、「スパイウェアって？」、「トロイの木馬って？」、「恐いボットネット」、が公開されています。児童への交通安全対策と同様なもので、交通安全意識と同様に、セキュリティ安全意識（セキュリティ文化）の育成にとって、ますます重要になっていくと思います。

(d) 一般社団法人JPCERTコーディネーションセンターJPCERT/CC

JPCERT/CCは、インターネットを介して発生する侵入やサービス妨害等のコンピュータセキュリティインシデント（事件）について、日本国内に関するインシデント（事件）等の報告の受け付け、対応の支援、発生状況の把握、手口の分析、再発防止のための対策の検討や助言などを、技術的な立場から行なっています。日本国内の製品開発者の脆弱性情報を公開する脆弱性対策情報ポータルサイトJVN（Japan Vulnerability Notes）を、IPAと共同運営しています。

特定の政府機関や企業からは独立した中立の組織として、日本における情報セキュリティ対策活動の向上に積極的に取り組んでいます。

以下、社会インフラのセキュリティに関係するいくつかの活動を紹介します。

①制御システムセキュリティ対策

制御システムのセキュリティ対策を促進するために、ガイドラインやツール、先進事例や注目事例の紹介などを、セキュリティカンファレンスの開催やポータルサイト、メールニュースの配信を通じて行っています。なお、JPCERT/CCは、

米国の情報システム対応の US-CERT と制御システム対応の ICS-CERT とは異なり、両方のシステムを対象としています。

②早期警戒情報提供

　脆弱性情報ハンドリング、インターネット定点観測システム、インシデントハンドリングから得られる、国内外の多くの脅威情報を総合的に分析し、電気・ガス・航空・鉄道など、国内の重要インフラ事業者に向けて、注意喚起や対策方法の情報を発信しています。また、各組織が適切なインシデント対応を行えるよう、組織内のコンピュータセキュリティインシデント（事件）対応チーム CSIRT（Computer Security Incident Response Team）構築の支援やサイバーセキュリティ演習の実施の支援なども行っています。

(e)　技術研究組合制御システムセキュリティセンター CSSC

　技術研究組合　制御システムセキュリティセンター CSSC（Control System Security Center）は、2012年3月に「技術研究組合法」に基づく経済産業大臣認可法人として発足しました。制御システムのサイバー攻撃対策・セキュリティ確保のため、研究開発、国際標準化活動、認証、人材育成、普及啓発、各システムのセキュリティ検証、にいたるまでの一貫した業務を遂行しています。これらの使命を達するために、現在9種の模擬プラントを持つ宮城県多賀城市のテストベッド（通称：CSS-Base6）や個別機器やシステム検証環境・機材を整備して、コントローラ（制御機器）などのセキュリティ検証やセキュリティ機器の接続性検証等を行っています。なお、CSSCは、このテストベッドを使用して、毎年2月および3月に化学、電力、ガス、ビル分野におけるサイバーセキュリティ演習を実施し、制御システムのセキュリティ人材育成に貢献しています。また、CSSC認証ラボラトリーは、制御機器が、国際標準の要求に適合しているか評価を実施し、評価結果を判定する EDSA（Embedded Device Security Assurance）制御機器認証サービスを実施しています。

(2)　防衛省のサイバーセキュリティに関連する組織

　防衛省には、セキュリティに関係する部隊には、陸海空の自衛隊のそれぞれの隷下にシステム防護隊、保全監査隊、システム監査隊があります。もう一つは、統合幕僚の自衛隊指揮通信システム隊隷下の3つの部隊の一部隊で、2014年3月に設立されたサイバー防衛隊です。他に陸海空自衛隊共同の防諜部隊の自衛隊情報保全隊があり、防衛大臣直轄の部隊として統合再編されています。

　自衛隊指揮通信システム隊と自衛隊情報保全隊は、「共同の部隊」と呼ばれて

います。「共同の部隊」とは、統合運用による円滑な任務遂行上、一体的運営を図る必要があると認められ、陸海空自衛隊の共同の部隊として置かれたものです。現在この2部隊があるようです。

　2019年1月28日の産経ニュースによると、防衛省が、宇宙・サイバー・電磁波という「新たな領域」の防衛を担う統合部隊の創設を検討しているということです。従来の陸海空3自衛隊と3自衛隊を運用する統合幕僚監部（統幕）とは別枠の部隊で、司令部を備えた「機能統合組織」と位置付け、新領域での対処力を強化するということです。従来の陸海空の領域と新たな3領域を融合させる「領域横断作戦」を実現するための態勢構築の柱で、3自衛隊の隊員で構成する統合部隊とするようです。

図1（2）に防衛省のサイバーセキュリティに関連する組織を示します。

　陸海空自衛隊隷下のシステム防護隊、保全監査隊、システム監査隊は、それぞれの陸海空自衛隊のコンピュータとネットワークのシステムをサイバー攻撃から防護すること、及びサイバー関連情報に関する調査研究を主たる任務としています。

　防衛省には、全自衛隊の共通ネットワークとして防衛情報通信基盤DII（De-

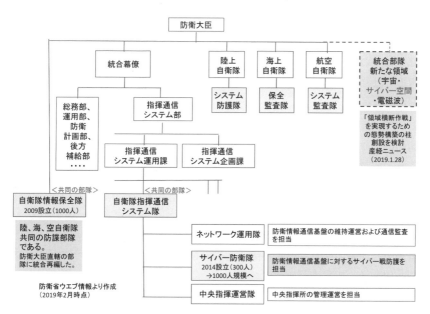

図1（2）　防衛省のサイバーセキュリティに関連する組織

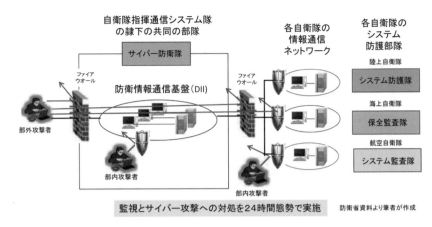

図1（3） 防衛省・自衛隊におけるサイバー攻撃防護対処

fense Information Infrastructure）が整備されています。このDIIは、陸海空と防衛省全体の各種情報システム（中央システム、陸幕システム、海幕システム、空幕システムと情報支援システム）間の通信基盤の位置づけです。DIIは、インターネットとも接続しているオープンDIIとインターネットには接続していないクローズドDIIから構成されています。各陸海空自衛隊のネットワークの監視・防護は、各陸海空自衛隊のシステム防護を実行する3つの部隊の責任で実施されています。DIIの監視・防護やサイバー攻撃への対処は、サイバー防衛隊により実施されています。図1（3）を参照して下さい。

本書では、統合幕僚の自衛隊指揮通信システム隊隷下のサイバー防衛隊について説明します。

(a) 自衛隊指揮通信システム隷下のサイバー防衛隊

防衛情報通信基盤DIIの監視・防護やサイバー攻撃への対処を実施するサイバー防衛隊は、基本的に防衛省と自衛隊を守る位置づけのものです。2014年にサイバー防衛隊が新編され、約300名が在籍しています。サイバー防衛隊は、人員を将来的に1,000名体制に拡大する方向で検討されています。図1（2）を参照して下さい。しかし、高給取りが多いと言われるサイバーセキュリティ専門家の世界で、防衛省を志望する人材はそう多くはないので、セキュリティ人材確保という問題があると言われています。

部隊編成は以下のようです。
①ネットワーク運用隊：防衛情報通信基盤の維持運営および通信監査を担当

②サイバー防衛隊：防衛情報通信基盤に対するサイバー戦防護を担当
③中央指揮所運営隊：中央指揮所の管理運営を担当

2　中国と北朝鮮による日本へのサイバー攻撃

中国と北朝鮮による日本へのサイバー攻撃の一覧を、図2（1）に示します。

攻撃国	攻撃手段	日時と攻撃を受けた組織・企業	追加説明
中国	DDoS攻撃、Web改ざん、不正侵入等	2010年9月及び2011年9月、中国紅客連盟による日本に対するサイバー攻撃	2010年9月7日尖閣諸島沖での中国船長の逮捕により反日感情と愛国心が高まり、日本にとっては満州事変が勃発した日であるが、中国では旧日本軍から侵攻を許してしまったため、「国恥の日」とされる9月18日が最終的な攻撃日となった。
中国	標的型メール攻撃	2011年7月衆議院、8月参議院へのサーバに対するサイバー攻撃	中国の愛国ハッカーの人物特定。
中国	標的型メール攻撃	2011年9月三菱重工業の神戸造船所、長崎造船所等計11ヶ所で、サーバ45台、パソコン38台へのサイバー攻撃で防衛装備品や原発の情報が窃取された。	IHI、川崎重工、三菱電機も同様の攻撃があったと報道される。
中国	標的型メール攻撃	2014年9月、日本航空において、マイレージ会員の個人情報が、社内PCのウィルス感染により流出する	業界用語や専門用語が使用され、一見関係者と思える内容でメールが送られる。社内のPC23台がウィルスに感染。そのうち12台が顧客情報システムにアクセスが可能だった為、情報の持ち出しが行われてしまった。
中国	標的型メール攻撃	2015年5月、日本年金機構で年金管理システムに保管されていた125万人分の個人情報が漏洩した。	2015年5月、不審なメールを受信した職員が開封や添付ファイルのダウンロードを行う事で、端末がウィルスに感染してしまった。
中国	標的型メール攻撃	2016年3月、旅行商品をインターネットで販売するJTB子会社がパソコンとサーバが標的型ウイルスに感染した。	当該メールアドレスは「ごくごく普通のありがちな日本人の苗字＠実在する国内航空会社のドメイン」であり、添付されていたpdfファイルは北京行のEチケットであったため、それがウイルスメールだとは最後まで気づくことが無かったという。
中国	標的型メール攻撃	2016年11月、経団連に不正アクセス	中国政府とつながりがあるとされるハッカー集団APT10が関与した疑いがあるという。
北朝鮮	標的型メール攻撃	2018年1月、日本の仮想通貨取引所コインチェックが不正アクセスを受け、約580億円相当の仮想通貨「NEM（ネム）」が流出する。	北朝鮮のラザルス（Lazarus）によるものだったという。
北朝鮮	標的型メール攻撃	2018年9月、日本の仮想通貨取引所Zaif（ザイフ）から約70億円相当のビットコインを含む複数の仮想通貨が流出した。	現時点で犯行グループの特定はできていないとするも、北朝鮮のラザルス（Lazarus）による犯行だった可能性があるとみている。

図2（1）　中国と北朝鮮による日本へのサイバー攻撃の一覧

第Ⅲ編
サイバー攻撃に立ち向かうための考察

第Ⅲ編では、社会インフラ事業者や企業及び政府関係者がサイバー攻撃（戦争）にどう立ち向かうかを考えていきます。

次のような考察事項に分けて説明していきます。図Ⅲ (1) を見て下さい。

(a) セキュリティ脅威の理解

企業の経営層や政策関係者が、現状のセキュリティ脅威をきちんと理解しましょう。

(b) リスク分析の実施

セキュリティ脅威に対して経営面や政策面からのリスク分析に基づいた事業継続計画 BCP 対応及び脅威への意思決定手法 OODA を実施していきましょう。

BCP と OODA については、後述します。

(c) 個社レベルからサプライチェーンへ、さらに業界、地域や国家レベルへ

各企業は、個社レベルから企業グループとサプライチェーン全体、さらに、業界、地域や国家レベルのセキュリティレベルの向上を、他企業や業界団体および公的機関との情報共有や連携をすることで、セキュリティレベルの一層の向上を目指しましょう。また、セキュリティ脅威の情報共有を官民連携で実施して、社会インフラと国のセキュリティレベルを高めましょう。

(d) セキュリティ人材

日本全体のセキュリティレベルの向上を実施するため、セキュリティ人材の育成、さらに、実戦による防護技術の強化を継続していける体制を確立し、社会インフラと国のセキュリティレベルを高めましょう。

(e) セキュリティ標準・認証とセキュリティガイドライン

社会インフラの設計・構築や運用にあたっては、セキュリティの標準とその認証を適用することが重要です。システム構築にあたっては、セキュリティ標準に準拠した認証製品を利用し、運用にあたっては、セキュリティ運用の標準に従っていきましょう。

```
(a) セキュリティ脅威の理解
(b) リスク分析の実施
   ・事業継続計画BCPとPDCA
   ・意思決定手法OODA
(c) 個社レベルからサプライチェーンへ、さらに業界、地域
   や国家レベルへ率先リード
   ・情報共有などの官民連携
(d) セキュリティ人材の国全体を見た効率的育成
(e) セキュリティ標準と認証製品の適用とガイドラインの活用
```

図Ⅲ (1) サイバー攻撃に立ち向かうための考察事項

第Ⅲ編　サイバー攻撃に立ち向かうための考察

1　セキュリティ脅威の理解

　ロシアのバルト3国、CIS諸国やウクライナへの圧力強化のため、武力戦の前哨戦としてサイバー戦争を位置づけていることは、第Ⅱ編で見てきました。米国によるイラン核施設や北朝鮮偵察総局へのサイバー攻撃は、実際の武力戦の代替戦争とみることができるでしょう。ロシアによる米国大統領選へのサイバー攻撃は、平時での敵対国の世情混乱を引き起こし、米国の政策へ影響を与えています。北朝鮮によるバングラデシュ銀行へのサイバー攻撃、金銭目的のランサムウエア攻撃やビジネスメール詐欺のようなものは、北朝鮮の核開発やミサイル戦力強化の資金確保とみることができ、武力戦の優位性を高めるために、サイバー攻撃が活用されているとみることができます。中国政府と軍による米国先進技術情報窃取は、米国に遅れている武力戦の装備品を迅速に開発し、武力でも米国に肩を並べる動きと取ることができるでしょう。さらに、米国先進技術情報窃取による「中国製造2025」の早期達成、及び、中国製の次世代5G通信機器によるインターネットの通信インフラの専有化により、中国は、経済戦争と軍事戦争でも、優位になることを狙っているようです。

　各国の政府や軍による社会インフラへのサイバー攻撃が、サイバー戦争の一環として実行されているという事実を把握し、サイバー攻撃（戦争）が、社会インフラにとっての今ある新しい脅威となっていることをサイバー攻撃の新常識としてを認識し、理解してください。図1（1）を参照して下さい。

　サイバー攻撃（戦争）の標的となる社会インフラが、サイバー攻撃によりサービスの停止や破壊を引き起こすと、前述したように社会インフラの特定重要分野に依存している軍事インフラが影響を受け戦力ダウンになります。また、国民への社会サービスも停止したりして、社会混乱が引き起こされます。図1（2）を参照して下さい。

　「もし」ということでなく、このような社会インフラの停止・破壊が、サイバー攻撃でも引き起こすことが現実に可能な時代になっていることを、新常識として理解していただきたい。社会インフラ事業者は、それではどのような対策をしていけばよいのでしょうか。以降、考察していきます。

1 セキュリティ脅威の理解

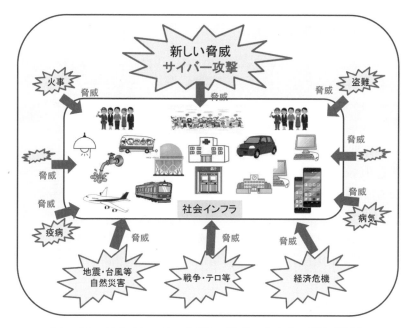

図1（1） 社会インフラへの新しい脅威：サイバー攻撃（戦争）

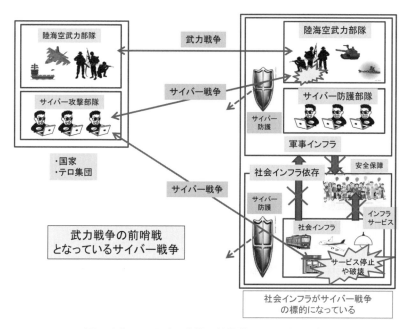

図1（2） サイバー攻撃の新常識　サイバー戦争

2　リスク分析の実施

　サイバー攻撃（戦争）の脅威は、前述したように戦争・テロ、経済危機や地震・台風等の自然災害などに加えた新しい脅威となっています。この新しいサイバー攻撃（戦争）の脅威を考慮した、リスク分析、事業継続計画BCP（Business Continuity Plan：本書ではPlanningでなく、Planを使用します）策定、さらに脅威への意思決定手法OODA（観察（Observe）－情勢への適応（Orient）－意思決定（Decide）－行動（Act）：ウーダ）が、必要となっています。

　情報処理推進機構IPAの「制御システムのセキュリティリスク分析ガイド 第2版 〜セキュリティ対策におけるリスクアセスメントの実施と活用〜」を参考にして、社会インフラシステムのリスク分析について考察します。タイトルは、制御システムと記載されていますが、情報システム、さらには社会インフラへの適用も可能だと思います。

(1)　リスク分析手法

　IPAでは、2014年に東京電力の電力スマートメーターシステムのセキュリティリスク分析を実施し、さらに2015年から複数の重要インフラ事業者のセキュリティリスク分析を実施しています。これらの実システムに対して、IPAが実際に適用したセキュリティリスク分析手法について、分析ガイドは解説しています。

　各システム資産に対する精緻な評価、及び攻撃者視点での実際の攻撃シナリオの評価の観点から、以下の2通りの詳細リスク分析の手法を使用することが推奨されています。一方だけでもそれぞれで有効な評価結果が得られますが、相互補完的な役割も果たしていますので、両方の手法を併用することが推奨されています。

①資産ベースのリスク分析

　保護すべきシステムを構成する各資産を対象に、その重要度（価値）、想定される脅威の発生可能性、脅威に対する脆弱性の3つを評価指標として、リスクを評価する分析手法です。

②事業被害ベースのリスク分析（攻撃シナリオと攻撃ツリーによる分析）

　システムで実現している事業やサービスに対して、事業被害とそのレベル、事業被害を引き起こす攻撃ツリーの発生可能性、攻撃に対する脆弱性の3つを評価指標として、リスクを評価する分析手法です。特に②には、詳細な解説が、ガイドとして記述されています。

2 リスク分析の実施

　資産ベースのリスク分析は、「己を知ること」、事業被害ベース（どこを敵が狙うか）のリスク分析は、「敵を知ること」に対応しています。この二つのリスク分析を実施することは、サイバー攻撃者と戦う上で、重要なリスク分析となるでしょう。孫子の兵法は、「敵を知り、己を知れば、百戦危うからず」と言われるように、サイバー攻撃者と戦うために、セキュリティ防護力の向上を継続して図っていくことが大切です。図2（1）を参照して下さい。両リスク分析において、リスク分析は資産の数やシステムの複雑さや攻撃ルートの網羅性で、大きな工数が必要となりますが、IPAの上述ガイドでは、リスク分析の実施にあたって、資産のグループ化の方法や評価すべき攻撃ルートの絞り込み方法の考え方も合わせて解説することで、工数削減の実現を図っています。

　リスク分析は、以下に示す効果があり、組織がセキュリティ対策を行う上で必要不可欠なプロセスです。
・実効的なリスクの低減の実現
・効果的な投資の実現（追加対策、有効なテスト箇所の抽出）

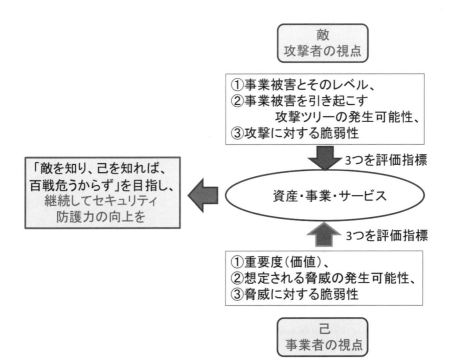

図2（1）　資産ベースのリスク分析と事業被害ベースのリスク分析の実施

・PDCA（Plan（計画）・Do（実行）・Check（評価）・Act（改善））サイクルの確立とセキュリティの維持向上を継続するためのベース

時々刻々と新しいセキュリティ脅威が発生していますので、継続したリスク分析によるセキュリティ対策の向上が大切です。

以降、セキュリティ脅威を考慮した事業継続計画BCP（Business Continuity Plan）と意思決定手法OODAについて説明します。

(2) 事業継続計画BCPとPDCAサイクル

事業継続計画BCPを実施する上で必要な観点は、重要なシステム資産の明確化、効果的なセキュリティ対策の選定、コストの最適化、継続的（残留脅威や新たな脅威に対する対応可能）なスキームの確立です。これらを明確かつ体系的に実現するためには、前述のリスク分析が不可欠となります。

こうしたプロセスを経て、最初のリスク分析（第一ステップ）で実施された対策による脅威への対策実施状況やリスクの低減度、対策が見送られた脅威によるリスクの残留度を評価します。また、時間の経過に従い、システムやサービス上に新たなセキュリティ脅威が発生することが想定されます。それらを受けて、再度リスク分析（次のステップ）を実施し、その残留脅威に対する対策の検討・実施によって、継続的にリスクの低減を図っていくことが可能となります。いわゆる、PDCAのサイクルを継続的に回していくことが可能となります。図2 (2)に、セキュリティ向上のPDCAサイクルにおけるリスク分析の位置付けを示します。

(3) 脅威への意思決定手法OODAサイクル

高度化している標的型攻撃、ランサムウエア攻撃、サプライチェーン攻撃や分散型サービス妨害攻撃DDoS等のサイバー攻撃に対する、迅速かつ合理的な意思決定や施策を日々の運用上で実行する、ウーダ・ループOODA Loopの利用が、今後増加していくのではないかと思います。OODAループは、米国空軍のジョン・ボイド大佐が提唱した理論で、元々は航空戦に臨むパイロットの意思決定を対象としていました。現在、ビジネスや政治など様々な分野でも導入されており、あらゆる分野に適用できる一般理論と評されるに至っています。

サイバー攻撃対策に適用すると、次のような説明になります。理解を助けるため、風邪をひいた時の説明も併記しました。

①観察（Observe）：ネットワークの通信ログやファイル・データのアクセス記録等を観察・監視します。＜風邪をひいた時＞体温チェックのようなものです。

2 リスク分析の実施

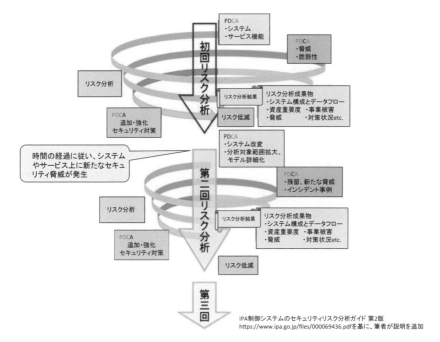

図2（2） 継続したリスク分析の実施

②情勢への適応（Orient）：ネットワークの通信ログに異常と思われる状況を検知したとき、情報共有の仲間と現在の攻撃者の動きや対策方法などの情報交換をして、サイバー攻撃の現状を把握します。＜風邪をひいた時＞発熱してしまったら、単なる風邪をひいたのか、インフルエンザなのか、ニュースやインターネットで周囲状況を把握します。

③意思決定（Decide）：攻撃者のIPアドレス（攻撃ルート）が分かったので、特定のIPアドレス（攻撃ルート）に対してフィルタリング（攻撃ルート閉鎖）をすることに決定します。＜風邪をひいた時＞インフルエンザなので、薬屋で風邪薬を買うのでなく、医者に行くことにします。

④行動（Act）：ルータのフィルタリング設定（攻撃ルート閉鎖）を実施し、攻撃者のIPアドレス（攻撃ルート）からの侵入を拒否します。＜風邪をひいた時＞医者に行き、インフルエンザの注射をしてもらいます。

このOODAループを、PDCAループのDo（実行）フェーズの日々のシステム運用に対応付け、サイバー攻撃への迅速な意思決定による対処に位置づけると良いと思います。**図2（3）** にPDCAとOODAの組み合わせによるサイバー攻

第Ⅲ編　サイバー攻撃に立ち向かうための考察

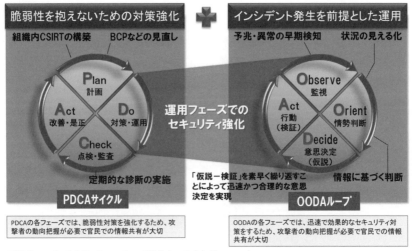

図2（3）　PDCAとOODAループの併用による動的なサイバー攻撃対策強化

撃のインシデントへの対応により、動的なセキュリティ対策を実施していくイメージを示します。

3　個社レベルからサプライチェーン、さらに業界、地域や国家レベルへ

　地震など自然災害への対応には、自助、共助と公助という言葉があります。地震や火事の時に、自分の命や家族の命を守るのが自助で、となりの家族などの救助や安全確保に近所の人たちと一緒に当たるのが共助です。消防や警察など公的機関が、災害時の被害や犯罪を防ぎ、住民を守るのが公助です。

　企業に当てはめると、企業が、従業員の安全や企業の建物などを守るために、企業内に消防団などを作り、適宜訓練をして、災害時に向けた活動をするのが、自助です。さらに、同じ地域の企業が連携し、さらに、その地域の町内会・商店会などとも連携し、地域の安全を守るのが共助です。公助は、警察や消防で、大規模の場合には、政府や自衛隊が安全確保や災害復興に支援してくれます。

　第Ⅱ編でも解説しましたが、サイバー攻撃は、米国、ロシア、中国、北朝鮮をはじめ、各国を巻き込むサイバー空間でのサイバー戦争となってきていて、社会

3 個社レベルからサプライチェーン、さらに業界、地域や国家レベルへ

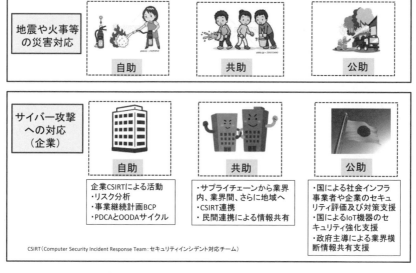

図3（1） 自助、共助、公助によるサイバー対策の向上

インフラ事業者や企業が、このサイバー戦争に巻き込まれています。セキュリティについての自助、共助、公助の考え方によって、日本の社会インフラ、国家のセキュリティレベルの向上を進めていくことが非常に重要となります。図3（1）に従って、セキュリティレベル向上に向けての自助、共助、公助を考えていきましょう。

3.1 セキュリティ自助活動

このサイバー戦争の中で、社会インフラ事業者や企業は、自分で自分を守るための自助をしていく必要があります。それには前章で説明したように、自社の情報システムや制御システムに対し、セキュリティ上の脅威に対処するためリスク分析を実施し、BCP的に脆弱なところを強化し、PDCAサイクルで周期的なセキュリティ対策向上を図ることに加え、OODAサイクルで毎日の運用面でサイバー脅威をいち早く把握し、適切な対処を打っていくことを、自助として実施していると思います。

セキュリティの脅威や最新防護技術を収集し、さらにセキュリティ人材の育成も図り、自社のセキュリティ向上を実施していると思います。社会インフラ事業者や大規模な企業では、社内消防隊組織のような全社的なセキュリティ向上活動

をセキュリティインシデント（事故）対応チームCSIRT（Computer Security Incident Response Team：シーサート）のような組織を立ち上げ、推進しているところが増えています。

3.2 セキュリティ共助活動

　社会インフラ事業者や企業は、まず自助により、自組織のセキュリティ向上とセキュリティ防護を進めていきますが、サイバー攻撃者から見ると、標的の企業がしっかりとセキュリティ対策をしていると攻撃が成功する確率が減るので、標的企業が信頼している組織、グループ企業、パートナー企業や業界団体、さらには関連公的機関のセキュリティ対策が弱い企業・組織をまず狙うという攻撃が、最近は増加しています。一般的に、サプライチェーン攻撃と呼ばれるようなサイバー攻撃への対応には、自社だけでなく、グループ企業、パートナー企業や業界団体、さらには関連公的機関を含めたセキュリティ向上策を進めることが重要になっています。特に、セキュリティ技術や防護力、セキュリティ人材を持つ企業が中心となって活動していくことが、今、強く求められていると思います。中核企業を中心に、定期的な情報共有や対応事例紹介など、さらに懇親会などを通して人のネットワークを構築することにより、サプライチェーン全体でのセキュリティレベルが向上していくと思います。グループ企業、パートナー企業を巻き込み、企業グループとしての脆弱性対策や基本的なセキュリティ防護方法などのルール化を作り上げて、企業グループ固有のセキュリティ文化を作り上げていくのが良いのではないかと思います。できるところから徐々に積み上げていくやり方が、良いと思います。

　中国のサイバー攻撃者のキャンペーン攻撃（コラム6参照）に対処していくためには、同一業界内でのサイバー脅威の情報や経験の共有、さらには業界間での情報や経験の共有のような共助が大切です。

　業界内、業界間でのセキュリティ脅威情報共有をうまく進めるためには、情報交換のハブになる組織が必要となります。信頼をもって情報交換をするためには、公的機関がそのハブになり、信頼の中で情報交換をするのが望まれていて、これは公助の一環で推進していくのが良いと思います。これについては後述します。

(1) 地域でのセキュリティ共助活動

　地域でのセキュリティ共助は、地方自治体とか警察、消防に期待するというやり方もありますが、セキュリティの実践力や実効面から考えると、企業が、地域

3 個社レベルからサプライチェーン、さらに業界、地域や国家レベルへ

との連携活動の一環として、賛同する他の企業・組織と連携し、活動の中核としてとりまとめ、地域レベルのセキュリティ向上を引っ張っていくのが良いのではないかと思います。企業のセキュリティ担当部署（CSIRT など）が、地域の企業等へのセキュリティ教育やセキュリティ脅威への対応を先導することにより、企業のセキュリティ担当者の意識向上、地域との連携による企業価値向上等が期待できるでしょう。国の資金面での支援（支援企業の数等による企業の税金軽減等）や IPA 他の組織からの技術支援やセキュリティ脅威情報の提供なども、公助の一環で実施できると思います。

(2) 英国 WARP のセキュリティ共助活動

英国でのセキュリティ共助活動として、WARP（Warning, Advice and Reporting Team：ワープ）活動について考察します。

WARP を意訳するとすれば、「セキュリティ情報、相互アドバイスと、インシデント情報の共有によるセキュリティ対策推進のための共助コミュニティ」です。WARP は、地方自治体や中小企業などにおけるセキュリティ対策の向上を目的のひとつとし、2002 年に英国政府機関 NISCC（National Infrastructure Security Co-ordination Centre）によって提唱されました。WARP は、個々の企業・組織が集まって作る小規模な（大体 30 ～ 50 くらいが目安）WARP コミュニティと、WARP コミュニティの代表者が集まって作る WARP オペレータフォーラムから構成されています。図 3.2（1）に示すように、この WARP オペレータのポジションとして企業のセキュリティ専門家が最適ではないかと思います。

地域から日本全体へのセキュリティ意識の向上、さらにセキュリティレベルの向上を進めていきたいものです。

(3) 米国と日本でのサイバー脅威情報共有のセキュリティ共助活動

米国では、サイバー攻撃への防護力を高めることを目指して活動する民間組織の情報共有分析センター ISAC（Information Sharing and Analysis Center：アイザック）が、1998 年 5 月の PDD-63（大統領決定指令第 63 号）により創設されました。国土安全保障省 DHS が率先して、すべての ISAC との調整役となっています。大半の ISAC は、24 時間週 7 日体制で稼働し、脅威警告やインシデント報告を行う能力を有しています。業界（セクター）別 ISAC の連携は、国家 ISAC 会議（National Council of ISACs）を通じて行われています。

1999 年から 2000 年にかけて政府主導で金融、通信、電力、緊急時対応の 4 分野で設立し、その後、食品業界や交通インフラ事業者などにも設立の動きが広

第Ⅲ編　サイバー攻撃に立ち向かうための考察

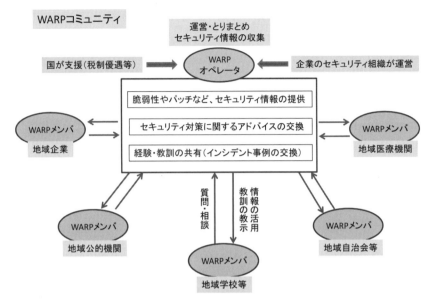

図 3.2（1）　地域展開型の WARP コミュニティの例

りました。2019 年 5 月現在の国家 ISAC 会議のホームページによると、①自動車、②航空、③通信、④防衛産業基盤、⑤ダウンストリーム天然ガス、⑥電気、⑦緊急時対応、⑧金融サービス、⑨健康 ISAC、⑩ヘルスケアレディー、⑪情報技術（IT）、⑫港湾、⑬政府施設、⑭国防、⑮石油・天然ガス、⑯商業設備、⑰研究・教育、⑱小売り、⑲運輸、⑳水道で、計 20 の ISAC がメンバとして記されています。

日本では、重要インフラ事業者等の情報共有・分析機能及び当該機能等を担う組織がいくつか活動しています。代表的な活動について紹介します。

(a) セプター CEPTOAR

内閣サイバーセキュリティセンター NISC が支援を実施し、重要インフラ事業者等の情報共有・分析機能及び当該機能を担う組織としてセプター CEPTOAR（Capability for Engineering of Protection, Technical Operation, Analysis and Response）を組織化しています。2019 年 4 月末現在、各重要インフラ分野の業界団体等が事務局となって、19（電気通信、放送、銀行等、証券、生命保険、損害保険、航空、空港、鉄道、電力、ガス、政府・地方、公共団体、医療、水道、物流、化学、クレジット、石油）のセプターが活動しています。標的型攻撃に関

する情報共有体制 C4TAP（Ceptoar Councils Capability for Cyber Targeted Attack Protection）も開始しています。

(b) 日本版 ISAC

日本では、米国の情報共有分析センター ISAC を参考として、いくつかの業界で日本版の ISAC を設置し、米国はじめ海外の ISAC との連携活動をしています。

① ICT-ISAC（Telecom-ISAC の発展・拡大）

総務省がオブザーバで参加しています。2019 年 11 月時点で 42 社が会員となっています。米国の IT-ISAC との情報共有も推進しています。

② 金融 ISAC

国内の銀行・証券・保険会社など 2019 年 5 月現在 382 社・団体が正会員となっています。金融 ISAC は、米国の FS-ISAC と情報共有及び相互に加盟を促進することなど協力活動を強化しています。

③ 電力 ISAC

2019 年 4 月現在、26 正会員で構成されています。電力 ISAC は、米国の電力 ISAC および欧州の電力 ISAC との間で、サイバーセキュリティの確保に向けて国際的な協力関係を築いています。

④ 交通 ISAC

2018 年 4 月、国土交通省は、2020 年東京五輪・パラリンピックを見据え、社会の重要インフラである鉄道、航空、物流へのサイバー攻撃を連携して阻止するため、国内の約 60 の関連企業・団体でつくる「交通 ISAC（仮称）」の設立を支援することを発表しています。

さらに、医療 ISAC 他も動きがあるようです。業界での連携による情報共有を進めていくとともに、さらにインフラ業界相互の依存性も考慮し、業界間での情報共有に進展していくことが望まれます。この場合、各業界間のハブのような組織が必要となります。

(c) サイバー情報共有イニシアティブ J-CSIP（ジェイシップ）

J-CSIP は、図 3.2（2）に示すように公的機関である IPA を情報ハブ（集約点）の役割として、参加組織間で情報共有を行い、高度なサイバー攻撃対策に繋げていく取り組みです。2019 年 4 月現在、全体で 13 の SIG（Special Interest Group：類似の産業分野同士が集まったグループ）、249 の参加組織による情報共有体制と、IPA が特定業界内の情報共有活動を支援する 2 つの「情報連携体制」をそれぞれ確立し、実運用を行っています。具体的には、IPA と各参加組

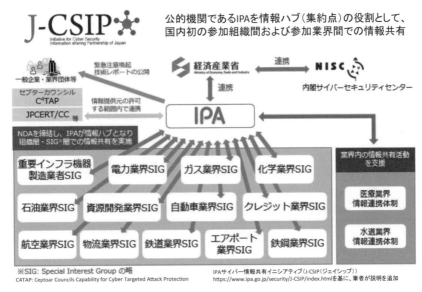

図 3.2（2） サイバー情報共有イニシアティブ（J-CSIP（ジェイシップ））

織（あるいは参加組織を束ねる業界団体）間での秘密保持契約 NDA（Non Disclosure Agreement）の締結等により、参加組織およびそのグループ企業において検知されたサイバー攻撃等の情報を IPA に集約しています。情報提供元に関する情報や機微情報の匿名化を行い、IPA による分析情報を付加した上で、情報提供元の承認を得て共有可能な情報とし、参加組織間での情報共有を行っています。

3.3 セキュリティ公助活動

地震、火事や津波などでの消防署、警察や防衛省などのような、公助的なセキュリティ向上の活動についていくつか考察します。

（1） IPA（経済産業省）による実運用システムのリスク分析

2014 年度には、電力業界のスマートメーター関連のリスク分析を実施しました。2015 年度以降、いくつかの業界の重要インフラ企業の実運用システムに対するセキュリティリスク分析を、IPA は重要インフラ事業者と共同して継続・実施しています。図 3.3（1）を参照して下さい。2019 年度以降も、「実際の制御システムの安全性・信頼性検証事業」として継続していくことが望まれます。

なお、IPA は社会インフラのセキュリティリスク分析の成果をまとめて、「制

— 164 —

御システムのセキュリティ分析ガイド　～セキュリティ対策におけるリスクアセスメントの実施と活用～」を開発し、普及啓発の講座を継続しています。第Ⅲ編の2. リスク分析の実施、を参照して下さい。

(2) NICT（総務省）によるインターネット上のIoT機器の脆弱性調査

2019年2月から総務省とNICTが連携して、公的機関であるNICTが監視カメラや家庭のルータなどのパスワード設定の状況をチェックする、NOTICE（National Operation Towards IoT Clean Environment）という活動を開始しています。5年限定となっています。図3.3（2）に示しますように、このNOTICEにより、セキュリティ対策に不備のある監視カメラやIoTなどの機器がサイバー攻撃者に狙われ、ボットになり、DDoS攻撃などに利用され、社会インフラ事業者や政府のシステムがサイバー攻撃の被害を受け、社会混乱を防止するのに役立つとして実施されています。

なお、この方法でログインできた脆弱な状態のIoT機器のユーザに対して、

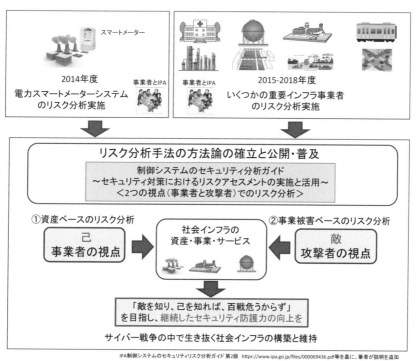

図3.3（1）　公的機関IPAによる実運用システムのセキュリティリスク分析

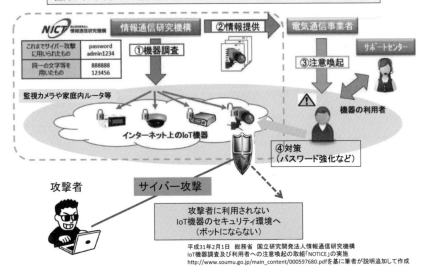

図 3.3 (2) 公的機関 NICT による IoT セキュリティ脆弱性調査

インターネットサービスプロバイダ ISP が脆弱性の注意喚起を行うというものです。

(3) 地域のセキュリティ向上施策

　2019 年 6 月に、経済産業省と IPA は、地域の団体・企業等と連携した中小企業のサイバーセキュリティ対策支援（サイバーセキュリティお助け隊）を立ち上げ、中小企業が利用しやすい支援体制の構築を進める実証事業を行うことを発表しました。15 府県 8 地域の中小企業を対象として、サイバーセキュリティに関する悩みや、対策のニーズ、サイバー攻撃被害の実態等を把握するとともに、サイバーインシデントが発生した際の支援体制の構築等に向けた実証を行います。実施者として、8 社の中核企業が取りまとめをするので、WARP 活動も参考にして、サプライチェーンや地域のセキュリティ向上に向けて、中核企業と中小企業の連携や推進方法などを実証していくことを期待します。

(4) IPA のサイバーレスキュー隊 J-CRAT（ジェイ・クラート）

　標的型サイバー攻撃の被害拡大防止のため、2014 年 7 月、相談を受けた組織の被害の低減と攻撃の連鎖の遮断を支援する活動としてサイバーレスキュー隊 J-CRAT（Cyber Rescue and Advice Team against targeted attack of Japan）

3 個社レベルからサプライチェーン、さらに業界、地域や国家レベルへ

を発足させました。図3.3（3）に従って説明します。

　J-CRATは、「標的型サイバー攻撃特別相談窓口」で、広く一般から相談や情報提供を受付けています。提供された情報を分析して調査結果による助言を実施しますが、その中で、標的型サイバー攻撃の被害の発生が予見され、その対策の対応遅延が社会や産業に重大な影響を及ぼすと判断される組織や、標的型サイバー攻撃の連鎖の元（ルート）となっていると推測される組織などに対しては、レスキュー活動にエスカレーション（対応交代）をして支援を行います。支援活動は、メールや電話ベースでのやり取りを基本としますが、場合によっては、現場組織に赴いて実施することもあります。

　現在は、独立行政法人等の公的機関への対応が多いようですが、社会インフラや企業に対しても取り組みが強化されることを期待します。

(5) サイバーセキュリティ協議会

　2018年12月に、民間企業等が情報共有をためらうデメリット除去を目的に、

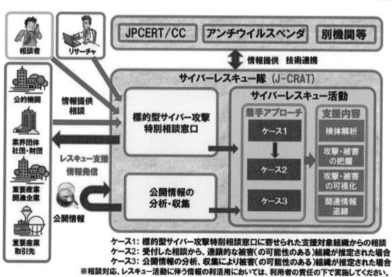

図3.3（3）　J-CRATの活動の全体像とスキーム

構成員に対して罰則により担保された守秘義務、及び法律に規定された情報提供義務、を適用する等の措置を講ずるサイバーセキュリティ基本法の一部を改正する法律が成立しました。これを受けて、2019年4月1日、サイバーセキュリティ協議会が組織され、2019年5月17日、構成員を決めて活動を開始しています。

官民の多様な主体が相互に連携し、サイバーセキュリティに関する施策の推進に係る協議を行うことで、我が国のサイバーセキュリティが向上していくことを期待します。ただ、企業の立場からは、各省庁の複数の同じような活動のどれにも対応しなければいけないというのは、避けたい状況だと思います。今後、サイバーセキュリティ庁（後述）に期待する事項かもしれません。

3.4 国家レベルの取り組みの必要性

今後のサイバー空間に向けたセキュリティレベルの向上および維持が重要です。そのために国に主導してもらう必要のある部分や、官民連携して国全体としてセキュリティレベルを高めていくことが重要となります。そのためには、
①社会インフラに対するセキュリティレベル向上の指針と基準の整備
②企業における継続的なセキュリティ投資への指導（税制面での優遇等）
③社会インフラを含む攻撃監視体制の整備と脅威情報流通の活性化
④社会インフラのセキュリティ評価体制の整備と継続した評価実施
⑤セキュリティ人材の育成
などが挙げられます。

本書では、セキュリティ人材育成の課題を中心に、国に主導してもらう必要のある部分や、官民連携して国全体としてセキュリティレベル向上への活動について、考えていきたいと思います。

(1) セキュリティ人材育成の課題

セキュリティ人材育成の課題を、**図3.4（1）**にまとめます。
①セキュリティ人材不足
2016年6月の経済産業省発表では、2020年に国内で19万3000人の情報セキュリティ人材が不足すると予測されました。
②事業リスク分析力も必要
セキュリティ専門技術と事業リスク分析力の両方が分かる人材が必要です。
③チームでの活動

3.4 国家レベルの取り組みの必要性

①セキュリティ人材不足
　2016年6月経済産業省発表、2020年国内で19万3000人情報セキュリティ人材が不足。
②事業リスク分析力も必要
　セキュリティ専門技術だけでなく、事業リスク分析を含めた両方が分かる人材が必要。
③チームでの活動
　個人や個社では、組織的なサイバー攻撃（戦争）には対処不可能。
　各種能力を持つ人々で構成されるチーム、組織を超えた連携も必要。
④公的な組織
　セキュリティ対策を外部に依頼するような場合では、安心して任せる担保が必要。
⑤継続した業務と評価
　セキュリティ技術を毎日期待されるわけではなく、活動成果をうまく会社に訴えることが難しく、処遇面で不利になる可能性。

図3.4（1）　セキュリティ人材育成の課題

　個人や個社では、組織的な24時間365日のサイバー攻撃（戦争）には対処できません。セキュリティ対策は、各種能力を持つ人々で構成されるチームで取り組むべきで、組織を超えた連携も必要です。
④公的な組織
　セキュリティ対策をアウトソーシングなどのように外部に依頼するような場合では、安心して任せることができる担保が必要です。
⑤継続した業務と評価
　セキュリティ技術者は、常時セキュリティ技術を期待されているわけではない場合も多いため、活動成果をうまく会社に訴えることが難しく、処遇面で不利になる可能性があると言われています。

（2）　公的セキュリティ評価・対策体制の整備と継続運用による人材育成

　社会インフラのセキュリティ強靭化の向上を任務とする、公的セキュリティ評価・対策体制の整備と継続運用について考察します。この公的組織でセキュリティ評価・対策活動を継続して運用・実践していくことにより、セキュリティ評価・対策ノウハウの蓄積と人材育成が期待できます。2019年現在、経済産業省所管のIPAや総務省所管のNICTなどで、公的セキュリティ対策チームが評価活動の一部活動を実施しています。ネットワーク、システム、機器及び各種社会インフラのセキュリティ対策が必要ですので、省の壁を越えた活動ができるような公的セキュリティ対策チームが望ましいと思います。公的セキュリティ対策チームの管掌組織は、四半期ごと位にセキュリティ評価・対策実施状況について公表するのが良いでしょう。図3.4（2）を参照して下さい。

第Ⅲ編　サイバー攻撃に立ち向かうための考察

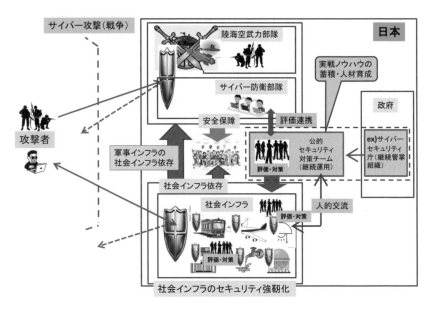

図 3.4（2）　公的セキュリティ評価・対策体制の整備と継続運用による人材育成

　社会インフラ事業者や企業は、一社だけで充分な対策をするには、技術および人的面で難しいと思いますので、この公的セキュリティ対策チームと連携して、チームでセキュリティ対策を進めるのが良いと思います。一緒に活動することによって、社会インフラ事業者や企業のセキュリティ人材の育成も期待できます。
　このチームは、社会インフラ事業者と連携して、社会インフラのセキュリティ向上に向けて、次のような活動を推進していきます。
・現実のシステムの事業リスク分析
・セキュリティ標準準拠の評価
・社会インフラシステムの設計面からの評価と改善策提案
・実ネットワークの監視と分析によるサイバー攻撃の有無の検証と解決策提案
・コンピュータ機器等の現場での配置や不正設定などの評価
　など、を定期的に実施していきます。図 3.4（3）を参照して下さい。
　なお、公的セキュリティ対策チームは、評価活動に加えて、官民連携のチームで社会インフラがサイバー攻撃の被害を受けないように防護する活動、被害を受けた時に迅速な対策を支援すること等も含まれます。防護活動には、ルータ等インフラシステムで重要な位置づけにある機器等にバックドアが組み込まれていな

3.4 国家レベルの取り組みの必要性

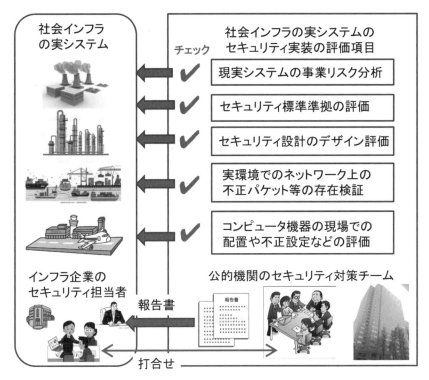

図 3.4 (3) 公的セキュリティ対策チームの評価活動

いかの評価として、ソースコードレビュー、リバースエンジニアリングや攻撃監視も含むのが良いと思います。

なお、企業内でのセキュリティ人材の育成も必要で、IPAで進めている情報処理安全確保支援士（登録セキスペ）制度の活用も進め、社内のセキュリティ人材を育成していくことも必要だと思います。企業内のセキュリティ専門者が、一定期間出向するなどの形で上述の公的セキュリティ対策チームで実践して、セキュリティ脅威の現状把握と対策の勘所のスキルアップを進めていくこともよいことだと思います。さらに、前述しましたWARP的な発想で、地域のセキュリティレベル向上を進めていくのも良いと思います。

防衛省でセキュリティ関係の任務を実施した人たちが、セキュリティノウハウを経験し、技術向上したあと、除隊してセキュリティ業界や、金融などの社会インフラの分野で活躍しています。この公的セキュリティ対策チームから社会インフラ事業者への転職等、人材の流動化も進めることができ、日本全体のセキュリ

—171—

ティレベルが向上していくと思われます。

　なお、2019年5月に、自民党サイバーセキュリティ対策本部は、サイバー防護の関連施策を一元的に担当する「サイバーセキュリティ庁」の2025年創設を、安倍晋三首相に提言しています。防護ソフト開発や攻撃ソフト検出などのセキュリティ防護技術を開発するため、法的整備も含むとあります。NISCを核に、各省庁のセキュリティ関係者で構成するとありますが、セキュリティ技術の分析・研究や実際のシステムのセキュリティ評価・対策活動には、継続が必要ですので、専従の実行チームが必須です。サイバーセキュリティ庁を、公的セキュリティ対策チームの管掌組織と位置付けるのが良いのではと思います。米国国土安全保障省DHSの「サイバーセキュリティ及びインフラストラクチャーセキュリティ局CISA」のような組織の設立は望まれるところです。また、ICS-CERTが進めている制御システムのセキュリティレベル向上の活動も参考になると思います。

4　セキュリティ標準・認証とセキュリティガイドライン

　本章では、社会インフラを支える情報システムと制御システムのセキュリティ標準・認証とガイドラインについて考察します。

4.1　国際標準 ISO/IEC 27001 と IEC62443

　情報システムのセキュリティ国際標準ISO（International Organization for Standardization）/IEC（International Electrotechnical Commission）27001は、情報セキュリティマネジメントシステムISMS（Information Security Management System）と呼ばれ、組織における情報資産のセキュリティを管理するための枠組みです。リスクマネジメントプロセスを適用することによって、情報の機密性、完全性及び可用性を維持し、かつ、リスクを適切に管理しているという信頼を利害関係者に与えることにあります。ISMA評価認証は、日本では広く普及しています。

　制御システムのセキュリティの国際標準IEC62443は、国際電気標準会議IECのTC（Technical Committee）65/WG10と国際計測制御学会ISA（International Society of Automation）の委員会ISA99が、密接な連携で標準化を進めています。このIEC62443を基にした評価認証については、運用事業者向け、構築・

保守 SIer 向け、制御製品ベンダ向けのセキュリティ認証制度が立ち上がってきています。社会インフラ運用事業者、インフラシステム構築・保守事業者（SIer 等）と制御機器製品ベンダが一体となって、堅牢な社会インフラサービスを提供していくために、制御システムの各種認証をそれぞれが分担して取得し、トータルで日本の社会インフラのセキュリティ向上を進めていただきたいと思います。また、日本企業の制御機器の海外輸出にとって、国際的な認証を未取得ということで弱点にならないように願うところです。

政府は、政府システムの調達で認証製品や認証取得済の企業・組織を優先して採用するとか、認証製品、サービスを使用する企業や社会インフラ事業者への税制優遇などを進めていただけると、セキュリティレベルの向上に効果的であると思います。

4.2 国と業界主導のセキュリティフレームワークやセキュリティガイドライン

ISO や IEC などの国際標準化組織によるものでなく、米国や日本での政府や業界が主体となって社会インフラのセキュリティ対策向上に向けてのガイドラインが開発され、普及し始めています。経営層に考慮して欲しい、いくつかのセキュリティフレームワークやガイドラインを考察します。

(1) 米国の NIST サイバーセキュリティフレームワーク

米国国立標準研究所 NIST (National Institute of Standards and Technology) が、2014 年に発行した「重要インフラのサイバーセキュリティを向上させるためのフレームワーク」は、通称サイバーセキュリティフレームワーク CSF（Cyber Security Framework）と呼ばれています。2014 年 2 月に、バージョン 1.0 が公開され、2018 年 4 月に、その改訂版であるバージョン 1.1 が公開されました。米国では、このフレームワークをベースに各業界のフレームワークが開発され、利用が進んでいます。米国にも拠点を持つ日本のグローバル企業では、米国の社会インフラの一員として無視できないものになると思います。

(2) 電力業界とビル業界のセキュリティガイドライン

社会インフラ事業者に勧めたいのが、日本電気協会が 2016 年 3 月発行の「スマートメーターシステムセキュリティガイドライン」（11 章 31 ページ）と 2016 年 5 月発行の「電力制御システムセキュリティガイドライン」（7 章 32 ページ）です。他の業界の人たちが、参照や活用が可能だと思います。なお、現在、「電

力制御システムセキュリティガイドライン」は、BCP、サプライチェーンや調達時のセキュリティ仕様などの追加が、検討されているようです。

また、2017年12月に、経済産業省は「産業サイバーセキュリティ研究会」を設置し、そのうちのビルサブワーキンググループでは、2020年のオリンピックを考慮して、エレベータや空調など多くの制御系機器を有するビル分野に関して、「ビルシステムにおけるサイバー・フィジカル・セキュリティ対策ガイドライン第1版」をとりまとめ、2019年6月に発行しました。2020年のオリンピック関連競技施設もビルの範疇と思いますので、このガイドラインに沿ってチェックをしていくのが良いと思います。

(3) 金融業界の安全基準

金融業界の安全基準として長く利用されてきている金融情報システムセンターFISC（The Center for Financial Industry Information Systems）の「金融機関等コンピュータシステムの安全対策基準・解説書」（以下「安全対策基準」）が、利用されています。

クラウドサービスの利用及びサイバー攻撃対応等を、第8版追補改訂（平成27年6月発刊）に反映しました。最近では、2018年12月に、昨今のFinTechやクラウドサービスによるビジネス環境の変化に対応し、多様化する基幹業務系以外のシステムに対し、安全対策を一律に実施するのではなく、リスクに応じて安全対策が策定されるよう、リスクベースアプローチの考え方が導入されています。

5 社会インフラのセキュリティ対策のポイント

最後にサイバー戦争のさなかで、経営者がサイバー戦争の脅威を正しく認識し、企業をセキュリティ対策向上に向けてリードしていただけるように、経営者を対象主体としたセキュリティ対策のポイントをまとめました。参考にして、できるところから推進してください。

セキュリティ専門会社によると、日本年金機構へのサイバー攻撃は、Blue Termite（青いシロアリ）と呼ばれる攻撃によるものだと言われています。政府機関や金融サービス会社、銀行、大学、公益団体、報道機関が注目されましたが、ターゲットとなった組織の数は多く、自動車やヘルスケア、化学、電気、食品、建設、運輸、ロボット、半導体といった様々な社会インフラ業種の組織も攻撃さ

れたと報告されています。たまたま発見された組織だけが表面に出て注目されていて、実際には攻撃を受け、攻撃ソフトが潜伏していることに気づいていない組織が、現在でも多くあると考えられています。攻撃者の意図が分からないので、今後のサイバー攻撃の土台として利用されるという脅威が残されていることを認識しておくことが必要です。情報処理推進機構 IPA「制御システム利用者のための脆弱性対応ガイド 第3版」（https://www.ipa.go.jp/files/000058489.pdf）を基に、筆者が一部説明等を追加して、図5（1）及び以降の説明に、社会インフラのセキュリティ対策のポイントをまとめました。

経営層や管理者には、システムのセキュリティに取り組む環境を整えることが望まれます。

＜ポイント1：対策マネジメント組織を構築する＞

現状を把握し、セキュリティ対策を浸透させていくための取り組みを推進する担当組織（または担当者）を設置し、リスク分析、PDCA/OODA ループなどを実施することが重要です。

①セキュリティポリシーの策定、対策の計画と実行、

②実行状況の監査と改善サイクル、

③要員への教育

```
経営層が実施すべき対策ポイント
    ＜ポイント1：対策マネジメント組織を構築する＞
    ＜ポイント2：サプライチェーン全体で考える＞
    ＜ポイント3：現状の対策状況の確認を指示する＞

設計・開発・導入段階における対策ポイント
    ＜ポイント4：調達時の要求仕様にセキュリティ要件を含める＞
    ＜ポイント5：運用・保守契約において、セキュリティに関する項目を含める＞

運用段階における管理者向けの対策ポイント
    ＜ポイント6：被害原因となるUSBメモリや
              入れ替え端末に対しての対策をする＞
    ＜ポイント7：セキュリティ更新プログラム（パッチ）を適用する＞
    ＜ポイント8：システムのネットワークを流れるデータ、
              ログデータを監視する＞
```

図5（1） 社会インフラのセキュリティ対策のポイント

第三者認証として、情報システムに関する情報セキュリティマネジメントシステム ISMS（Information Security Management System）認証と制御システムに関する情報セキュリティマネジメントシステム CSMS（Cyber Security Management System）認証があります。

＜ポイント 2：サプライチェーン全体で考える＞
　システムのセキュリティを事業継続計画 BCP で想定する主要なリスクとして捉え、弱い組織が狙われることを踏まえて、自社だけでなく、子会社や取引先を含むサプライチェーン全体のセキュリティを検討することが重要です。

＜ポイント 3：現状の対策状況の確認を指示する＞
　システムの導入、調達の担当者、及びシステムの運用・管理に携わる管理者に、現状の対策状況を確認し、報告の指示を出すことが重要です。なお、経済産業省は、2015 年末に、IPA とともに「サイバーセキュリティ経営ガイドライン」を公開しています。これはすべての業種に対する基本レベルのものですので、一読を薦めます。

　設計・開発・導入段階における対策ポイントを以下に示します。各ポイントを経営層や管理者が認識して、担当者が実施できるように指導し、環境を整備することが重要です。

＜ポイント 4：調達時の要求仕様にセキュリティ要件を含める＞
①セキュリティ対策にはコストがかかるため、調達側が仕様作成時点で意識をすることが重要です。
②調達で競争入札する場合、必要なセキュリティ対策を具体的に要件に含めて提案してもらいます。
③リスク評価を実施した上で、セキュリティを考慮した設計・開発を依頼します。例えば、次のような項目の検討が必要です。
・ネットワークの分離（制御ネットワーク／制御系情報ネットワーク／オフィスネットワーク）
・USB メモリ等の外部記憶媒体からの感染対策
・開発時・運用時の脆弱性対策
・セキュリティレベルの高い機器の採用（制御機器のセキュリティ保証に関する EDSA（Embedded Device Security Assurance）認証を取得している製品を利用することで、推奨レベルのセキュリティレベルを確保することができま

す。)

<ポイント5：運用・保守契約において、セキュリティに関する項目を含める>
①運用・保守契約においてセキュリティに関する項目を含めることが必要で、具体的には以下のような項目が必要です。
・マルウエア感染（攻撃ソフト）及び不正侵入時の対応
・脆弱性対応（脆弱性対策情報の提供、セキュリティ更新プログラム（パッチ）適用等）

「インターネットにつながっていなければ安全」というのは過去の話です。人為的なミスに加え、悪意を持った関係者により深刻な事態に陥ることも予想されるため、次のような考えのもとで対策を進める必要があります。
①クローズドなネットワーク構成は原則です。
②クローズドなネットワークでも、マルウエア感染（攻撃ソフト）や不正アクセスのリスクがあり、その原則を抑えた上で、多重・多層に防護することが必要です。
③システムを守るためには、脅威（セキュリティ被害の原因）の抑制と脆弱性対応の両方に取り組む必要があります。
④日常の信頼性向上活動や安全衛生活動に加えるなど、継続的にシステム状態を把握する必要があります。

以下、運用段階で脅威の抑制に効果的なポイントを紹介しますが、これだけ実施すれば十分というわけではない点には注意してください。各ポイントを経営層や管理者が認識して、担当者が実施できるように指導し、環境を整備することが重要です。

<ポイント6：被害原因となるUSBメモリや入れ替え端末に対しての対策をする>
以下はクローズドなシステムの主な感染源となっているものです。
① USBメモリ
・USBポートを取り外す/ロックする
・USBメモリ挿入時に、専用PCでウイルスチェックを行う
・USBメモリ利用規則の策定
・利用できるUSBメモリの管理
②操作端末の入れ替え/保守用端末の管理

・入れ替え時のスタンドアロンでのウイルスチェック
・保守用端末等の機器の管理（持ち込み禁止等）
③リモートメンテナンス回線
・接続されている端末の認証
・利用時のみの接続

<ポイント7：セキュリティ更新プログラム（パッチ）を適用する>

　セキュリティ更新プログラム（パッチ）の適用など、脆弱性対応は自社だけでは実施が難しいものであり、SIerやベンダと協力して実施する必要があります。

①脆弱性は日々発見されているため、脆弱性対策情報については常に自らもしくはSIerやベンダを通して収集を行うことが望まれます。

②脆弱性が悪用されてシステムに深刻な影響を与える可能性が想定される場合には、パッチをすみやかに適用すべきです。ただし、システムの中には、常時稼働が必須でパッチを適用できないケースがあります。そのような場合には、メンテナンス時や操業停止時などに計画的にパッチを適用する必要があります。パッチを適用すると、アプリケーションの動作に影響する可能性があります。ベンダと相談して、事前に動作検証を行う必要があります。

③パッチの適用が難しい場合は、脅威への対策を徹底して、セキュリティ被害の発生を回避することが望まれます。

<ポイント8：システムのネットワークを流れるデータ、ログデータを監視する>

　セキュリティインシデント（事件）の検知や分析を行うため、以下を実施する必要があります。

①システムのネットワークを流れるデータを監視する
②専用のログ管理ツールを導入する
③システムにもともと組み込まれているログ管理機能を使う

　国内でもIPAのアンケート回答事業者の約5割が、ポイント8に挙げたような対策を実施しています。

　他にもパスワード管理など、リスクに応じて実施すべき対策があります。

　ガイドラインや対策の評価ツールを参考に、自社に適した対策を実施することが重要です。できるところから着実に実施し、積み重ねていくのが良いです。

コラム7　破壊型ランサムウエア被害企業の対策公開：A.P. モラー・マースク社

サイバー攻撃の被害とその後の被害企業の行動パターンとして参考になるものとして、マースク社を考察します。

2017年6月に、海運最大手マースク社は、破壊型ランサムウエア NotPetya に感染し、わずか7分で全社的に、壊滅的被害が発生しました。影響・被害は以下のようでした。

・マースク社管理下のグローバルな複数ターミナルが閉鎖しました。
・感染拡散し、コンテナ船のプロペラや他の機器に電力を供給する配電盤が落ち、係留したまま動けなくなりました。
・電子海図表示システムが感染し、出航が遅れました。
・スペイン・アルヘシラス港のターミナルが復旧のため、操業が40日以上停止しました。

このサイバー攻撃による被害と対応状況、業界への警告を目的に、マースク社の Jim Hagemann Snabe 会長が、2018年の世界経済フォーラム WEF (World Economic Forum) において、2017年6月に発生した同グループの破壊型ランサムウエア NotPetya への感染被害について語りました。

4,000台のサーバ、45,000台のPC、2,500のアプリケーションの再設置・インストールを10日で行ったといいます。その10日間は、全ての作業をマニュアルで行い、それでも平時の取扱量の80%を処理したと言います。最終的な損害は、2億5,000万ドル～3億ドルを見込んでいるということです。

自社のサイバーセキュリティの強化に取り組むとともに、WEFの参加者にもインターネット全体のセキュリティ強化に皆で取り組むことを提唱しました。というのも、ここ数年、国際海事機関 IMO (International Maritime Organization) やボルチック国際海運協議会 BIMCO (The Baltic and International Maritime Council) が、セキュリティガイドラインを出す等して、セキュリティ対策の取組みを進めてきました。同業界のセキュリティ問題を専門とする弁護士は、「他の業界に比べて約20年遅れている」と話しています。弁護士は、「インシデントは発生しているが、

皆公表したがらないため、多くの人々が発生していることを知らないし、信じない」と話しています。

今回のマースク社会長のWEFでの公表は、他の企業や他の社会インフラ業者も見習って、被害や対応についての関係者間での情報共有が進むことが望まれます。

破壊型ランサムウエアNotPetyaとは、2017年6月頃よりウクライナを中心として、世界的に猛威を振るったもので、ウクライナの会計ソフトが、ターゲットで拡散したと言われています。復元する手段を持たないランサムウエアで、破壊目的のものです。2018年2月には、英米のメディアがロシア軍のウクライナを狙ったサイバー攻撃であったと公表しています。

コラム8　金銭要求型ランサムウエア被害企業の対策公開：(株)日立製作所

　サイバー攻撃の被害とその後の被害企業の行動パターンとして参考になるものとして、(株)日立製作所の対応を考察します。

　日立グループは、2017年5月に、金銭要求型ランサムウエアのサイバー攻撃により、メールシステムをはじめとする社内システムが被害を受けました。日立グループは、この経験をもとに情報セキュリティ体制の更なる強化を図り、CISO（Chief Information Security Officer）を新たに設置し、CISOを中心とする情報セキュリティのグローバルなガバナンス体制を、2017年10月に運用開始しています。

　(株)日立製作所は、2018年9月発行の情報セキュリティ報告書2018で、「サイバー攻撃事案の教訓と社内堅牢化の取り組み」を報告しています。ランサムウエアのサイバー攻撃を受け、3時間ほどの短時間で社内に侵略拡大されました。その経緯、影響範囲、及び、このサイバー攻撃からの教訓と対策について、説明しています。

　セキュリティ対策では、サイバー攻撃の情報共有が非常に重要です。今回、日立グループは、金銭要求型ランサムウエア被害の経緯や教訓といった知見を、社外にも発信し、情報共有を進めている姿勢は、サイバー攻撃を受けた他の企業も参考にして欲しいものです。

　以下に、情報セキュリティ報告書2018 *1で情報共有された内容を引用（斜体文字部）し、一部筆者が説明を付加しています。

　(*1：https://www.hitachi.co.jp/sustainability/download/pdf/securityreport.pdf)

(a) 経緯と影響範囲

　2017年5月12日、WannaCry（ワナクライ：泣きたいよ！）と呼ばれるワーム型（自身を複製して他のシステムに拡散・感染する）の金銭要求型ランサムウエア（攻撃ソフト）が、欧州から世界中へ感染拡大しました。本ウイルス（攻撃ソフト）は、Windowsの脆弱性を悪用して、自分自身を他の脆弱なWindowsシステムに、ネットワークを経由して拡散します。また、感染したシステムは、ファイ

ルを暗号化され、その暗号解除の鍵と引き換えに金銭を要求する脅迫文が表示されます。

①経緯

日立グループでも欧州の現地法人の検査機器から、社内ネットワークのサーバ等に次々と感染し、グローバルで被害が及びました。

②影響範囲

影響範囲は、社内ネットワークに接続されている機器である業務システムサーバ、OA用PC（オフィス用パソコン）など情報システム部門が管理しているものから、工場にある製造・生産システム、制御装置や倉庫システム、ファシリティの入退管理システムなど多種にわたりました。図8 (1) は、5月12日からの社外へのファイアウオールにおけるWannaCryの拡散パケットの廃棄数を表したものです。20：00 ごろに感染が始まり、2時間後（引用文のまま）の23：00にはほぼ飽和状態になり、脆弱性が対策されていない機器すべてに対しての拡散が終わりました。その後、アンチウイルスソフトによる検疫やパッチ（セキュリティ更新プログラム）適用により感染機器が減少し、パケット数は、減少しました。完全な回復までは、約20日間かかったそうです。

(b) 教訓と対策

今回のサイバー攻撃事案から得た教訓を、4つにまとめています。

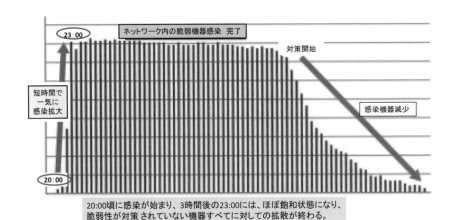

図8 (1)　日立製作所グループでの金銭型ランサムウエアの感染速度

5 社会インフラのセキュリティ対策のポイント

①ネットワークの構成の在り方です。エンドポイントによるウイルス対策を前提として、広域イーサネットによりセグメント化を排除した社内ネットワークは、ワーム型ウイルスに対しては、エンドポイントが感染した場合、一気に拡散してしまいます。また、エンドポイントのセキュリティ状況も把握できていないままネットワークに接続されていることも拡散の原因となりました。これらを改善するためには、セキュリティ側面と復旧を前提とした、監視機能を盛り込んだネットワークとすることが重要です。

②グローバル化により、24時間稼働の各サーバシステムにおいてセキュリティ対策不足が露呈しました。サーバの停止ができないために、脆弱性があっても速やかにパッチを適用できない重要なシステムが、特に被害を受けました。これはパッチ適用を特に根拠もなく「やらなくても大丈夫」という意識から、「やるのが当然」との意識へ変革し、企業全体のシステム運用において推進することが重要です。

③IoT機器へのセキュリティ対策の難しさです。今回の事案の感染元である検査機器もそうでしたが、組み込みWindowsであるにもかかわらず、パッチ適用が元々想定されていない機器が大多数であることや、導入する側もシステムをアップデートする意識がないことなど、今後の対応の難しさを改めて認識しました。一般的なOA機器と異なり、アンチウイルスもなく、パッチを適用できずにウイルス感染する場合も想定し、予めネットワーク等で対策をすることが必要です。

④災害に対するIT-BCPとサイバー攻撃に対するIT-BCPは全く異なることです。震災をはじめとする災害対策として、速やかに業務を再開するためのバックアップのため、常に遠隔地にデータを同期していますが、ランサムウエア感染により暗号化されたファイルも同期し、バックアップデータも破壊されたことで、復旧に時間を要しました。ランサムウエアのようなデータ破壊を想定すると、復旧のために必要なバックアップの考え方も見直しが必要です。また、災害時と同様にサイバー攻撃に対する事業継続計画（BCP）においても、人命確保・事業復旧を最優先に考えた行動をとることが必要です。

インシデント対応を行う際には、日頃から最悪のシナリオを考え、大規模な被害につながる可能性を常に念頭において対処しなければなりません。これらに対応するために、想定される攻撃シナリオに則った手順書の整備、ト

第Ⅲ編　サイバー攻撃に立ち向かうための考察

①サイバー攻撃を想定したBCP設計 　災害に加え、サイバー観点・グローバル観点を設計 ②事業リスク分析に基づいたITでの対策 　情報資産の重み付けを意識したITでの対策 ③パッチマネジメントにおけるセキュリティパッチ強制適用 　IoT機器、物理セキュリティほか、現場機器もすべて管理できる体制構築 ④IT責任者の管理範囲・権限の見直しによる一元管理体制構築 ⑤セキュリティマネジメントのグローバルガバナンス 　各国のリージョンを含めた体制再検討 ⑥IoTセキュリティガイドラインの制定	グループ横断での情報セキュリティ専門部門の設置 執行役社長兼CEO直轄のCISOと、CISOが管掌する情報セキュリティリスク統括本部を設置・独立させ、情報セキュリティ体制を拡張・強化（2017年10月1日付）

CISO: Chief Information Security Officer
BCP: Business Continuity Plan

2018年9月発行の（株）日立製作所　情報セキュリティ報告書2018より筆者が作成

図8（2）　日立グループのガバナンス側面の取り組み

レーニング、現場力の向上が重要です。

これらの教訓から、サイバー攻撃に対する日立グループの堅牢化のため、ガバナンス側面では、図8（2）の通り、6つの要素に焦点をあて、その推進に当たっては、グループ横断での情報セキュリティ専門部門の設置を行い、セキュリティガバナンス体制の強化を図りました。

コラム9　制御システムのセキュリティ標準・認証の現状と概要

　制御システム（国際標準では産業用オートメーション・制御システム IACS（Industrial Automation and Control Systems）と呼ばれています）に対するセキュリティの国際標準として注目されている国際標準 IEC62443 と IEC62443 を基にした認証制度の現状と概要を紹介します。なお、IEC62443 では IACS の定義は、「産業プロセスの安全、セキュアそして信頼できる運用に影響する要員、ハードウエア、ソフトウエア、手順やポリシーの集合」となっています。これは、例えば石油精製の製油所でのバルブや流量計等を制御する制御機器・システム製品に加え、これらの制御機器・システム製品や制御用アプリケーションの操作・監視をする要員やその運用手順マニュアル等を含めたものです。

　国際標準 IEC62443 は、国際電気標準会議 IEC（International Electrotechnical Commission）の TC（Technical Committee）65/WG（Working Group）10 と国際計測制御学会 ISA（International Society of Automation）の委員会 ISA99 とが、密接な連携で標準化を進めています。本標準は、四つのシリーズから構成されています。

　シリーズ1は、総論です。

　シリーズ2は、管理・運用・プロセスで、ターゲットは運用事業者（電力やガス会社など）です。情報・オフィス系のセキュリティマネジメントが ISMS（Information Security Management System）としてよく知られていますが、工場関係のマネジメントをするのが、シリーズ2の CSMS（Cyber Security Management System）です。

　シリーズ3は、制御システムのセキュリティ機能要件を規定しています。

　シリーズ4は、制御機器（コンポーネント）の開発者（ベンダ）向けで、制御機器製品ごとのセキュリティ開発プロセスやセキュリティ機能要件を決めたものです。

　IEC62443 を基にした評価認証については、運用事業者向け、構築・保守 SIer 向け、制御製品ベンダ向けのセキュリティ認証制度が立ち上がってきています。

(a) IEC62443-2-1 認証　－　CSMS 認証

運用事業者向けの組織能力に対する認証です。主として運用事業者の IACS セキュリティマネジメントシステムに対する要求事項、特に IACS の特徴である HSE（Health、Safety、Environment）の視点を取り入れた、運用事業者の IACS 運用能力を評価認証します。

IEC62443-2-1 認証を取得することで、組織内のセキュリティ対応の改善や社員の意識や取り組みの向上等により、IACS に関するセキュリティ対策の持続的な向上が期待できます。IEC62443-2-1 認証は、日本が世界に先駆けて構築しており、一般財団法人日本情報経済社会推進協会 JIPDEC の認定のもと、2 社が認証機関となり、現在までに 6 社が認証取得をしています。残念ですが、2016 年 11 月末で ISMS 適合性評価制度の認証取得組織数が 5,000 件を超えている ISMS 認証の普及に比べますと、CSMS 認証の普及は、まだまだというところです。

(b) IEC62443-2-4 認証

構築・保守 SIer 向けの IACS ソリューション能力に対する認証です。IEC62443-2-4 認証は、IACS の構築・保守 SIer に対するセキュリティ要求事項を規定し、制御製品ベンダから提供される制御機器・制御システム製品を統合し、これに運用事業者の運用・保守ルールを加え、IACS を実現するソリューションを提供する構築・保守 SIer の構築・保守能力を評価認証するものです。現在、IEC の適合性試験認証制度で適合性評価の検討が進められています。

(c) IEC62443-4-1/-4-2/-3-3 認証　-　ISASecure 認証

制御システムを構成する制御機器・制御システム製品のセキュリティ認証に対しては、ISA 配下の組織である ISA セキュリティ適合性協会 ISCI（ISA Security Compliance Institute）が、IEC62443-4-1/-4-2/-3-3 に準拠した認証規格を制定し、ISASecure 認証を推進しています。

①制御機器認証（EDSA 認証：IEC62443-4-2）

セキュアな制御システムを実現するためには、制御システムを構成する各制御機器（コンポーネント）がセキュアで安全かつ安定的に利用できることが重要です。そこで、2010 年頃から制御機器に対する IEC62443-4-2 に基づく EDSA 認証が開始されています。日本では、日本適合性認定協会 JAB（Japan Accreditation Board）の認定のもとで、CSSC 認証ラボラトリーが 2014 年 4 月より EDSA 認証制度を開始し、すでに日本の 4 社 5 製品が

EDSA 認証を取得しています。世界での制御機器の EDSA 認証の認証取得の現状は、2019 年 5 月末で、12 企業が取得しています。海外では、ABB、エマーソン、ハネウエルやシュナイダー他 8 社が取得し、日本では、アズビル、東芝、日立製作所、横河の 4 社が取得しています。日本での最終取得が 2017 年 2 月で、それ以降の取得が進んでいないのは残念です。最近は、海外企業を中心に 18 機種が EDSA 認証の最新版である EDSA2.0.0 を取得しています。なお、2019 年 8 月から EDSA は CSA (Component Security Assurane) と変更されています。

なお、ISASecure の EDSA 認証の大きな利点は、国際的な相互承認で運営されていますので、海外の認証機関で認証取得をする必要がなく、日本で日本語により EDSA 認証を受審し、取得すれば世界で通用することです。

②製品開発プロセス認証（SDLA 認証：IEC62443-4-1）

米国では、製品開発プロセスの認証である SDLA (Security Development Lifecycle Assurance) 認証制度が立ち上がっていて、米国 3 社 8 か所の開発・製造サイトが認証取得しています。日本では、SDLA 認証制度は立ち上がっていません。海外の認証機関での認証取得が必要になります。

③制御システム認証（SSA 認証：IEC62443-3-3）

システムの範囲の定義については、いろいろと議論があると思いますが、エマーソン社が 2019 年 3 月 7 日に DeltaV DCS and SIS に対して、SSA (System Security Assurance) 2.0.0 認証を取得しています。日本では、SSA 認証制度は立ち上がっていません。海外の認証機関での認証取得が必要になります。

認証事業はなかなか事業的には難しく、制御機器企業だけでなく、制御機器を使用する社会インフラ事業者が、積極的に認証済の制御機器を採用して、一定レベルのセキュリティを確保していくという強い意識を持つことが必要です。その際、自社が、自社で標準に準拠していると宣言しても信用されにくく、第 3 者による標準準拠であると認証されるほうが、社会的にも信用されます。ここに、第 3 者認証の重要性があります。

社会インフラ運用事業者、インフラシステム構築・保守事業者（SIer 等）と制御機器製品ベンダが一体となって、堅牢な社会インフラサービスの提供をしていくためにも、制御システムの各種認証をそれぞれが分担して取得し、

トータルで日本の社会インフラのセキュリティ向上を進めていただきたいと思います。政府も政府システムの調達で認証製品や認証取得済の企業・組織を優先して採用するとか、認証製品、サービスを使用する企業や社会インフラ事業者への税制優遇などを進めていただけると、セキュリティレベルの向上に効果的であると思います。また、日本企業の制御機器の海外輸出にとって、国際的な認証を未取得ということで弱点にならないように願うところです。

第Ⅳ編

主要なサイバー攻撃へ対策の考察

第Ⅳ編では、第Ⅱ編で紹介しましたサイバー攻撃の事例で使用されている主要なサイバー攻撃に対する対策について、考察をしていきます。

　攻撃者は、攻撃する組織の重要な情報や機器等を攻撃対象としますので、全てを同時・同格で守るのではなく、事業継続などの視点で守るべき対象を、経営判断で選ぶことが大切です。実際、事業を継続するための守るべき情報や資産が攻撃された時、それぞれの組織で事業への影響の大きさが異なりますので、事業継続計画 BCP の発想で、組織ごとのリスク分析をして、対策の優先順序を決め、最終的には経営者が決定することが要求されます。セキュリティ対策には投資が必要となりますので、経営者が事業優先順序で判断することが必要です。
　また、経営者は、経営方針としてセキュリティポリシーを明確に規定し、従業員に対してセキュリティ意識の向上を図っていくことが必要です。標的型攻撃だけでなく他のサイバー攻撃でも、1万人の中のたった一人が守るべきセキュリティ事項に違反すると、企業全体に一瞬で攻撃が拡大し、大事故に進展していきます。一人の不遵守で、システム全体が崩壊してしまいます。
　2002年8月に経済協力開発機構 OECD（Organisation for Economic Cooperation and Development）が、「セキュリティ文化 Culture of Security の普及に向けて」というガイドラインを作成して、経済、行政、生活のあらゆる場面で、すべての人の共通の課題であるセキュリティの普及に努めてきました。しかし、文化の普及には時間がかかるようで、まだまだの段階にあると思います。しかし、日本の企業は、企業文化として、品質や安全の確保のため各社いろいろと進めていると思いますので、その一環で、企業内で独自の展開をしていくのが良いと思います。各企業での展開が連携・協調して、より大きな文化に拡張していくことを期待したいものです。企業内でのセキュリティ文化の確立と確実な実行が必要と言えます。

　サイバー攻撃に使用される攻撃手法はそれほど多くありません。現在、攻撃者に多く利用されているサイバー攻撃に対する対策について、攻撃者の動機、何が攻撃の対象になるかをきちんと把握して防護対策を進めていくことが重要です。システム管理者やセキュリティ担当の皆さんは、本編の内容を基にして、IPA などの公的セキュリティ機関やセキュリティベンダなどから、自組織に最適なセキュリティ対策を検討していただきたいと思います。

第Ⅳ編　主要なサイバー攻撃へ対策の考察

1　標的型攻撃への対策

　標的型攻撃は、サプライチェーン攻撃、ランサムウエア攻撃やビジネスメール攻撃などの攻撃の前段階で使用されています。従って、標的型攻撃に対する対策は、非常に重要な対策になりますので、経営層が主導して、企業グループ全体で実施していくことが大切です。

　組織や社会に重大かつ深刻な被害をおよぼす標的型攻撃は、以下の3つの特徴があります。

①標的とする組織へ執拗な攻撃と巧妙な侵入

　組織のシステムの脆弱性や利用する人間の脆弱性を突いて、ビジネス上で必須のツールであるメールや可搬媒体の利用やウエブの閲覧などが侵入口となります。標的とする組織を執拗に狙ってきます。

②長期間に渡って潜伏、組織システムを探索

　被害事例の中には、数ヶ月から半年以上も前に侵入され、気付かずにいたケースも珍しくありません。

③深刻な被害の発生

　組織の重要情報の窃取（漏洩）やシステムの稼働に重大かつ深刻な被害をおよぼします。

　まず、攻撃の最上流となる①に対する対策を解説します。その基本をいくつかあげます。ここではIPAが提供している従業員が守るべき事項について**図1（1）**で説明します。この内容を、経営層が、分かりやすく説明し、徹底していくことが大切です。基本は、ソフトウエアを最新に保つ（脆弱性対策を可能な限り早期に実施して、攻撃者に隙を見せない）ことです。なお、不審なメールに気付いたらどうするかの社内ルールを決めておくことも必要です。

・一人でも気付くことができれば、他の人に届いた標的型攻撃メールも発見できる可能性が高くなります。
・不審なメールに気付いた人は、組織で定められている運用ルールに従い、速やかに情報を集約している窓口に報告することが拡散を防ぐために重要です。

　①に対する対策は非常に重要ですが、それでも完全に防ぎきることは困難です。そこで②、③に対しても考慮していくことが重要です。

　②に対しては、端末を含むシステムの稼働状態や通信の内容の監視などで、可

2　サービス妨害攻撃（DoS・DDoS攻撃）への対策

項番	対策の基本事項	具体的事項
1	ソフトウェアを最新に保つ（脆弱性対策を可能な限り早期に実施して、攻撃者に隙を見せない）	脆弱性（セキュリティ上の脅威となる欠陥や問題点）が悪用されないようにする
		Word、pdf、Adobe Flash Player、Adobe Reader、Oracle JAVA（JRE）などの脆弱性対策の徹底
		制御システムに対してもセキュリティパッチ強制ルールの適用も検討
		サポート切れの古い製品・バージョンは移行を検討する
2	ウイルス対策ソフトを導入し、定義ファイルも常に最新の状態にする	ウイルス定義ファイルの自動更新設定にする
		自動削除
		ウイルス対策ソフトは万能薬ではない、過信は禁物
3	添付ファイルを安易に開かない、本文中のURLを安直にクリックしない	《着眼点》①日本語の言い回しが不自然である。②日本語では使用されない漢字（繁体字、簡体字）が使用されている。⇒日本語を理解していない攻撃者が自動翻訳ソフトを利用し作成している場合がある。
		《着眼点》業務の発注メールにも関わらず、差出人がフリーアドレスである。⇒業務でフリーメールアドレスを使用することは少ない
		《着眼点》①差出人のメールアドレスと本文に記載された署名のメールアドレスが一致しない。②rar圧縮形式は国内で使用されることは少ない。
		《着眼点》①実在する名称を一部に含むURLが記載されている。②HTMLメールの場合は、記載されているURLと実際にクリックした際に表示されるWebページのURLが異なる場合があるので注意。
		《着眼点》①送信者欄／本文署名欄に受信者が信頼しそうな組織・担当者の名前を使用してくる場合がある ②興味を引くような件名、本文、添付ファイル名で仕掛けてくる場合がある

IPA　映像で知る情報セキュリティ　〜標的型攻撃対策（従業員編）〜を基に筆者が表形式に変更

図1（1）　従業員が守るべき標的型攻撃対策

能な限り早期の発見に努めることになります。端末に対しての初動の調査手法については、IPAのレポート、サイバーレスキュー隊（J-CRAT）技術レポート2017　インシデント発生時の初動調査の手引き　〜WindowsOS標準ツールで感染を見つける〜（https://www.ipa.go.jp/security/J-CRAT/report/20180329.html）が参考になります。

③に対しては、企業システムへの深い侵入を防ぐためのゾーニング（ネットワークを重要度に応じて分割等）や、重要なシステムや情報に対するアクセス制御や暗号化等、システムの要塞化を図ることが鍵となります。

2　サービス妨害攻撃（DoS・DDoS攻撃）への対策

　サービス妨害攻撃DoS攻撃（Denial of Service attack）は、一台のコンピュータからの攻撃で、意図的に過剰な負荷をかけるなどの行為により、ネットワークの遅延やウエブサイトへのアクセスをできないようにする攻撃を指します。

　分散型サービス妨害攻撃DDoS攻撃（Distributed Denial of Service attack）は、複数のコンピュータからの攻撃です。

　DoS攻撃/DDoS攻撃（サービス妨害攻撃）のやり方として、①大量のトラフィック（通信回線上で一定時間内に転送されるデータ量のこと）の送信によっ

第Ⅳ編　主要なサイバー攻撃へ対策の考察

てサービス妨害を引き起こす規模によるフラッド（洪水）型攻撃と②脆弱性を突いてサービス妨害を引き起こす脆弱性型攻撃の二つに分けることができます。

　資源を枯渇することを狙ったサイバー攻撃では、資源を無尽蔵に用意できれば良いのですが、サイバー攻撃を想定して過剰の投資をすることは難しいでしょう

　フラッド（洪水）型 DoS 攻撃の場合、普段と異なる特定の時間や、ある IP アドレスのコンピュータから異常な大量のトラフィックが送られていますので、日常的に通信回線のトラフィックの監視をし、異常な状況を把握することが基本的に必要なことです。風邪をひいているか、体調に異常が生じていないか、体温を日々決まった時間にチェックするようなものです。国内のサービスを中心に展開している社会インフラ事業者の場合は、海外の IP アドレス（のコンピュータ）からの通信を遮断することや、送信されてくる IP アドレスを監視して、何度も繰り返し送られてくるような異常性を示す IP アドレス（のコンピュータ）からの通信を、制限するという対策も必要です。このためにも日常的に通信回線のトラフィックの監視をしていくことが大切です。攻撃対象を分散するため、サーバを複数の場所に分散することも有効でしょう。

　世界の数 10 カ国、数 10 万から 100 万台規模のコンピュータからの大量のトラフィックによるフラッド（洪水）型の DDoS 攻撃に、個々の企業で無尽蔵のネットワーク帯域を確保することは現実的ではありません。共用型のクラウドを活用するのが対策の一つです。例えば、ネットワーク帯域が数 100Gbps の DDoS 攻撃にも耐えるようなネットワーク帯域を提供しているクラウドを利用して、システムを構築する方法です。また、アプリケーションレベルを狙った DDoS 攻撃への対応も大切ですので、上記のネットワーク帯域を持つクラウド型の Web アプリケーションファイアウォール WAF（Web Application Firewall）を利用する方法などが考えられます。守るべき対象システムを選別し、上述のクラウドサービスを利用するのが良いでしょう。国内のサービスを中心に展開している社会インフラ事業者の場合は、海外の IP アドレス（のコンピュータ）からの通信を遮断することも効果があると思います。

　このようにリソース対リソースの戦いになりますが、サイバー攻撃時に別サイトでのサービス提供に切り替えるような、分散地でのサービス提供継続のような設計も必要になると思います。

3　サプライチェーン攻撃への対策

本書では、サプライチェーン攻撃を、**図3（1）**で示すように分類して説明しています。

（1）　製品のバックドア利用型サプライチェーン攻撃

国家がらみのバックドアに対抗するのは非常に難しいと思います。しかも、高度なセキュリティチェック・診断が必要となりますので、一企業が購入するコンピュータやネットワーク機器（ルータや監視カメラなど）に対してバックドアなどの攻撃ソフトが組み込まれていないかを確認するのは難しいことと思います。安全保障のため国家の基幹のコンピュータやネットワーク機器に対しては、国の機関や国の予算でセキュリティ専門企業が、使用に先駆けてバックドアの組み込みをチェックするようなことをしてもよいのではないかと思います。たぶん、米国でも中国のファーウエイのネットワーク機器に対しては、国家レベルの検査機関で評価テストを実施しているのではないでしょうか。実利用環境で、ネットワークのトラフィックを一定期間分析するなどして、異常な処理がないかをチェックすることです。可能であれば、ソースコードを企業に提供してもらい、ソースレベルのレビューを実施するのが効果的です。しかし、なかなかソースコードを提供する企業はいません。そのような場合にはリバースエンジニアリング（後述で説明）のような解析技術が必要になります。セキュリティ対策のような公的なリバースエンジニアリングについては、米国では許されていますが、日本は公的目的でのセキュリティ研究レベルでも法律的に不可能です。以前から指摘されていますが、なかなか方針が決まらない状況で、法的対応がまず先に必要となっています。

なお、プログラムとは、ある目的を実現する一連の命令語が記載されたものです。人間が見て、理解することができるプログラムを、基礎的、原始的であることを意味するためにソースプログラムとかソースコードと呼びます。しかし、人

図3（1）　サプライチェーン攻撃の分類

間には理解できても、コンピュータには理解できません。コンピュータに理解でき、コンピュータで演算できる形式（01の2進数表現の機械語）に変換してから、コンピュータが実行します。このコンピュータが理解できる機械語の一連の塊から、人間が理解できる形式に変換（リバース）して、処理の流れを解析することをリバースエンジニアリングと呼びます。例えば、自動車を分解して、どのような部品で、どう構築され、動作しているかを解析して、同じものを作り出すのと同じようなことです。リバースエンジニアリングにより、電子機器の処理の流れを解析することができるので、企業は競合上、リバースエンジニアリングを禁止しています。

(2) ソフトウエア更新時のバックドア利用型サプライチェーン攻撃

　信頼しているソフトウエアの開発先とか、信頼できる通信機器等からの調達では、相手を基本的には疑うことがないのが実態だと思います。マイクロソフトなどの基幹ソフトウエア開発・提供の企業では、更新プログラムの配布前には、後述のソースコードレビュー、ペネトレーションテストやファジングテストのようなことを実施しています。このように、顧客への影響がないように十分の注意と対策をしています。

　ここでソースコードレビューとは、その一連の命令語の並びの中に攻撃者からの攻撃に耐えられない部分があるかをチェックすることです。

　ペネトレーションテストとは、ソフトウエアに対して既知のサイバー攻撃、専門企業独自の攻撃手法等、多様な攻撃技術を用いてシステムやソフトウエアに侵入を試みることで、システムやソフトウエアに脆弱性がないかテストすることです。

　ファジングテストとは、ランダムに境界値等に対してサイバー攻撃を実行して、異常値に対してのシステムやソフトウエアに脆弱性がないかどうかをテストすることです。

　しかし、どうしたら中小企業のソフトウエアに、バックドアが組み込まれているか、いないかを調べることができるでしょうか。一つ目は、ソースコードのレビューです。かなり高度で、時間とお金がかかる対策になります。ソフトウエアの更新プログラムを配布する企業が、配布する前に更新プログラムのソースコードをレビューし、確認するようにすることです。二つ目は、攻撃者が狙う脆弱性をなくすことです。配布するソフト企業のシステムやソフトウエアの脆弱性をなくすことです。このための手法として、ペネトレーションテストやファジングテ

ストと呼ばれるテストを実施することです。定期的に実施することで、脆弱性を早期に発見して、サイバー攻撃に利用されないようにすることです。ソフトウエア会社との契約時に、更新プログラムの配布前に、必ずソースコードレビュー、ペネトレーションテストやファジングテストなどを実施することを条件にするのが、今後良さそうです。ただし、ソフトウエア会社は、工数と費用がかさむことになるでしょう。これらのテストは、かなり高度で、時間とお金がかかる対策になります。

(3) 脆弱な企業利用型サプライチェーン攻撃

IPAの「サイバーセキュリティ経営ガイドライン」で、経営者が認識すべき3原則の2番目に「自社は勿論のこと、ビジネスパートナーや委託先も含めたサプライチェーンに対するセキュリティ対策が必要」と記載されています。自社のセキュリティ対策の強化だけでなく、サプライチェーンの企業も含めたセキュリティ対策の強化が今、求められていることを認識し、また、何もしないのが最悪であることを認識し、主導的立場を持つ企業は、サプライチェーン全体のセキュリティのレベルアップを図るために、BCPなどのリスク管理の考えを共有していくことが重要でしょう。例えば、委託先や発注先を選択し、さらにサイバーセキュリティ対策の実施を契約で要求することも必要でしょう。契約で縛るにしても、サイバー攻撃に対して、どのレベルのサイバーセキュリティ対策を要求するかを明確化しなければ、委託先や発注先は混乱します。大企業が、個々に異なるセキュリティレベルや対策の要求をすることになると、委託先や発注先は、複数の大企業から少しずつ異なる対策要求を契約などで縛られることになるので、混乱してしまうでしょう。このようなセキュリティ対策のレベルは、政府や業界が主導して決めていくことが効率的でしょう。経済産業省などが、業界ごと、及び横断的なサプライチェーンへの対策の検討を進めているようです。

サプライチェーンマネジメントについて、海外や経済産業省、IPAなどの資料などを参考にされることを薦めます。

また、ビルメンテナンス会社や自動車整備業者等の業者は、自身の正当性を証明するために、(改ざんができないようにした) 監視カメラで作業の記録を残すようなことが、必要になってきていると思います。コンビニで従業員の挙動を監視し、顧客に悪意のある行為をしないようにするのと同じかもしれません。抑止効果もあります。

なお、サプライチェーン攻撃の前段階として、標的型攻撃が利用されています

ので、標的型攻撃の対策についても併せて対策することが大切です。

4 ランサムウエア攻撃への対策

　基本的には、標的型攻撃への対策を徹底することです。本編の1. 標的型攻撃への対策、を参考にしてください。

　ここでは、ランサムウエア攻撃に感染してしまった場合の対策準備をしておくことについて考察します。それはファイルのバックアップです。ランサムウエアに乗っ取られても、物理的に遮断されたストレージ装置（例：取り外し可能な補助記憶装置）に、コンピュータ内のデータのバックアップを保存して、乗っ取られたコンピュータを完全初期化することによって、少なくともバックアップ時点の状態には復元することができます。

　なお、バックアップはランサムウエア対策だけではなく、ディスク障害や災害時の対策としても必須ですので、実施することを進めます。最近は、ランサムウエア攻撃の対象も制御システムへと拡大している傾向がみられていますので、制御システムを運用する社会インフラ（重要インフラ）事業者は、バックアップを定期的に取ることが事業継続のためには必要なステップとなってきています。

　また、ランサムウエア攻撃の被害企業が、再発防止のために被害状況や経緯とその後の活動を公開していますので、参考になると思います。コラム7と8を参照して下さい。

5 ビジネスメール詐欺攻撃への対策

　ビジネスメール詐欺では、巧妙なソーシャルエンジニアリングの手口の応用など、様々な手法を駆使した攻撃が行われます。また、企業や組織の、どの従業員が、いつ攻撃の対象となるかは分かりません。このような攻撃に対抗するため、ビジネスメール詐欺について理解するとともに、不審なメールなどへの意識を高めておくことが重要です。

　ビジネスメール詐欺の被害にあわないようにするには、IPAの「ビジネスメール詐欺「BEC」に関する事例と注意喚起（続報）」（https://www.ipa.go.jp/files/000068781.pdf）等によると、次のような対策を行うことが望ましいということです。これらの対策は、情報窃取や諜報活動を目的とする標的型メール攻撃

への対策とも共通する点があります。
①取引先のメール以外の方法での確認
　振込先の口座の変更といった、通常とは異なる対応を求められた場合は、送金を実施する前に、電話やFAXなどメールとは異なる手段で、取引先に事実を確認することを勧めます。メールに書かれている署名欄は攻撃者によって偽装されている可能性があるため、信頼できる方法で入手した連絡先を使ってください。特に、突然の振込先の変更や、急な行動を促すような請求や送金の依頼メールは、ビジネスメール詐欺ではないか、よく確認することを勧めます。
②普段とは異なるメールに注意
　ビジネスメール詐欺では、海外取引におけるメールでのやりとりで多く発生しています。英語が母国語ではない国との取引の場合、多少間違った英語のメールが着信したとしても不思議ではありません。しかし、その中でも、普段とは異なる言い回しや表現の誤りには注意が必要です。
③ウイルス（攻撃ソフト）・不正アクセス対策
　ビジネスメール詐欺では、攻撃や被害に至る前に、何らかの方法でメールが盗み見られている場合があります。原因は、メールの内容やメールアカウントの情報を窃取するウイルス（攻撃ソフト）、メールサーバへの不正アクセスなどが考えられます。「不審なメールの添付ファイルは開かない」、「セキュリティソフトを導入し、最新の状態を維持する」、「OSやアプリケーションの更新プログラムを適用し、システムを最新の状態に維持する（脆弱性対策をする）」といった、基本的なウイルス（攻撃ソフト）対策の実施が不可欠です。

6　2020年東京オリンピックを標的としたサイバー攻撃への対策の考察

　ここでは、2020年の東京オリンピック・パラリンピックについての対策について考えてみたいと思います。

(1)　ロシアからのサイバー攻撃の想定と対策

　2020年第32回東京オリンピック競技大会の開会式は、2020年7月24日（金）午後8時から開始され、東京2020パラリンピック競技大会の開会式は、2020年8月25日（火）に開催されます。東京オリンピック・パラリンピックに対するサイバー攻撃への対策準備は、十分に進んでいると思われますが、ロシア軍によ

第Ⅳ編　主要なサイバー攻撃へ対策の考察

る平昌冬季五輪の開会式へのサイバー攻撃を分析して、サイバー攻撃を受けないための抜かりのない事前対策準備と、もし当日サイバー攻撃を受けた時の緊急事態対応訓練を、繰り返し実施していくことが望まれます。

　2019年6月4日の日経新聞で、ロシア陸上がまたドーピング関係で不正を働いていることが疑われ、東京オリンピック出場も除外かとの記事がありました。もし、ロシアに対して何らかの制裁が加えられるようなことが起きると、韓国平昌冬季オリンピック以上の報復が、東京オリンピックに対しても行われるという、恐れが生じるでしょう。ロシアは、ウクライナやバルト3国などへ分散型サービス妨害攻撃DDoSと呼ばれるサイバー攻撃を実施するために、世界中に自由に操ることができるボットと呼ばれるコンピュータ（サーバ、パソコン、スマホや監視カメラのようなIoT機器など）を、多数保有しています。現在も継続して保有していると思われるこのボットを、東京オリンピックの開催日時に合わせ、一斉に起動することにより、オリンピック関連システムだけでなく、電力、通信、交通などの社会インフラが、稼働を妨害されてしまうことも考えられます。また、巧妙な標的型メール攻撃により、人材や予算が不足しているオリンピック関連組織の周辺組織から侵入され、中核のオリンピック組織にも侵入される恐れがあります。オリンピック関連組織や社会インフラ事業者の各システムに対する、ボットによる分散型サービス妨害攻撃DDoS対策や、標的型メール対策（破壊型ランサムウエア攻撃対策を含む）の継続した実施、及び緊急事態対応を想定した訓練が必要だと思います。韓国でもサイバー攻撃が起きた時に、緊急事態対応の訓練を実施していたため、開催日当日のサイバー攻撃発生に対して、その訓練成果が効果的に働いたと言われています。重要なシステムのバックアップをきちんと取っておくこと、さらに、2重、3重の代替システムの用意をしておくことも必要だと思います。また、全システムのバックアップからのシステム回復時間についても、事前に評価しておく必要があると思います。いろいろな想定外のサイバー攻撃を想定して、緊急事態対応チームが効率よく活動できる環境整備も進めていく必要があると思います。なお、筆者がソフトウエアを開発している当時、複数組織のシステム停止が、ある日のある時刻を境に発生するという事故を起こしてしまいました。時限爆弾を仕込んでしまっていたということです。コンピュータには、現在の日時・時刻を刻む内部時計の機構があります。ある処理が規定時間内に終了するかの監視をするため、内部時計との比較をするプログラムにバグがあり、ある日時になるとバグのため比較判定を間違い、障害とみなして

しまいました。対策としては、プログラムの処理をきちんとレビューすることは当然ですが、コンピュータの時計機構を、例えば、1年先に設定するようなことをして、1年先まではエラーにならないことをテストしました。サイバー攻撃の時限爆弾対策のテストとして、例えば、東京オリンピック開会式の2020年7月24日20：00以降を設定しても、サイバー攻撃が発症せず、正常処理をするということを確認するテストも実施して良いと思います。

(2) 中国からのサイバー攻撃の想定と対策

中国政府および愛国国民は、2008年の北京オリンピックよりも、東京オリンピックが高評価を受けることは望んでいないでしょう。中国からのサイバー攻撃の目的は、日本の評判にダメージを与えることに絞られていると言うことです。中国には、愛国ハッカーが存在しています。海外で、中国が不当に扱われていると怒っている愛国ハッカーが、政府のサイバー攻撃に合わせて、愛国心から日本を攻撃してくることも考えられます。

2019年現在、中国政府は、個人や企業などのターゲット毎に、標的型メール攻撃によるサイバー攻撃のキャンペーンを進めていると言われています。第Ⅱ編中国編2.4 中国による東京オリンピック・パラリンピックへのサイバー攻撃の兆候、を参照して下さい。

大会開始前までに、どれだけ中国の攻撃者に自由に操られるボットが、準備されるでしょうか。このボットから、さらにオリンピック関係組織や、鉄道・航空・船舶・電車・バス・信号などの運輸インフラ、電力、通信、金融のインフラに加え、競技場関係施設へのサイバー攻撃を仕掛け始めているのではないかと思われます。

ここでは、競技場関連施設へのサイバー攻撃に対する対策を中心に考察してみます。例えば、競技場関連施設の電力関連では、照明、冷房、エレベータやエスカレータ、ドアの開閉、他の機器への電力供給などは、制御システムにより制御されています。この制御システムの設置されている制御室などへ、外部の人が容易に入れる環境では、制御システムに侵入者が攻撃機器（USBメモリや極小コンピュータなど）を組み込むことが可能になってしまいます。制御室への入退出の管理は、強化すべきです。制御室に不審な機器が設置されていないか定期的な確認も大切です。また、不審なデータの流れがないかも、定期的にチェックすることも大切です。通信、水道、ガス、駐車場等の施設についても、同様な確認が必要です。

第Ⅳ編　主要なサイバー攻撃へ対策の考察

　韓国の平昌冬季オリンピック大会では、サイバー攻撃に対して、事前にサイバー攻撃が起きたと想定した緊急事態対応訓練をしていたため、サイバー発生時にはどうにか対応ができたと言われています。しかし、東京オリンピック・パラリンピックでは、サイバー台数の増加やネットワーク規模の拡大、さらに膨大な数のIoT機器の設置などのため、競技場関連施設へのサイバー攻撃への訓練は、何段階かに分けて実施するのが良いのではないかと思います。サイバー攻撃者の視点で、どこを狙うと、どのような被害が起きるかを考えたリスク分析を実施し、確認事項や訓練項目を決めるのが良いと思います。

　また、2019年9月以降、再度ロシアのドーピングをめぐるスキャンダルが話題に上がってきています。もし、ロシアが東京オリンピックから追放されるようなことになると、ロシアからIOC等に対する報復として、東京オリンピックに向けてのサイバー攻撃の恐れが高まりますので、状況の変化をウオッチしていく必要があるでしょう。

あとがき

　サイバー戦争は既に始まっています。第5の戦場と化しているサイバー空間で現在、何が起きているか、どのような状況に置かれているかを、理解していただけたと思います。これがサイバー攻撃の新常識です。
　サイバーセキュリティをこれから学んでいく人、日々のセキュリティ対策を進めている実務者や研究者、政策立案者は、本書を読んで理解していただけたサイバー攻撃の新常識を、今後の勉学・研究や事業・政策の推進に適用していただければ幸いです。
　経営層や政策関係者は、社会インフラを巻き込むサイバー攻撃の新常識を、しっかり認識し、できるところからセキュリティ堅牢化対策を確実に先導していきましょう。
　企業一社では、サイバー攻撃に24時間365日対処することが困難であることを理解していただけたと思います。チームで対処することが大切です。本書では、自助、共助、公助で説明しましたように、個社からサプライチェーンのパートナー企業、業界、さらに地域の組織などとの共助ができるチーム化が大切です。民間だけでの対処には、限界がありますので、政府との連携によるチーム化も必要になります。連携する際には、企業から見ますと、企業の機密情報や公開されたくない情報などがありますので、守秘義務や政府の法的保護なども必要になります。
　本書では、公的セキュリティ対策チームの構築と継続的予算化について考察しています。公的チームには、民間からのメンバも参加し、適宜メンバ交代をしていくのが、民間へのセキュリティ防護力を展開するために良いと思います。サイバー攻撃からの防護力だけでなく、攻撃者視点での攻撃力も、合わせて強化していくことが大切です。本書の第Ⅱ編でも紹介しましたように、攻撃者の動機や視点、攻撃対象と効果的な攻撃方法等の、攻撃者側の思考方法や攻撃能力を身に着けることは、防護力を強化するためにも必要です。攻撃者（敵）の動機と攻撃方法を理解して、防護側（己）の弱点と防護方法を、サイバーセキュリティリスク分析を繰り返しながら、弱点対策や防護力強化を、公的セキュリティ対策チームと企業が連携して継続推進していくことが必要です。攻撃者は、超法規的な手段で、サイバー攻撃技術の開発やサイバー攻撃の実施をしてくる可能性も想定されますので、防護側も法的な保護の元でサイバー攻撃防護技術を開発し、日本のセキュリティ防護力を高め、対処することが重要です。公的利益目的、さらには安全保障上の目的の範囲で、公的セキュリティ対策チームの研究者が、ウイルス保管罪、不正アクセス禁止法、改正著作権法などの法的制約を受けなくなるように、法改正を適宜実施していくことが必要だと思います。本書で説明している公的セキュリティ対策チームの活動を通して、防護力と攻撃能力を持つ高レベルのセキュリティ人材が育成され、その人材が、社会インフラ、企業や地域でのセキュリティレベル向上に貢献できるような制度つくりを、政府に期待します。なお、実戦なくして、セキュリティ人材は育成されないと思います。

社会インフラとサイバー空間は、国民の生活や文化活動、企業の経済活動、及び政府の安全保障や外交などを支える、重要なものになっています。サイバー攻撃による社会インフラのサービス停止や破壊は、社会に大きな影響を与えることになります。官民連携して、サイバー攻撃への対処を進めていくのに、本書が少しでも役立てば、筆者の喜びです。

　最後までお読みいただき、ありがとうございます。今回、印刷出版費用を筆者が持つことで、出版できるようになりました。そのため、パワーポイントやエクセルで図表を自分で作成したものを、そのまま使用せざるを得ないため、図表中の文字が小さく、読みにくかったことを申し訳なく思います。また、本文の文字も、もう少し大きくできればよかったと反省しています。最後までお読みいただき、本当にありがとうございます。

最後に　セキュリティとセキュリティ仲間と筆者

　筆者は、1972年に日立に入社し、通信ソフトウエアの開発からスタートしました。はじめは、専用線での通信プロトコルや状態遷移などを身につけながら、公衆網、パケット網、ISDN（Integrated Services Digital Network）やATM（Asynchronous Transfer Mode）などのネットワークにも広がっていきました。通信ソフトの開発から製品計画部署に移り、通信ハード部署と新製品の検討も経験出来ました。各種のネットワーク機器のネットワーク管理も推進し、その間、OSI（Open Systems Interconnection）の管理システムの国際標準化の活動にも参加できるというチャンスもいただきました。ネットワークからの視点で、ネットワークにつながる機器やソフトウエアを含めた全体をとらえるという見方ができるようになったのも、今から考えると良い経験でした。IBM事件当時には、OSIの普及活動の情報処理相互運用技術協会 INTAP（Interoperability Technology Association for Information Processing, Japan）やOSI推進協議会POSI（Promoting conference for OSI）などの活動をしながら、OSIベースの拡張HNA（Hitachi Network Architecture）の開発にも参画しました。一方、ネットワークの新しい方向としてインターネットが立ち上がってきて、日本インターネット協会 IAJ（Internet Association Japan）や初期のWIDE（Widely Integrated Distributed Environment）プロジェクトの活動にも参加していきました。

　1993年には、ソフトウエア工場での開発から事業部でのネットワーク事業企画に仕事が変わりました。ネットワーク視点での新しい事業を考えることに関心が移ってきていましたので、良いタイミングであったと思います。この時は、まだネットワーク事業が主で、セキュリティは、これからという状況でした。インターネットの進展や広域なオープンなネットワークが普及するにつれて、通信の安全が望まれるようになりました。インターネットは、使いやすさや接続しやすさを優先していたため、生まれた時からセキュリティへの考慮がほぼないと言って良いような状態でした。そこで、まず、暗号通信に必要な暗号技術の立ち上げ、暗号技術の応用で通信相手を認証するデジタル署名や公開鍵暗号基盤PKI（Public Key Infrastructure）、ファイウオールなどの事業を推進しました。インターネットは、猛烈な勢いで普及し、インターネット技術を使った企業ネットワーク（イントラネット）の構築がセキュリティ事業としても大切になりました。ネットワークとセキュリティは、両輪となりました。この頃、ソリューションというキーワードが話題となっていましたので、1990年末頃には日立セキュアプラザSecureplazaというトータルブランドの元で、いくつかのセキュリティソリューションを立ち上げてきました。なお、うれしいことですが、このSecureplazaというブランドは今でも生き続けています。20年近くも使われているということに感激です。

　2000年からインターネットデータセンター事業にも関係しました。やはりセキュリティは大切な分野でした。

2002年になるとセキュリティに対する世の中の要求がより強くなり、セキュリティを日立としても情報事業の柱の一つに置こうという動きが出て、セキュリティ専門の組織が立ち上がりました。守るべきものを明確にして、対策ソリューションを提案していく時期でした。セキュリティを一つの脅威と考え、ITも含めた事業継続計画策定も経験することができました。また、重要インフラをどう守るかという視点で、海外のセキュリティ活動についても調査し、世界の動きにも関心を持ちました。国のセキュリティ関係の活動にも参加することができ、国のセキュリティ関係者とも知り合いになりました。上記の日立製作所での活動について、図1(1)にまとめました。

2008年には、情報処理推進機構IPAに出向(その後嘱託に)することになり、広くセキュリティの普及啓発活動に参画することになりました。脆弱性対策情報のデータベース化や活用の機械化、組み込み機器、情報家電、自動車、さらに制御システムなどのセキュリティ対策にも広げていきました。この頃には攻撃手法にもなるとの反対意見もありましたが、攻撃者視点でのファジングテストなどの普及にも取り組みました。2007年からは、標的型攻撃が注目され始める時期でした。2010年のイラン核施設へのStuxnetによるサイバー攻撃で頂点に達しました。セキュリティの世界は大きく変化してきたと思います。標的型メール攻撃について、調査・分析を進めていくと、民間の知識や発想だけでは対策の検討が不足し、軍事的な知識や発想が必要と感じてきました。APT(Advanced Persistent Threat)とかキャンペーンやキルチェーンとかの軍事用

日立製作所時代には

1972〜 日立製作所入所
メインフレームの通信ソフトウエア開発 ： BTAM(Basic Telecommunication Access Method)
・品質と性能の追求、バグもありました。セキュリティはありませんでした。

1980〜
ネットワーク製品の企画 ： OSI→TCP/IP、通信制御装置→ルータ・スイッチ
・ISO SC21/WG4 OSI管理の中にセキュリティ管理もありました。INTAPでも。
・SNAやHNAも、TCP/IPのデファクトに一蹴されてしまいました。

1990〜 1993年から事業部へ異動
ネットワーク事業の企画 ： インターネット/イントラネット、交換機→IPスイッチ
・オープンなネットワーク環境での暗号通信・PKI・認証局事業・・・・
・企業向けのイントラネットを守るファイアウォール、侵入検知・防止装置等の製品

1998〜 本格的にセキュリティに関与
セキュリティ事業の企画 ： 企業向けソリューション Secureplaza、SHIELD・・
・守るものの明確化(経営面から)とその対策をソリューションで。
・グループ企業含めたソリューション体系Secureplazaの構築と推進。ISMSやBCPも。出版も。

OSI: 開放型システム間相互接続 (Open Systems Interconnection)
TCP/IP: Transmission Control Protocol/Internet Protocol
SNA: Systems Network Architecture
HNA: Hitachi Network Architecture
PKI:公開鍵基盤(Public Key Infrastructure)
ISMS: Information Security Management System
BCP: Business continuity planning
INTAP: 情報処理相互運用技術協会(Interoperability Technology Association for Information Processing, Japan)

図1(1)　日立製作所時代の活動概要

語もたびたび出てくるようになりました。国や軍によるサイバー攻撃へはどのような発想で対策を検討し、普及啓発していくかを考慮していく必要が強くなってきました。同時に、米国の米国国立標準技術研究所 NIST (National Institute of Standards and Technology)、欧州の欧州ネットワーク情報セキュリティ庁 ENISA (European Network and Information Security Agency) や韓国の韓国インターネット振興院 KISA (Korea Internet & Security Agency)、後半には米国国土安全保障省 DHS (Department of Homeland Security) の ICS-CERT (Industrial Control Systems Cyber Emergency Response Team) 等とのグローバルなセキュリティ情報

の交換なども経験出来ました。情報システムだけでなく、重要インフラを支えている制御システムも含んだサイバー攻撃への対策を検討する専門組織が必要になってきました。重要インフラとその制御システムのセキュリティ対策の重要性が認識され、2012年2月に CSSC が設立されることになりました。IPA では、制御機器や制御システム運用の認証事業の立ち上げについて、経済産業省や CSSC と連携して推進しました。上記のIPA での活動について、図1 (2) にまとめました。

IPA時代　2006.2 ～2013.3

2006. 2よりIPAに兼務
2007. 4～

JVNiPediaの整備・拡張　：　既知の脆弱性対策情報の蓄積と活用推進
・米国NIST/MITRE社との連携でグローバル対応
・NVD公開後、翌日日本語での公開
脆弱性対策情報データベース JVNiPedia

2008. 10～

MyJVNの整備・拡張　：　脆弱性対策情報の活用の機械化推進
・国際標準のSCAP対応
・MyJVNバージョンチェッカによる一般利用者の脆弱性対策の簡易化
脆弱性対策情報共有フレームワーク MyJVN

2006. 4～
組込み機器や情報家電のセキュリティ対策
・「組込みシステムのセキュリティへの取り組みガイド」公開
・「情報家電におけるセキュリティ対策　検討報告書」公開

2007. 4～
重要インフラや重要企業のセキュリティ対策
・「新しいタイプの攻撃」の対策に向けた設計・運用ガイドの公開（標的型攻撃への取り組み開始）
・NISCの共通脅威分析及び分野横断的演習検討会への参画

2008. 10～
自動車のセキュリティ対策
・調査報告書公開（今の自動車はソフトウエアとネットワーク接続で制御されています。）
・「自動車の情報セキュリティへの取組みガイド」公開

2011. 11～
制御システムのセキュリティ対策　：　経済産業省、CSSCと連携
・経済産業省、CSSCと連携した制御システム向け評価認証フレームワークの確立（EDSAとCSMSから立ち上げ）
・脆弱性検出普及活動「ファジング」開始2011.7　（組込み、制御システムへの展開）

JVN: Japan Vulnerability Notes　　　NVD: National Vulnerability Database
SCAP: Security Content Automation Protocol　　　EDSA: Embedded Device Security Assurance　　　CSMS: Cyber Security Management System
CSSC:技術研究組合制御システムセキュリティセンター(Control System Security Center)
NIST: National Institute of Standards and Technology　　　NISC:内閣官房情報セキュリティセンター(National Information Security Center)

図1（2）　情報処理推進機構 IPA 時代の活動概要

制御システムのセキュリティ対策向上を推進するため、筆者も2013年から2016年まで、CSSC活動に参加することになりました。特に、制御機器のEDSA認証事業を米国ISCI（ISA Security Compliance Institute）と連携し、経済産業省の支援を受けて立ち上げましたが、なかなか認証の必要性の理解が広がらずに、事業的には厳しいものでした。IEC62443の普及のために、日本規格協会から対訳版の出版にも貢献しました。制御システムセキュリティの研究や人材育成を目的に、9種類の模擬プラントの構築や、それらを活用したサイバー演習などにも関与することができ、情報システムに加え、制御システムの世界にも技術だけでなく、人的にも範囲を広げることができました。また、制御システムのセキュリティを主体に、講演等の普及啓発の活動をすることもできました。CSSCでの活動について、図1（3）まとめました。

2016年6月に70歳になるのをきっかけにセキュリティの仕事から足を洗い、毎日が日曜日になりました。しかし、友人からせっかくのセキュリティの知見をうずもれさせてしまうのは、もったいない、社会貢献すべきだと叱咤されました。そこで、奮起し、約30年間のセキュリティの世界での経験をもとに、日経新聞でも時々記事となっている米国、ロシア、中国、北朝鮮のサイバー攻撃を中心として、上記の国の政府や軍の活動に焦点を当てた最新のサイバーセキュリティ状況をまとめることにしました。幸い退職後も、日経新聞のセキュリティ記事やIPAの活動を眺め、スクラップ化していました。それを見直し、2018年12月から執筆をはじめ、2019年8月末でどうにか仲間からの指摘なども反映して、まとめることができました。セキュリティ関連の書籍は、出版業界では投資効果が期待できないそうで、出版社にすべてを任せることはできませんでした。印刷製本費用を筆者が持つことで、出版できることになりました。そのままで出

CSSC時代　2013.4 ～ 2016.7
CSSC全体の事業概要　：　CSSC 2012年3月6日発足

奈良時代後半の多賀城外郭南門（推定復元図）

2013.4～　EDSA制御機器の認証事業の立ち上げと認証事業の推進

・国際標準IEC62443準拠のEDSA認証　　EDSA: Embedded Device Security Assurance
・米国に次ぐ2番目の認証局立ち上げ
・IEC62443の日本規格協会から対訳版出版に貢献

2013.5～　9種の模擬プラントの構築とサイバー防護の研究

・宮城県多賀城本部とテストベッド（CSS-Base6）開所
・海外制御システム研究及び政府機関との連携
・(1)排水・下水プラント (2)ビル制御システム (3)組立プラント (4)火力発電所訓練シミュレータ
　(5)ガスプラント (6)広域制御（スマートシティ）(7)化学プラント (8)組み立てプラント2 (9)ビル制御システム2

2014.2～　重要インフラ分野のサイバー演習の実施による普及活動

・電力、ガス、化学、ビル分野のサイバーセキュリティ演習

EDSA: Embedded Device Security Assurance
CSSC:技術研究組合制御システムセキュリティセンター(Control System Security Center)
NIST: National Institute of Standards and Technology　　NISC:内閣官房情報セキュリティセンター (National Information Security Center)

図1（3）　制御システムセキュリティセンター CSSC時代の活動概要

図1(4) サイバー戦争の荒波の中　普及啓発を期待して

版できるような形にすることが必要なので、フリーのイラスト素材を利用したパワーポイントやエクセルで図表を作成しました。分かりにくいとか、見にくいところもあると思いますが、大枠で理解してください。セキュリティ関係の書籍がもっと世の中で読まれることも大切ですね。まだ、一般の人にはセキュリティの重要性が理解されていないとの思いで、更なる普及啓発が必要だと反省しています。

図1(4)のイラストで表しているように、セキュリティ脅威の荒波のなか、サーフボードに乗って、あちこちに流されながらも、いろいろと知見を蓄え、どうにか進んでくることができたと思っています。多くのセキュリティ仲間に支えられてどうにかやってくることができました。本書により、サイバー攻撃の新常識を世の中に伝えることができ、チーム一丸となってサイバー戦争の荒波を乗り切っていくことができればと願っています。

なお、本書作成にあたり、多くの仲間に査読をしていただきましたこと、また多大なる支援に感謝します。(株)日立製作所の先輩片岡雅憲さんとセキュリティ事業関係者の瀬野尾修二さん、九野伸さん、廣田倫子さん、森田光さん、成島佳孝さん、及び情報処理推進機構IPAセキュリティセンター金野千里さん（元日立）、桑名利幸さん（元日立）、岡下博子

さんに感謝します。特に、金野さんには多くの時間を、本書作成に当たり適切なコメントをしていただきました。編の仕切り、コラムや裏表紙のイラストは、(株)日立製作所勤務の大西直子さんに作成していただきましたので、感謝します。なお、個々には氏名を記載していませんが、日立(特に、コバ会の仲間)、IPA(特に小林会の仲間)やCSSC、ワイガヤの仲間に加え、いろいろの場で一緒にセキュリティの普及啓発を推進していただいた多くの仲間にも感謝します。また、本書の出版に当たって相談させていただいた電気通信大学 新誠一教授（CSSC 理事長）と名古屋工業大学 渡辺研司教授に感謝します。

筆者に本書の作成の動機付けをしていただいた、高校時代のバレーボール部からの友人である宮地隆夫さんと奥様の宮地敏子さんに感謝します。

最後に、筆者が気ままに仕事や趣味に明け暮れることができているのは、妻や家族の支えのおかげと感謝しています。

＜筆者略歴＞
小林偉昭（ひであき）
1646 年 6 月誕生。
1965 年 3 月都立小石川高校卒業（現都立小石川中等教育学校）、
1970 年 3 月早稲田大学応用物理学科終了、
1972 年 3 月東京工業大学物理学科修士課程修了。
1972 年 4 月（株）日立製作所でネットワークとセキュリティの開発・事業企画を経て、
2008 年 7 月から情報処理推進機構 IPA の情報セキュリティ技術ラボラトリー長、
2013 年 2 月第 9 回情報セキュリティ文化賞受賞、
2013 年 4 月から制御システムセキュリティセンター（CSSC）の専務理事、認証ラボラトリー長。
2016 年 8 月より CIP セキュリティリサーチ代表で重要インフラのセキュリティ調査に従事。

1996 年小石川高校バレー部昭和 40 年代卒業親睦会フォーティーズ設立、フォーティーズ現会長
2003 年 11 月小石川高校バレー部 OB・OG 会五中クラブ設立　五中クラブ初代会長
2016 年 11 月バレー部部史「Jump toward Future Together」編集・発行

【執筆関係】

<書籍>
・図解 よくわかる企業セキュリティ入門―事業継続（BCM）と SOX 法　日刊工業新聞
　日立製作所【編】／小林 偉昭【監修・著】／織茂 昌之／金野 千里【著】

<一般：日本規格協会関連>
・IEC62443-1-1, IEC62443-2-1, IEC62443-2-4, IEC62443-3-1, IEC62443-3-3 の対訳版作成

<一般：情報処理学会等学会関連>
・情報処理学会研究報告システムソフトウェアとオペレーティング・システム（OS）、1986（35（1986-OS-031））、1-10（1986-06-06）
　OSI 標準化動向と OS との関連（1）OSI 管理
・全国大会講演論文集、第 37 回（ネットワークおよび分散処理）、586-587（1988-09-12）
　拡張 HNA（HNA/EX）の開発（1）：ネットワークソフトウェアの概論
・全国大会講演論文集、第 37 回（ソフトウェア工学）、779-780（1988-09-12）
　INTAP における OSI コンフォーマンス試験：ODA/ODIF
・全国大会講演論文集、第 42 回（ネットワーク）、163-164（1991-02-25）
　日立統合ネットワーク管理システム NETM：システムの概要と特長
・情報処理、48（7）、707-712（2007-07-15）
　情報セキュリティ研究開発の動向：3.マクロな分析技術の動向
・コンピュータセキュリティシンポジウム 2012 論文集、2012（3）、238-245（2012-10-23）
　サイバー攻撃対策のための観測記述データ表記に関する検討
・情報処理、55（7）、660-665（2014-06-15）
　増加する社会インフラを標的としたサイバー攻撃：4. 制御システムのセキュリティを対象とした評価・検証技術と標準化動向
・計測と制御、計測自動制御学会、pp.904-909（2014.10）
・計測技術、日本工業出版、pp.5-11（2013.8）
・計測技術、日本工業出版、pp.1-6（2016.1）
・標準化と品質管理、日本規格協会、pp.14-21（2016.7）
・信頼性、制御システムセキュリティ総論、日本信頼性学会、pp.56-63（2017.3）
他

<一般：外部活動、雑誌関連>
・情報処理相互運用技術協会 INTAP（Interoperability Technology Association for Information Processing, Japan）
　+ iDC 選択利用ガイドライン：平成 13 年度 電子書籍・電子雑誌（情報処理相互運用技

術協会、2002-03）
+情報セキュリティに着目した電子自治体向け iDC 利用ガイド：平成 14 年度 電子書籍・電子雑誌（情報処理相互運用技術協会、2003-03）
+インターネットを取りまく最近の動向調査研究報告書：平成 12 年度 電子書籍・電子雑誌（情報処理相互運用技術協会、2001-03）
+ビジネス継続性技術調査報告書：平成 15 年度 電子書籍・電子雑誌（情報処理相互運用技術協会、2004-03）
・早稲田学報　特集「サイエンスが開く未来」攻めのセキュリティ　2008 June
・コンピュータ＆ネットワーク LAN. 6（6）（56）雑誌 オーム社（オーム社、1988-06）
目次：大型汎用コンピュータからワークステーションまで OSI に対応する「HNA/EX」とは
日立製作所 臼田弘茂；小林偉昭
・コンピュータ＆ネットワーク LAN. 9（1）（87）雑誌 オーム社（オーム社、1991-01）
目次：パソコン LAN から ISDN までのネットワーク管理を語る（その 1）--新春座談会
学術情報センター 浅野正一郎；日立製作所 小林偉昭 他
・コンピュータ＆ネットワーク LAN. 9（2）（88）雑誌 オーム社（オーム社、1991-02）
目次：パソコン LAN から ISDN までのネットワーク管理を語る（その 2）
学術情報センター 浅野正一郎；日立製作所 小林偉昭 他

＜日立評論、他＞
・日立評論 . 69（9）（788）日立評論社（日立評論社、1987-09）
目次：ネットワークソフトウェアの相互接続への取組み
小林偉昭；池場悟郎；重田明男；小川誠一；松崎高典
・日立評論 . 73（5）（832）日立評論社（日立評論社、1991-05）
目次：統合ネットワーク管理システム "NETM"
小林偉昭；鈴木三知男；草場彰；飯岡賢三
・日立評論 . 74（5）（844）日立評論社（日立評論社、1992-05）
目次：オープン化・分散化システムに対応する汎用コンピュータのソフトウェア
篠崎俊春；小林偉昭；松崎高典
・日立評論 . 76（11）（874）日立評論社（日立評論社、1994-11）
目次：情報ネットワークシステムの展望
小林偉昭；永井英夫；新井康道
・日立評論 . 79（4）（903）日立評論社（日立評論社、1997-04）
目次：イントラネット・インターネットによるシームレスネットワーク
小林偉昭；松崎高典；畠山靖彦
・日立評論 . 79（6）（905）日立評論社（日立評論社、1997-06）

目次:LAN・WAN をシームレスに支える企業内ネットワークシステム --"Seamless PLANET" 対応 ATM スイッチングノード "AN1000"
　堀田巌；青山健一；小林偉昭；西島富久
・日立評論 . 81（6）（929）日立評論社（日立評論社、1999-06）
　目次：進歩する情報システムセキュリティ技術と日立製作所の取組み
　佐々木良一；小林偉昭；水野勉
・日立評論 . 81（9）（932）日立評論社（日立評論社、1999-09）
　目次：新しい情報・通信時代に対応する日立製作所のソリューション
　小林偉昭；竹村哲夫

【講演関係】
＜海外講演＞
（IPA 時代）
・4th International Workshop, CRITIS（Critical Information Infrastructures Security）2009
　2009 年 9 月 30 日－ 10 月 2 日　ドイツ　ボン
　講演タイトル：Development of Information Security-Focused Incident Prevention Measures for Critical Information Infrastructure in Japan. CRITIS 2009: 22-33
（CSSC 時代）
・US-JAPAN CIP FORUM
　2013 年 12 月 12 日　米国　ワシントン DC
　講演タイトル："Activities of CSSC for Secure Society Infrastructure"
・第 2 回 The II Ibero-American Congress of Industrial Cybersecurity
　2014 年 5 月 27 日、28 日　コロンビア　ボゴタ
　講演タイトル："Control Systems Cyber Security Center Activities for Social Infrastructure in Japan"
・ジェトロ、新エネルギー・産業技術総合開発機構（NEDO）、中東協力センター主催「日本・イスラエル・ビジネスフォーラム」
　2014 年 7 月 6 日、7 日　イスラエル　エルサレム
　講演タイトル："Overview of Control System Security Center"
＜国内講演＞
（日立時代）
・マルチメディア推進フォーラム　ハイテクノロジー推進研究所
　2001 年 9 月 17 日　「ブロードバンドネットワーク環境で急展開する CDN（Contents Delivery Network）」
（IPA 時代）

- 重要インフラセキュリティセミナー 2007　IPA
2007 年 02 月 14 日　「セキュリティを考慮した事業継続管理（BCM）」
- Embedded Technology 2007 カンファレンス スペシャルセッション IPA セミナー
2007 年 11 月 15 日　「組込みシステムセキュリティ・セキュアな組込みシステムに向けた IPA の活動について・組込みシステムの具体的な脅威と対策の提案」
- 重要インフラセキュリティセミナー 2009　IPA
2009 年 02 月 20 日　「制御システムセキュリティ 課題と対策」
- IPA 情報セキュリティ月間記念シンポジウム 2011　IPA
2011 年 2 月 24 日　「コネクテッドテレビの最新動向（CES2011 報告）」
- 重要インフラ情報セキュリティシンポジウム 2012　IPA
2012 年 2 月 23 日　「サイバー攻撃と制御システムのセキュリティ対策（標準化）の現状と課題について」
- 第 8 回情報システム学会 全国大会・研究発表大会　情報システム学会
2012 年 12 月 1 日　特別講演「身近になった制御システムのセキュリティ 〜見えない危機への備え〜」

他

（CSSC 時代）
- 第 44 回 2013 計装制御技術会議　公益社団法人 計測自動制御学会
2013 年 10 月 23 〜 25 日　「CSSC EDSA 認証」
- 第 16 回 組込みシステム開発技術展 ESEC 専門セミナー　リードエグジビションジャパン㈱主催
2013 年 11 月 20 日　「IEC62443 の概要と認証について」
- 制御システムセキュリティカンファレンス 2014　経済産業省、JPCERT 主催
2014 年 2 月 5 日　「CSSC の進めるテストベッド CSS-Base6 と EDSA 認証について 〜セキュアな制御システムを世界へ未来へ〜」
- 第 28 回全国大会「日本の再生戦略と未来志向のセキュリティ・マネジメント」　日本セキュリティ・マネジメント学会（JSSM）
2014 年 6 月 21 日　「社会インフラを守る制御システムセキュリティ」
- 第 27 回公開シンポジウム「安心安全な社会生活とシステム監査」　システム監査学会
2014 年 10 月 31 日　「組込みシステム分野について」
- CSMS セミナー　一般財団法人日本情報経済社会推進協会（JIPDEC）主催
2016 年 3 月 1 日　制御システムセキュリティ標準規格 IEC 62443　〜 SIer 向け IEC 62443-2-4 の概要〜

他

【外部委員会活動】

（日立時代）
- ISO/SC21/WG4　OSI 管理　国内委員
- ATM フォーラム日本委員会　委員
- 日本ネットワークマネジメントフォーラム NMF　委員
- 日本インターネット協会（IAJ）　委員
- WIDE（Widely Integrated Distributed Environment）プロジェクト　委員
- 電子協　OSI 推進協議会 POSI 政策 WG　委員
- 電子協　ネットワーク管理専門委員会　委員
- 情報処理相互運用技術協会 INTAP（Interoperability Technology Association for Information Processing, Japan）試験検証委員会　委員、企画調査 WG　委員長　他
- OSPG（Open Client/Server System Partners Group）ネットワーク分科会　委員
- 財団法人国際情報化協力センター CICC アジア環境情報ネットワーク調査委員会　委員
- 通商産業省 MITI（Ministry of International Trade and Industry）産業構造審議会相互運用性制度政策 WG　委員
- 通商産業省 MITI（Ministry of International Trade and Industry）次世代インターネット NGI 政策懇談会　委員
- ㈱超高速ネットワーク・コンピュータ技術研究所 UNCL（Ultra-high Speed Network and Computer Technology Laboratories）技術委員会　委員
- 一般社団法人 電子情報技術産業協会 JEIDA（Japan Electronic Industry Development Association）システムネットワーク技術委員会　委員
- 一般社団法人 日本電機工業会 JEMA（Japan Electronic Mail Association）日本電子メール協議会　委員
- 日本防犯設備協会　セキュリティ委員会　委員
- 日本ネットワークセキュリティ協会 JNSA（Japan Network Security Association）幹事
- 独立行政法人 情報処理推進機構 IPA（Information-technology Promotion Agency, Japan）情報システム等の脆弱性情報の取扱いに関する研究会　委員

（IPA 時代）
- 平成 23 年（2011）度制御システムセキュリティ検討タスクフォース　委員　経済産業省
- 一般財団法人日本情報経済社会推進協会 JIPDEC　CSMS 技術専門部会　委員
- 2006 年度/2007 年度/2008 年度内閣官房情報セキュリティセンター（NISC）「相互依存性解析」、「分野横断的演習」委員

（CSSC 時代）

- 一般財団法人日本情報経済社会推進協会 JIPDEC　CSMS 技術専門部会
- 平成 25 年（2013）度次世代電力システムに関する電力保安調査 委員長代理　経済産業省

参考資料

- サイバー攻撃から暮らしを守れ！「サイバーセキュリティの産業化」で日本は成長する
自由民主党サイバーセキュリティ対策本部長高市早苗編集　藤井龍二作画　PHP研究所
- 暴露　スノーデンが私に託したファイル　グレン・グリーンウォルド
田口俊樹・濱野大道・武藤陽生訳　新潮社
- サイバー・テロ　日米 vs 中国　土屋大洋著　文春新書
- 見えない世界戦争　「サイバー戦」最新報告　木村正人著　新潮新書
- 「第5の戦場」サイバー戦の脅威　伊東寛著　祥伝社
- サイバー・インテリジェンス　伊東寛著　祥伝社
- 中国の情報機関　-世界を席巻する特務工作　柏原竜一著　祥伝社
- ハッカーの手口　ソーシャルからサイバー攻撃まで　岡嶋裕史著　PHP新書
- スノーデン　日本への警告　エドワード・スノーデン著　集英社新書
- 日本テレビとCIA　発掘された「正力ファイル」有馬哲夫著　新潮社
- 東京五輪を襲う　中国ダークウェブ　Newsweek　2018.11.27 発行
- 日本電気協会：電力制御システムセキュリティガイドライン
https://www.denki.or.jp/wp-content/uploads/2016/07/d20160707.pdf
- 日本電気協会：スマートメーターシステムセキュリティガイドライン
https://www.denki.or.jp/wp-content/uploads/2016/07/s20160609.pdf
- 戦略研レポート　成功するか習近平主席の軍改革　三井物産戦略研究所　2016.4.1
- 「ロシア軍事力の資金源と物品調達体制の謎」　外交評論家河村洋著
- 制御システムのセキュリティリスク分析ガイド　～セキュリティ対策におけるリスクアセスメントの実施と活用～　独立行政法人情報処理推進機構 IPA
https://www.ipa.go.jp/security/index.html
- 2017年世界の名目GDP（USドル）ランキング
http://ecodb.net/ranking/imf_ngdpd.html
- 日本経済新聞および国内各種インターネットニュースメディア
- 海外主要セキュリティ関連インターネットニュースメディア

-SANS Newsbites　https://www.sans.org/newsletters/newsbites
-The Register　https://www.theregister.co.uk/security/
-Wired　https://www.wired.com/category/security/
-Threatpost　https://threatpost.com/
-ZDNet　https://www.zdnet.com/topic/security/
-SecurityWeek　https://www.securityweek.com/scada-ics
-Dark Reading　https://www.darkreading.com/attacks-breaches.asp

索 引

あ行：

アーパネット ………………… 37
愛国者 ………………………… 99
愛国ハッカー ……… 99, 122, 124, 201
アウトソーシング …………… 120
アクセスノード ……………… 16
アクチュエータ …………… 8, 9
アップストリーム監視 ……… 72
アップデートプログラム …… 27
アプリケーション …………… 23
安全基準 ……………………… 174
安全神話 ……………………… 61, 62
意思決定手法 ………… 154, 156
イラン核施設 ………………… 61
インシデント ………………… 82
インターネット ……… 37, 40, 85
インターネット空間 ………… 20
インターネットサービスプロバイダ
    …………………………… 17, 40
インテリジェンス …………… 88
インフラ ……………………… 3
インフラサービス ………… 4, 17
インフラストラクチャ ……… 3
裏口 ……………… 33, 42, 77
運用技術 ……………………… 9
エシュロン …………………… 76
オープンなサイバー空間 …… 19, 20

オペレーティングシステム …… 12, 23

か行：

外国情報活動監視裁判所 …… 68, 71
外国情報監視法 ……………… 67, 70
改ざん ………………………… 39, 41
回線交換 ……………………… 38
ガイドライン ………………… 173
拡張現実 ……………………… 85
仮想空間 ……………………… 15
仮想現実 ……………………… 85
仮想プライベートネットワーク …… 19
可用性 ………………………… i
完全性 ………………………… i
機械語 ………………………… 24
基幹系情報ネットワーク …… 6
規則 …………………………… 42
機密性 ………………………… i
金正恩最高指導者 …………… 128
強靭化 ………………………… 25
業務アプリケーション …… 12, 23
業務サーバ …………………… 6
キャンペーン ……… 123, 126, 201
共助（活動） …………… 160, 203
金銭要求型ランサムウエア攻撃
    …………………………… 133, 181
金融情報システムセンター …… 174
クラウドサービスプロバイダ …… 119

— 218 —

クローズドなサイバー空間 ……19, 20
クロスサイトスクリプティング攻撃
　…………………………………… 26
軍事インフラ ……………… 4, 14, 55
軍事インフラサービス…………… 4
軍事システム …………………4, 11
軍事情報システム ……………… 11
軍事制御システム ……………… 11
警察庁情報通信局情報技術解析課
　………………………………… 142
検索 ……………………………… 42
堅牢化 …………………………25, 80
コージーベア …………………… 94
攻撃ソフト ……………………25, 32
公助（活動） ………………… 164
公的セキュリティ対策チーム
　…………………………… 169, 203
更新プログラム ……27, 45, 102, 178
国土安全保障省 ………………… 54
国家安全局 ………………… 79, 110
国家安全部 …………………… 110
国家安全保障局 ……………… 58, 67
国家保安委員会 ………………… 92
国際オリンピック委員会 …… 105
国際銀行間通信協会（SWIFT：スイフト） ……………… 75, 130, 131
国防総省 ………………………… 58
コンピュータ …………………… 12
コンピュータ緊急準備チーム …… 56
コンピュータセキュリティインシデント（事件）対応チーム ……… 144

コンピュータ・ネットワーク脆奪
　………………………………… 74

さ行：

サーバ …………………………… 5
サービス妨害攻撃 ………… 65, 193
サイバーエスピオナージ ……… 50
サイバー演習 …………………… 82
サイバー空間 ………………… i, 15
サイバー攻撃 ………… i, 21, 44, 152
サイバー情報共有イニシアティブ
　…………………………… 141, 163
サイバー司令部 ……………… 58, 65
サイバーセキュリティ ………… i
サイバーセキュリティお助け隊 … 166
サイバーセキュリティ及びインフラストラクチャーセキュリティ局 …… 55
サイバーセキュリティ協議会 …… 167
サイバーセキュリティ戦略本部 … 139
サイバーセキュリティ庁 ……… 172
サイバーセキュリティフレームワーク
　………………………………… 173
サイバーセキュリティマネジメントシステム ……………………… 176
サイバー戦指導部 …………… 128
サイバー戦争 ………… i, 52, 152
サイバー諜報 …………………… 50
サイバーフォース …………… 142
サイバー兵器 …………………… 64
サイバー防衛隊 …………144, 146
サイバーレスキュー隊………141, 166
サプライチェーン ………… 82, 102

サプライチェーン攻撃… 102, 117, 195	人民解放軍連合参謀部………… 111
産業サイバーセキュリティセンター ……………………………… 141	人民武力省偵察総局………… 65, 128
	心理戦…………………………… 51, 85
産業用制御システムサイバー緊急対応チーム……………………………… 56	心理戦争………………………… 50, 84
	スタックスネット………………… 62
事業継続計画………… 154, 156, 183	スノーデン………………………… 67
シギント……………… 76, 95, 113	制御・運用技術……………………… 9
自助（活動）…………………… 159	制御機器…………………………… 10
システム監査隊………………… 144	制御システム………………5, 7, 185
システム防護隊………………… 144	制御システムセキュリティセンター ……………………………… 144
実空間……………………………… 17	
社会インフラ……………………3, 13	制御ネットワーク………………… 10
社会インフラサービス……………… 4	脆弱性（ぜいじゃくせい）…… 25, 26
車載電子制御装置………………8, 44	脆弱性対策情報ポータルサイト ……………………… 27, 141, 143
修正プログラム………………… 27	
重要インフラ……………………3, 13	脆弱性報奨金制度………………… 81
状況・監視装置…………………… 10	脆奪……………………………… 74
情報技術…………………………… 5	セキュリティ……………………… i
情報技術解析課………………… 142	セキュリティガイドライン……… 173
情報共有………………………… 161	セキュリティ脅威…………… 53, 152
情報共有分析センター………… 161	セキュリティ共助活動………… 160
情報システム……………………… 5	セキュリティ公助活動………… 164
情報処理推進機構……………… 141	セキュリティ更新プログラム…… 178
情報セキュリティ………………… i	セキュリティ自助活動………… 159
情報セキュリティマネジメントシステム……………………… 172, 176	セキュリティ人材（育成）…… 168, 203
	セキュリティ標準・認証………… 185
情報通信技術……………………… 5	セキュリティフレームワーク…… 173
情報通信研究機構……………… 142	セキュリティ文化………… 143, 191
情報ネットワーク………………… 5	セキュリティホール……………… 25
人材育成………………………… 168	セキュリティポリシー…… 175, 191
人的諜報………………………… 113	セプター………………………… 162
人民解放軍………………… 79, 111	ゼロデイ攻撃……………………… 27

センサ……………………… 8, 9, 142
前哨戦……………………………… 51
ソーシャルエンジニアリング… 31, 34
ソースコード………………… 82, 195
ソースコードレビュー………… 82, 195
ソースプログラム…………… 23, 195
相互依存性……………………… 13
操作端末………………………… 10
属性……………………………… 20
ソフト…………………………… 23
ソフトウエア………………… 12, 23
ゾンビ…………………………… 26

た行：

ダークウエブ………………… 121
ダークネット………………… 142
第5の戦場………………… i, 21
蓄積・交換方式………………… 39
中国紅客連盟………………… 125
中国製造2025……………… 119
通信規則………………………… 38
通信傍受……………… 76, 95, 113
データヒストリアン…………… 10
デジタル情報…………………… 38
デジタルフォレンジック……… 142
電磁パルス攻撃……………… 128
東京オリンピック・パラリンピック
………………………… 121, 199
盗聴……………………… 39, 41

な行：

内閣サイバーセキュリティセンター
………………………………… 139
ネットワーク…………………… 12
ネットワークアプリケーション… 12
ネットワークオペレーティングシステ
ム………………………………… 12
ネットワークノード…………… 17
ノード…………………………… 16

は行：

破壊型ランサムウエア（攻撃）
……………………… 101, 103, 179
バグバウンティ（プログラム）… 81
ハード…………………………… 23
ハードウエア………………… 12, 23
暴露……………………………… 67
バグ……………………………… 24
パケット………………………… 39
パケット交換…………………… 39
バックアップ………………… 198
バックドア……… 33, 42, 77, 102, 195
パッチ…………………… 27, 178
バッファオーバーフロー攻撃… 25, 28
光ファイバケーブル…………… 72
ビジネスメール詐欺（攻撃）
……………………………… 135, 198
ヒューミント………………… 113
標的型攻撃……………… 30, 192
標的型メール攻撃……… 30, 114, 192
平昌（冬季）オリンピック……… 105

— 221 —

プーチン大統領 ················ 108	ランサムウエア（攻撃）
ファイウオール ·················· 5	················ 101, 134, 198
ファイブ・アイズ ················ 76	リスク分析 ················ 154, 164
ファジングテスト ··············· 196	リバースエンジニアリング
ファンシーベア ·············· 95, 97	················ 24, 82, 195
フィードバック制御 ··············· 10	リンク ························ 17
フェイク音声 ···················· 86	ルータ ···················· 39, 41
フェイク動画 ···················· 86	レジリエンス ···················· 25
フェイク（偽）ニュース ······ 43, 97	連合参謀部 ···················· 111
踏み台 ·························· 27	連合参謀部第2部（情報部） ······ 113
プリズム ························ 70	連合参謀部第3部（技術部） ······ 113
プロトコル ······················ 38	連合参謀部第4部（電子対抗レーダー
プライベートネットワーク ········ 18	部） ······················ 114
プログラム ················ 23, 195	連邦軍参謀本部情報総局 ·········· 95
プロセスノード ·················· 17	連邦保安庁 ······················ 92
分散型サービス妨害攻撃 ··· 26, 99, 193	
米国脆弱性情報データベース ······ 26	**わ行：**
閉鎖 ···························· 43	ワナクライ ················ 181, 182
北京オリンピック ··············· 201	
ペネトレーションテスト ······ 82, 196	**ABCDE行：**
防衛情報通信基盤 ··············· 145	APT（Advanced Persistent Threat）
保全監査隊 ····················· 144	···························· 79
ボット ·························· 26	APT1 ······················ 79, 114
	APT10 ····················· 79, 119
まや行：	APT28 ························ 97
マネージドサービスプロバイダ ··· 118	AR（Augmented Realty） ········ 85
命令語 ·························· 23	ARPANET（Advanced Research
	Projects Agency NETwork） ······ 37
ら行：	Backdoor ······················ 77
ラザルス ················ 130, 132	BCP（Business Continuity Plan）
ランサム ················ 101, 134	················ 154, 156, 183

BEC（Business E-mail Compromise）
.... 135
Bug 25
Bug Bounty 81
CAN（Car Area Network）........ 8, 44
CEPTOAR（Capability for Engineering of Protection, Technical Operation, Analysis and Response）........... 162
CI（Critical Infrastructure）....... 3, 55
CISA（Cybersecurity and Infrastructure Security Agency）.. 55
CNE（Computer Network Exploitation）..................... 74
Collect it All 73
CSET（Cyber Security Evaluation Tool）............................. 57
CSF（Cyber Security Framework）
.... 173
CSIRT（Computer Security Incident Response Team）................. 144
CSMS（Cyber Security Management System）......................... 176
CSSC（Control System Security Center）.......................... 144
CSSC認証ラボラトリー 144
Culture of Security 191
Cyber Space .... i, 15
Cyber weapons 64
DAR（Design Architecture Review）57
DDoS攻撃（Distributed Denial of Service attack）............ 99, 193

DHS（United States Department of Homeland Security）.............. 54
Digital Forensics 142
DII（Defense Information Infrastructure）................... 145
DoD（United States Department of Defense）.......................... 58
DoS攻撃（Denial of Service attack）
.... 65, 193
ECU（Electronic Control Unit）... 8, 44
EDSA（Embedded Device Security Assurance）制御機器認証サービス
.... 144, 176
EMP攻撃（ElectroMagnetic Pulse：電磁パルス）..................... 128

FGHIJ行：

FISC（The Center for Financial Industry Information Systems）.. 174
Five Eyes 76
FISA（Foreign Intelligence Surveillance Act of 1978）..... 67, 70
FSB 92
GRU 95, 97
Hardware 12, 23
HMI（Human Machine Interface）.. 10
HUMINT（Human intelligence）... 113
http(s)（Hypertext Transfer Protocol (Secure)）........................ 35
ICS-CERT（Industrial Control Systems Cyber Emergency Response Team）
.... 56

— 223 —

ICSCoE（Industrial Cyber Security Center of Excellence）………… 141
ICT（Information and Communication Technology）………………… 5
IEC62443 …………………… 172, 185
Infrastructure ……………………… 3
Internet ………………… 37, 40, 85
IOC（International Olympic Committee）………………… 105
IoT（Internet of Things）……… 9, 142
IoT機器 …………… 9, 26, 142, 165, 183
IPアドレス ……………………… 38
IPA（Information-technology Promotion Agency, Japan）……… 141
ISAC（Information Sharing and Analysis Center：アイザック）… 161
ISMS（Information Security Management System）……… 172, 176
ISO/IEC 27001 ………………… 172
ISP（Internet Service Provider）
　………………………… 17, 40
IT（Information Technology）……… 5
ITサービスプロバイダ …………… 118
J-CRAT（Cyber Rescue and Advice Team against targeted attack of Japan）………………… 141, 166
J-CSIP（Initiative for Cyber Security Information sharing Partnership of Japan）………………… 141, 163
JPCERTコーディネーションセンター
　………………………………… 143

JPCERT/CC（Japan Computer Emergency Response Team Coordination Center）………… 143
JVN（Japan Vulnerability Notes）
　………………………… 27, 141, 143

KLMNO行：

KGB ……………………………… 92
Lazarus ………………………… 130
MSP（Managed Service Provider）
　………………………………… 118
NAVV（Network Architecture Validation and Verification）…… 58
NICT（National Institute of Information and Communications Technology）………………… 142
NICTER（Network Incident analysis Center for Tactical Emergency Response）………………… 142
NISC（National center of Incident readiness and Strategy for Cybersecurity）……………… 139
NOTICE（National Operation Towards IoT Clean Environment）… 142, 165
NotPetya …………… 101, 103, 179
NVD（National Vulnerability Database）…………………… 26
NSA（National Security Agency）
　………………………… 58, 67
Olympic Destroyer ……………… 105

OODA（Observe（観察），Orient（情勢への適応），Decide（意思決定），Act（行動））············154, 156
OODAサイクル ···············156
OODAループ ················156
OS（Operating System）······ 12, 23
OT（Operational Technology）······ 9

PQRST行：

Patch ···························· 27
PDCA（Plan（計画）・Do（実行）・Check（評価）・Act（改善））サイクル ·························· 156
PLC（Programmable Logic Controller）····················· 10
PRISM ·························· 70
Ransom ···················101, 134
Ransomware ················101, 134
Real Space ······················ 17
Resilience ······················· 25
SIGINT（Signals Intelligence）
······················· 76, 95, 113
Social Engineering ··············· 31
Software ···················· 12, 23
SQLインジェクション攻撃 ········ 25
Stuxnet（スタックスネット）······ 62
SWIFT（Society for Worldwide Interbank Financial Telecommunication：スイフト）
······················· 75, 130
TCP/IP（Transmission Control Protocol/Internet Protocol）···8, 38

The Internet ··············· 37, 40, 85

UVWKYZ行：

Upstream ······················· 72
US-CERT（United States - Computer Emergency Readiness Team）····· 56
USCYBERCOM（United States Cyber Command）··················58, 65
Virtual Experience ················ 85
Virtual Space ···················· 15
VOA（Vision of America）········· 84
VOA（Voice of America）········· 84
VPN（Virtual Private Network）····· 19
VR（Virtual Realty）··············· 85
Vulnerability ···················· 26
WannaCry ···················181, 182
WARP（Warning, Advice and Reporting Team：ワープ）······· 161
Zero-day attack ·················· 27

数字・特殊文字：

＠police ························143
180部隊 ················65, 129, 132
26165部隊 ······················ 97
61398部隊 ···············79, 113, 114
61419部隊 ·················113, 123
74455部隊 ······················ 97

米・露・中国・北朝鮮の攻撃分析から学ぶ
サイバー攻撃の新常識

発　行　日	2019年12月12日初版第1刷発行
著　　　者	小林 偉昭
発　行　者	吉田 隆
発　行　所	株式会社エヌ・ティー・エス
	東京都千代田区北の丸公園2-1 科学技術館2階
	〒102-0091
	TEL 03(5224)5430
	http://www.nts-book.co.jp/
イ ラ ス ト	大西直子
印　　　刷	株式会社双文社印刷

©2019　小林 偉昭
ISBN978-4-86043-641-4 C3004

乱丁・落丁本はお取り替えいたします。無断複写・転載を禁じます。
定価はカバーに表示してあります。
本書の内容に関し追加・訂正情報が生じた場合は、当社ホームページにて掲載いたします。
※ホームページを閲覧する環境のない方は当社営業部（03-5224-5430）へお問い合わせ下さい。